亚太跨学科翻译研究

（第十四辑）

主编：罗选民

14

ASIA PACIFIC INTERDISCIPLINARY TRANSLATION STUDIES

五洲传播出版社

图书在版编目（CIP）数据

亚太跨学科翻译研究 . 第十四辑 / 罗选民主编 . -- 北京：五洲传播出版社，2023.8
ISBN 978-7-5085-5046-6
Ⅰ . ①亚… Ⅱ . ①罗… Ⅲ . ①翻译—文集 Ⅳ . ① H059-53
中国国家版本馆 CIP 数据核字 (2023) 第 066026 号

本辑被中国知网 CNKI 数据库全文收录

亚太跨学科翻译研究 . 第十四辑

出 版 人：关 宏
主　　编：罗选民
责任编辑：樊程旭
特约编辑：吴天骄
出版发行：五洲传播出版社
地　　址：北京市海淀区北三环中路 31 号生产力大楼 B 座 6 层
邮　　编：100088
发行电话：010-82005927　010-82007837
网　　址：http://www.cicc.org.cn　http://www.thatsbooks.com
设计制作：北京嘉悦信包装有限公司
印　　刷：北京市房山腾龙印刷厂
版　　次：2023 年 11 月第 1 版第 1 次印刷
开　　本：787 mm × 1092 mm　1/16
印　　张：16.25
字　　数：178 千字
定　　价：79.00 元

目　　录

译者研究

中译外研究

外译中研究

书评

编者的话

翻译传译兴伟业 兔年卯兔展宏图

本着学术质量第一的原则，《亚太跨学科翻译研究》对来稿采取双向匿名评审和编委会集体审稿相结合的制度，设有“特稿、论坛主旨发言、理论探讨、口译教学研究、中译外研究、外译中研究、译者研究、案例分析、汉学家典籍翻译研究、翻译史研究、书评、学术动态”等常设栏目，并根据需要不定期设立一些其他栏目，每年出版两辑。《亚太跨学科翻译研究》的第十四辑共收录 18 篇文章，被归入 7 个栏目，分别为：特稿、翻译理论研究、跨学科翻译研究、译者研究、中译外研究、外译中研究、书评。《亚太跨学科翻译研究》将一如既往地推出亚太地区和国内高质量的翻译论文，促进国际学术的跨文化交流。

本辑特稿为黑龙江大学俄罗斯语言文学与文化研究中心研究员、伊犁师范大学边疆中华文史研究中心特聘教授李葆嘉教授撰写的文章《外文诗汉译献芹：从莎翁的“秋思”到泰戈尔的“飞鸟”》。本文就莎士比亚《十四行诗》第 73 首、泰戈尔《飞鸟集》第 3 首的不同汉译本展开评析。外文诗汉译，虽遣词造句可变化，然语义结构不可违，否则形如自己在写新诗。围绕外文诗的文本有三种角色：作者是外文文本的原创者，译者是外文文本的移译者（既是外文文本的读者，又是汉译文本的作者），读者是汉译文本的阅读者。作为语言文化传播的中介，译者对其角色的认同至关重要。此外，诗性讲究遣词造句，追求韵律和诗情画意。外文诗汉译，可借鉴中国传统诗词文体，即在对译、润饰的基础上适当地雅化。

“翻译理论研究”栏目共收录了 2 篇文章。其中，汪宝荣、陈宇哲、江海燕合著论文“政治文献中的中国特色词翻译探析——以 2021 年《政府工作报告》英译为例”，探讨了我国重要政治文献外译这一国家翻译研究热点。2021 年“531 讲话”中，习近平主席强调了增强“国际传播能力”的重要性。在“讲好中国故事，传播好中国声音”的背景下，我国重要政治文献外译成为研究热点。《政府工作报告》集中体现了中国政治文化的精华，是国外读者了解中国政治经济和思想文化的重要渠道，其翻译直接服务于国际传播战略，而其中的中国特色词是公认的翻译难点。本文参照西班牙学者艾克西拉（J. F. Aixelá）提出的“文化专有词”翻译策略分类法，运用数据统计和实例分析相结合的方法，对 2021 年《政府工作报告》中的中国特色词汉译英策略进行描述性分析，尤其关注译者团队如何处理忠实于原作与注重目标受众接受之间的冲突。本栏目另外一篇文章是王海、孙一赫合著的“《京报》英译初尝试：*Translations from the Original Chinese, with Notes* 的分析”，本文回顾了英国伦敦布道会遣华传教士马礼逊（Robert Morrison, 1782—1834）作为 19 世纪早期入华基督新教传教士的开拓者和在华外国人《京报》翻译活动的先行者，承继 18 世纪 20 年代入华耶稣会士《京报》翻译实践，在英国东印度公司的资助下，开始系统地阅读、翻译和研究《京报》，进而开启欧美在华侨民译介《京报》并以此作为了解中国社会状况与清廷内政外交政策的主渠道。马礼逊与德庇士于 1815 年在广州出版 *Translations from the Original Chinese, with Notes*（《中文英译（附释文）》），标志着在华外国人系统译介《京报》活动的起源，在近代中西文化交流史上具有重要意义。基于《中文英译（附释文）》中《京报》翻译文本的中英文对照分析其翻译规律，本文进而说明马礼逊《京报》翻译成果《中文英译（附释文）》在《京报》外译活动中的源头地位与流传价值。

“跨学科翻译研究”栏目共收录 4 篇文章。其中，徐珍、曾衍桃、李培隆合著论文“基于语料库的《红楼梦》身份性社会称谓语翻译对比研究”，采用语料库研究方法，基于《红楼梦》身份性社会称谓语汉英平行语料库，对比分析非母语译者和母语译者在翻译《红楼梦》身份性社会称谓语的翻译风格和翻译方法方面的异同，以期为中国古代文学作品中身份性社会称谓语的英译提供些许借鉴。研究发现：第一，从翻译风格来看，非母语译者与母语译者在词类、词性、词的结构方面存在差异；非母语译者用词较正式，词的感情色彩明显，而母语译者的译词更丰富地道，偏中性和口语化。第二，从翻译方法来看，两者皆适当采用省略和代词处理译文，不同之处在于非母语译者主要采用直译法和音译法，严格忠实于原文；而母语译者主要采用意译法、释义法，借助同位语，提供较多语境信息，以方便西方读者理解为主。郑鑫、孙三军合著论文“中译英、法、日视译的认知负荷眼动比较研究”，基于翻译在当今呈现技术化转向的趋势，本研究探讨了句子长度、译入语语种和译文质量与体现认知负荷的眼动指标之间的关系。20 名实验参与人员均为翻译专业学生，以中文为母语，其中 6 名以英语、5 名以法语、9 名以日语为第二语言。结果表明：（1）译入语语种对于视译过程中的认知负荷有显著影响，主要表现为注视时长和次数方面的区别；（2）句子长度较长时的认知负荷显著高于句子长度较短时的认知负荷；（3）日语实验参与人员水平较低，导致认知负荷较大；（4）眼动指标体现出的认知负荷与译语质量呈负相关关系；（5）结合首次注视时长、注视区域、瞳距级差三项眼动指标和译语成绩构建了多语种视译认知负荷多元回归（MRM: Multiple Regression Model）模型。王子睿、蒋敬诚合著论文“基于语料库翻译文体学的《春琴抄》三译本对比研究”，基于语料库翻译文体学理论，从数字人文视角出发，结合语料库与 R 语言等文本挖掘技术对《春琴抄》吴树文译本（1991）、郑民钦译本（2007）、曹曼译本（2017）三个译本的多维度文体特征进行计量考察，采用定量与定性分析相结合的研究方法，并从主语显化与叙事学角度阐释了日本文学翻译过程中发生的归化现象。本研究回答了以下两个问题：（1）三个译本在文体特征量化统计方面呈现的差异；（2）三个译本的翻译共性以及形成原因。本研究发现：三个译本除了在文体参数上存在不同程度的差异外，在翻译共性方面都有主语显化和直接引语显化的倾向。何乐芸独著论文“《射雕英雄传》英译本译者风格对比——一项基于语料库的研究”，探讨了 2018 年英文版《射雕英雄传》第一卷（*A Hero Born*）一经出版就在英国热销，引起海外“金庸热”。本研究自建小型平行语料库，采用定量与定性相结合的研究方法，从语言和文化两个层面出发，在语言特征层面上，以标准类符形符比、平均词长句长等数据为考察对象，对郝玉青与张菁的译本进行对比分析；在文化层面上，则分析两个译本如何处理包括诗词、武学文化等在内的文化专有项，以期对比郝玉青与张菁的译者风格的迥异之处。研究发现，来自不同文化背景的两位译者在译本中呈现着不同的翻译风格特征，郝玉青语言风格简练，译文流畅，主要采用直译和省译的翻译策略，注重读者的阅读体验，尽管由于语言及文化身份有异，产生了一些误译。而张菁则更加忠实原文句式，主要采用异化与增译的翻译策略，力求做到形式与意义对等。

“译者研究”栏目共收录 2 篇文章。这两篇文章都是有关严复先生作为翻译者的研究。马旭燕的“翻译版权、译者治生与职业化——严复贡献的另一方面”一文，从翻译版权、译者治生与职业化、译者主体性、译者的地位等方面，探讨严复在维护翻译权益、探索译者职业化方面做出的积极努力与贡献。本文聚焦严复的翻译出版活动，采用溯源翻译批评的方法，基于严复的书信往来，探讨严复从计划自费出版到译书牟利但未成功，再到成功争取版权利益的过程。严复联合出版方与翻译盗版做斗争，推动晚清版权立法，订立了现存最早的出版合同。翻译应得权益的维护关乎译者基本的治生需求，翻译生产的可持续发展，需要译者自身主动争取与维护。徐雪英的文章“严复翻译的译者主体性刍议”探讨了晚清翻译大家严复先生译者主体性的表现形式、来源和外延。严复翻译的译者主体性体现在其独特的严氏翻译风格和呈现形式上。严复丰富的学习、人生经历和所处的社会环境成为其译者主体性的主要来源，塑造了译者的学术素养、跨文化理解力和价值观。他独具慧眼，选择最能够改造清末社会意识形态的社会、法律、政治方面的译本加以系统性引介。严复的翻译活动不仅彰显译者主体性，不再扮演隐形人角色，而且积极参与并推动社会改良，扩大了译作的社会影响力，拓展了译者主体性的外延。

“中译外研究”栏目共收录 5 篇文章。米亚宁、曹依民、魏秀萍合著论文“文化记忆与马家窑文化翻译”探讨了作为华夏文明迈入新时代的重要里程碑之一的马家窑文化。然而，到目前为止，马家窑文化记忆及记忆研究还基本停留在国内层面，甚至甘肃省内。马家窑文化记忆在激发中华民族文化自信、文化自觉等方面的作用还有待挖掘。本文通过研究马家窑文化的记忆之场、记忆现状等，指出马家窑文化记忆在翻译方面的不足，论述了翻译缺乏的原因，进而提出了马家窑文化术语的翻译路径，并举例说明了其术语整理与翻译的整体思路，期冀能为马家窑文化记忆贡献一定的力量。刘立壹的文章“《幼学琼林》骆任廷译本之译评之争”探讨了 19 世纪末，来华汉学家群体发生了一场围绕骆任廷《幼学琼林》英译本（1893）的激烈讨论，涉及音译、注释、底本、误译等一系列问题。本文聚焦于这一翻译批评事件的焦点问题，分析批评者之间就译本质量产生巨大争议的原因，总结此次译评事件的特点，进而揭示这一译评个案对当前翻译批评研究的启示意义。此次译评事件既反映出当时汉学领域已经形成了比较健全的译评机制，翻译批评和学术研究相互促进，也折射出在批评维度、批评者素养以及批评者和译者之间关系等诸多方面的值得反思之处。刘岩和林丰琳合著论文“《射雕英雄传》在日本的译传与接受”，本文以《射雕英雄传》为对象，爬梳其在日本的译传与接受的谱系。从译传来看，主要有小说翻译和漫画翻译，译本经过出版社的官方推介，扩大了《射雕英雄传》在日本的影响。从读者的接受情况来看，通过搜集在线日本读者评论，运用 CiteSpace 制作读者评论知识图谱，发现聚焦于《射雕英雄传》的故事情节、人物、武侠文化、中国元素和金庸作品等方面的相关内容。通过厘清《射雕英雄传》在日本的译传与接受情况，不仅可以扩展中国武侠小说题材对外传播维度，进一步促进中国文学在海外的传播与接受。近年来，在典籍外译的繁荣背后，典籍文本传播效果欠佳却是不争的事实，如何实现从“走出去”到“走进去”的飞跃成为当前亟须解决的问题。罗菁的论文“葛译《红高粱家族》的网上读者接受研究”基于网络翻译批评的视角，从 Goodreads，Amazon，StoryGraph 和 LibraryThing 四个网站的读者评论考察了葛译《红高粱家族》的网上读者接受情况。研究发现，虽然译本整体获得了较高的满意度，但读者针对译文质量和效果的确存在争论：部分评价肯定翻译语言优美自然、表达清晰的同时，也有不少评论认为译本冗长生硬、漏译严重等；同时也有许多读者持中立或辩证的态度，或就译本如何改善提出自己的看法。姜倩的论文“中华文化‘走进去’导向下的典籍翻译和传播之道——以菲律宾丘氏兄弟《论语英译今译》为例”，基于菲律宾丘氏兄弟的《论语》译本，从受众和文化接受的角度分析了丘氏兄弟所采取的适读性策略和文化“求同”策略。文章认为为了实现中华文化“走进去”的目标，典籍译者和传播者必须改变“原文至上”的传统思维，将注意力转移到受众的理解和接受状况上来，最基本的要求或原则就是让外国读者能够“看得明白、听得进去”，即着眼于译本的语言可接受性和文化可接受性，切实增强传播效果，从而获得海外大众的认可和接受。

“外译中研究”栏目共收录2篇文章。杨冰玉和王洪涛合著论文“布尔迪厄社会学理论视阈下的玄奘译场运作模式分析”，以布尔迪厄社会学理论为框架，探索唐初权力场域对玄奘译场的形成和发展产生的关键影响，考察译场中持有不同类型资本行动者之间的竞争情况，并分析玄奘的译者惯习与译场运作模式之间的关系，以期对现代集体翻译活动提供一定启示。玄奘的佛经汉译事业对佛教在中国的发展和其后的中国翻译活动产生了重要的影响，而权力场域与玄奘共同组织的译场在其具体的翻译实践中发挥着特殊的作用。布尔迪厄的社会学理论可以帮助我们综合考察玄奘的翻译实践在唐初社会历史语境中的展开过程，以及不同行动者在翻译活动中发挥的作用。侯广旭的论文“图式理论对翻译实践的指导价值的再挖掘——以《后维多利亚时代人》的翻译为例”，基于《后维多利亚时代人》的汉译，详细描述了图式理论对克服翻译难点所起到的指导作用，涉及译者对自身图式的激活，对译文读者图式的预判、激活与为之补建以及调整冲突图式等环节，并在对比其他翻译理论的基础上，揭示了图式理论所具有的独特指导价值，以往文献对此缺乏探讨。本研究对于认知学与心理学视角的翻译理论与实践研究具有理论上的参考价值与实践上的指导价值。

“书评”栏目共收录2篇文章。蔡银双和吴边合著书评“讲好中国故事 弘扬中国文化——《社会叙述理论与京剧英译和传播》评介”，对北京外国语大学彭萍教授所著的《社会叙述理论与京剧英译和传播》一书进行评价，中国文化“走出去”的时代背景下中国戏曲的外译与传播愈来愈受到关注，彭教授的这本书以社会叙述理论为研究视角，结合中国文化“走出去”、讲好中国故事等国家战略，深入探讨京剧译介和传播中各方参与者的作用以及相关策略，本书评认为该书提供了丰富的理论资源与应用资源，填补了相关领域的空白，有助于提高当下京剧英译与传播的研究成果的水平与质量。杨华波独著论文“重探翻译史的学科定位与多维面向——《中国翻译史新发展研究》述评”，探讨了新世纪以来，翻译史研究不仅在翻译学内部获得了更大的重视，在政治史、思想史、文化史等领域也得到了越来越多的关注。然而，这种跨学科研究范式下的多元发展实际上也模糊了翻译史的学科定位，且这种发展本身也存在着诸多问题和挑战。通过对 2010—2019 年间的翻译史研究进行细致的学术史回顾，《中国翻译史新发展研究》一书在重探翻译史学科属性的同时，还指出已有研究的不足并展望其未来发展方向，具有正本清源的学术价值。

《亚太跨学科翻译研究》一以贯之的办刊定位：一是吸收翻译学、比较文学、人类学、文化研究、诗学等跨学科、跨文化的学术前沿成果，对翻译理论、翻译实践和翻译史的热点学术问题展示最新的研究成果。二是凸显跨地域的国际化研究成果，特别是聚焦亚太地区的相关研究，注重“求真考实、究理探新”。《亚太跨学科翻译研究》特别注重吸收独立思考有见地的跨学科、跨文化、跨地域的相关研究成果，我们热切欢迎更多学界同仁提供优质稿件，共同完善这个展示亚太地区翻译研究成果的学术交流平台，关注全球在亚太地区翻译研究领域的最新成果，加强国内外翻译研究的互融互通，促进中外文化交流。

主编：

2023 年 3 月 31 日

特稿

外文诗汉译献芹：从莎翁的“秋思”到泰戈尔的“飞鸟”

Solutions to the Chinese Translation of Foreign Language Poetry: From Shakespeare's "Autumn Thoughts" to Tagore's "Stray Birds"

李葆嘉
LI Baojia

摘要：

本文就莎士比亚《十四行诗》第 73 首、泰戈尔《飞鸟集》第 3 首的不同汉译本展开评析。外文诗汉译，虽遣词造句可变化，然语义结构不可违，否则形如自己在写新诗。围绕外文诗的文本有三种角色：作者是外文文本的原创者，译者是外文文本的移译者（既是外文文本的读者，又是汉译文本的作者），读者是汉译文本的阅读者。作为语言文化传播的中介，译者对其角色的认同至关紧要。此外，诗性讲究遣词造句，追求韵律和诗情画意。外文诗汉译，可借鉴中国传统诗词文体，即在对译、润饰的基础上适当地雅化。

关键词：

外文诗；汉译；评析；雅化

Abstract:

This paper presents a review of different Chinese translations of *Shakespeare's Sonnets* No. 73 and Tagore's *Stray Birds* (3). Although the Chinese translation can be varied for words and sentences, the semantic structure cannot be violated, otherwise it is like writing a new poem by the translators. There are three roles as far as the text of a foreign-language poem: the author is the originator of the foreign text, the translator is the translator of the foreign text (both the reader of foreign ones and the author of Chinese translation), and the reader is the reader of the Chinese translation. As an intermediary of language and culture transmission, the translator's identification with his role is crucial. In addition, poetry is concerned with phrasing, the pursuit of rhythm and poetic images. The Chinese translation of foreign language poetry can draw on the traditional Chinese poetic style, that is, it can be appropriately elegant on the basis of counter-translation and embellishment.

Key words:

Foreign language poetry; Chinese translation; evaluation; elegance

1. 莎翁第 73 首诗的梁宗岱译文

莎士比亚（William Shakespeare, 1564—1616）《十四行诗》（*Shakespeare's Sonnets*, London: Thomas Thorpe, 1609）的汉译本不少于 10 种。其中，梁宗岱（1903—1983）所译《莎士比亚十四行诗》，据说被余光中誉为“莎士比亚十四行诗的最佳翻译”[1]。《十四行诗》的第 73 首（题名为“秋思”）尤为脍炙人口，赏析引用常见。现有译文似有瑕疵，虽遣词造句可变化，然语义结构不可违。今引出梁宗岱英译第 73 首，并略加评析：

图 1.《莎士比亚十四行诗》梁宗岱译集

（1）

That time of year thou mayst in me behold,
在我身上你或许会看见秋天，

（2）

When yellow leaves, or none, or few do hang.
当黄叶，或脱尽，或只三三两两。

（3）

Upon those boughs which shake against the cold,
挂在瑟缩的枯枝上索索抖颤，

（4）

Bare ruined choirs where late the sweet birds sang.
荒废的歌坛，那里百鸟曾合唱。

评析：第（1）句，莎诗中没有“秋天”一词，而 That time of year 没有对应的汉译。第（3）句，莎诗中的 against the cold 没有对应的汉译。第（4）句，莎诗中的 sweet 没有对应的汉译。

（5）

In me thou seest the twilight of such day.
在我身上你或许会看见暮霭。

（6）

As after sunset fadeth in the west,
它在日落后向西方徐徐消退，

（7）

Which by and by black night doth take away,
黑夜，死的化身，渐渐把它赶开，

（8）

Death's second self that seals up all in rest.
严静的安息笼住纷纭的万类。

评析：第（5）句，莎诗中的 such day 没有对应的汉译。第（7）句，“死的化身”，莎诗中没有相应的词语。第（8）句，莎诗中的 Death's second self 没有对应的汉译。

（9）

In me thou seest the glowing of such fire.
在我身上你或许会看见余烬。

（10）

That on the ashes of his youth doth lie,
它在青春的寒灰里奄奄一息，

（11）

As the deathbed whereon it must expire,
在惨淡灵床上早晚总要断魂，

（12）

Consumed with that which it was nourished by
给那滋养过它的烈焰所销毁

评析：第（9）句，莎诗中的 glowing 含义是灼热的，而 the glowing of such fire 并非等于"余烬"。第（10）句，"奄奄一息"与莎诗中的 doth lie（位于、躺着）的含义不对应。

（13）

This thou perceives, which makes thy love stronger,
看见了这些，你的爱就会加强，

（14）

To love that well, which thou must leave ere long.
因为他转瞬要辞你溘然长往。

评析：第（13）句，莎诗中的 perceives，确切的含义是"察觉、感觉"。第（14）句，莎诗中的 To love that well 没有对应的汉译。

此首译文问题颇多。特别是第 8 句 Death's second self that seals up all in rest，译为"严静的安息笼住纷纭的万类"，形如在莎翁原诗上写自己的诗句。

2. 莎翁第 73 首诗的李葆嘉对译版、修饰版

外文诗歌的翻译，首先还是应当对译（词对词、结构对结构的翻译），以忠实于原作文本。然后再加以适当的修饰（根据汉语的遣词造句特点加以微调），进一步则是体现中国传统诗歌体裁的雅化（仿照中国传统诗词的基本要求加以调整，这里的基本要求主要是字数规整和押韵，至于对仗和平仄则难以严格要求）。换而言之，外文诗歌可以译为三种中文版：对译版、修饰版、雅化版。

下面，先列出我试译的对译版和修饰版。

（1）

That time of year thou mayst in me behold,
对译：一年中的那时，你可以在我身上看到，
修饰：你也许在我身上看到一年彼时，

（2）

When yellow leaves, or none, or few do hang,
对译：当黄色的叶子，或者落光，或者几乎不再悬挂，
修饰：当黄叶或脱尽，或零星悬挂，

（3）

Upon those boughs which shake against the cold,
对译：这些树枝上的叶子，对着寒风抖动，
修饰：树枝上的枯叶，对着寒风颤抖，

（4）

Bare ruined choirs where late the sweet birds sang.
对译：空荡荒废的唱诗坛，此前还鸟鸣悦耳。
修饰：唱诗坛空荡荒芜，悦耳的鸟鸣已消失。

（5）

In me thou seest the twilight of such day,
对译：你在我身上看见这天的黄昏，
修饰：你看到我如同此时的黄昏，

（6）

As after sunset fadeth in the west,
对译：就像日落后，冥色入西方，
修饰：就像夕阳西下，消逝在天边，

（7）

Which by and by black night doth take away,
对译：落日渐渐地被黑夜带走，
修饰：黑夜渐渐把余晖驱散，

（8）

Death's second self that seals up all in rest.
对译：死亡是第二自我，被全部密封在安息中。
修饰：死亡是另我，全然密封在安息之中。

（9）

In me thou seest the glowing of such fire,
对译：你在我身上看见火般的灼热，
修饰：你看到我如火的炽热，

（10）

That on the ashes of his youth doth lie,
对译：他的青春躺于灰烬之上，
修饰：他的青春燃烧为灰烬，

（11）

As the deathbed whereon it must expire,
对译：像在临终病榻上，必定在它上面咽气，
修饰：有如临终之前的奄奄一息，

（12）

Consumed with that which it was nourished by.
对译：耗尽了滋养过的一切。
修饰：耗尽了过去所有的滋养。

（13）

This thou perceives, which makes thy love stronger,
对译：你感觉到这些，使你的爱更强烈，
修饰：你有此感觉，使爱更强烈，

（14）

To love that well, which thou must leave ere long.
对译：好好地去爱，你不久必将离开。
修饰：好好去爱，不久将离你远行。

3. 莎翁第73首诗李葆嘉译文的雅化版

十四行诗是源于意大利民间的一种抒情短诗，上段为八行，下段为六行，每行十一个音节。莎士比亚将十四个诗行分为两部分，第一部分为三段四行，第二部分仅为两行（一副对句），每行十个抑扬格音节。以形象生动、结构巧妙、音乐性强、起承转合自如为特色，常常在最后一副对句中概括内容，点明主题，表达理想和情怀。

本文将该诗汉译的第一部分划为第一、第二、第三节，第二部分为第四节，也与中国行文传统"起承转合"（一种思维或表达模式）一致。首先，字数规整和押韵是中国诗律的基本要素，译诗要雅化应力求字数规整和押韵（严格的平仄和对仗在译诗中难以做到）。所谓字数规整，这里指小句是四言、五言或六言，上下句或前后句相对整齐。这里尝试的雅化，前三节采用的是四言 + 四言、四言 + 四言、五言 + 六言、五言 + 六言，第四节采用的是五言 + 五言、五言 + 五言的格式，也只是汉语化的相对规整。就诗句结构而言，外语多长句，汉语多短句。汉语要用两个小句才能反映外语一个长句的内容，因此外语的一行，汉译为两个小句。当然，译文都有一定的个人自由度，不同的译者可能有不同的做法，并非一概而论。其次，该诗的原作韵式，第一、第二、第三节都是交错韵（一、三句同押，二、四句同押），第四节是一韵。这里的汉译押韵仿效原诗韵式，但并非一概而论，不同的译者可能采用不同的韵式。

本人尝试英译莎诗的雅化版如下：

（1）汝见我影，一年秋意，
（2）黄叶满地，悬枝零星，
（3）树衣早尽褪，寒风萧瑟凄厉，
（4）残坛已荒废，悦耳歌声失鸣。
（5）汝若望我，如此黄昏，
（6）日落西天，悄然沉寂，
（7）余辉多无奈，黑夜尽抹残痕，
（8）死亡亦另我，黄土密封安息。
（9）汝若视我，如火炎炎，
（10）青春韶华，燃为灰烬，
（11）有如临终前，尚存气息奄奄，
（12）恰似销魂中，往日滋养耗尽。
（13）愿君心有知，爱恋更深情，
（14）相思天地久，离人将远行。

第一段“悲秋”（起），第二段“落日”（承），第三段“燃烧”（转），第四段“勉励”（合）。其中的第（8）句“死亡亦另我，黄土密封安息”，蕴涵哲理，为点睛之笔。悲秋之吟，死亡之哀，植根远古，东西文化皆然。金秋植物枯黄，落叶纷纷，收割庄稼，杀气弥漫。由庄稼之收割，联想人之死亡，故丰收之庆典，实为驱鬼之仪式。睹物而思情，悲天而悯人，发乎人之天性。

在中国语言文化中，金，西方之行，生于土；革（剥皮）也，杀也。北宋文学家欧阳修（1007—1072）赋曰[2]：

> 夫秋，刑官也，于时为阴；又兵象也，于行用金。是谓天地之义气，常以肃杀而为心。天之于物，春生秋实，故其在乐也。商声主西方之音，夷则为七月之律。商，伤也，物既老而悲伤；夷，戮也，物过盛而当杀。

以“悲秋”为主题，抒发草木风摧的悲凉，延及忧愁侵袭的人，感叹“百忧感其心，万事劳其形”。

作为欧洲“传统死亡”的表征，死神即狰狞持镰的收割者（Grim Reaper）[3]，其意象是一个手持镰刀、身披斗篷的骷髅。西方先民把“死亡”拟人化为“收割者”。是因为收割意味着作物的死亡，作物的死神是收割者（农夫），由此映射为收割者自身的死神。

草木一秋，人生一世。就全诗而言，莎翁感怀，从“汝见我影，一年秋意”始，到“愿君心有知，爱恋更深情，相思天地久，离人将远行”终。起句以“悲秋”（肃杀）为意象，“黄叶满地，悬枝零星，树衣早尽褪，寒风萧瑟凄厉，残坛已荒废，悦耳歌声失鸣”。承句以“落日”（死亡）为意象，“汝若望我，如此黄昏，日落西天，悄然沉寂，余辉多无奈，黑夜尽抹残痕，死亡亦另我，黄土密封安息”。兴犹未尽，转句以“燃烧”（青春的死亡）为意象，“汝若视我，如火炎炎，青春韶华，燃为灰烬，有如临终前，尚存气息奄奄，恰似销魂中，往日滋养耗尽”。全诗一系列的死亡意象：“黄叶（yellow leaves）、荒废（bare ruined）、黄昏（twilight）、沉寂（fadeth）、黑夜（black night）、死亡（death）、安息（rest）、灰烬（ashes）、气息奄奄（expire）、耗尽（consumed）”，渲染了“人生苦短、爱要珍惜”的感受。

4. 莎翁第 73 首诗的梁实秋、辜正坤译文简析

又找梁秋实、辜正坤两位名家的译文拜读，主要从押韵以及相关句子的语义和诗意上略加辨析。梁实秋的译文如下（2001：109）：

（1）在我身上你可看到这样的季节，
（2）寒风中抖颤着的树枝上面，
（3）是光秃秃的，或只挂着几片黄叶，
（4）像是鸟栖过的唱坛废墟一般。
（5）从我身上你可以看到这样的黄昏，
（6）夕阳已经在西方褪了颜色，
（7）不久黑夜那死亡的化身，
（8）就会把它取走，使一切安息静卧。
（9）从我身上你可看见这样的火亮，
（10）躺在青春的灰烬上面酣睡，
（11）好像它必须命终在那死人床上，
（12）被维持生命的东西把生命销毁。
（13）你看到这些，你会爱得更深，
（14）爱那你不久即将永别的人。

第一节交错韵（“节、叶”押韵，“面、般”押韵），第二节交错韵（“昏、身”押韵，“色、卧”未能押韵），第三节交错韵（“亮、上”押韵，“睡、毁”押韵），第四节一韵（“深、人”押韵）。其中第（7）和第（8）句 Which by and by black night doth take away, Death's second self that seals up all in rest, 译为：“不久黑夜那死亡的化身，就会把它取走，使一切安息静卧”。Death's second self 中的 Death 串入上句“那死亡的化身”，second self 无译，seals up 译义不明。再如第（10）句译为：“躺在青春的灰烬上面酣睡”，偏离原文诗意。第（14）句译为：“爱那你不久即将永别的人”，显得累赘别扭，了无诗意。

辜正坤的译文如下（1998：147）：

（1）你在我身上会看到这样的时候，
（2）那时零落的黄叶会残挂枝头，
（3）三两片在寒风中索索发抖，
（4）荒凉的歌唱上不再有甜蜜的歌喉。
（5）你在从我身上会看到黄昏时候，
（6）落霞消残，渐沉入西方的天际，
（7）夜幕迅速将它们通通带走，
（8）恰如死神的替身将一切锁进牢囚。
（9）你从我身上会看到这样的火焰，
（10）它在青春的灰烬上闪烁摇头，

（11）如安卧于临终之榻，待与
（12）供养火种的燃料一同烧尽烧透。
（13）看到了这一切，你的爱会更加坚贞，
（14）爱我吧，我在世的日子已不会太久。

辜译力求全诗一韵（ou）到底，仅“天际、火焰、待与、坚贞”四处未入韵，难度较高。一韵到底是一种翻译旨趣，难免制约了译文中的句末选词。下面仅就其中几处略作辨析，第（8）句 Death's second self that seals up all in rest，译为：“恰如死神的替身将一切锁进牢囚”，把 in rest 译为“牢囚”，语义未切。第（12）句 which it was nourished by，译为：“供养火种的燃料”，偏离原文诗意。第（14）句译为：“爱我吧，我在世的日子已不会太久”，不合诗意含蓄。

就莎诗汉译而言，不宜用大白话，比如“在我身上你可看到这样的季节”“你在我身上会看到这样的时候”。约在 1915 年 9 月，胡适在美国与梅光迪、任叔永讨论诗歌改革时，写下《戏和叔永再赠诗却寄绮城诸友》：“诗国革命何时始？要须作诗如作文。琢镂粉饰丧元气，貌似未必诗之纯。小人行文颇大胆，诸公一一皆人英。愿共僇力莫相笑，我辈不愿作腐儒”（胡适 1939）。胡适把“作诗”降到“作文”的地步。诗性讲究遣词造句，追求韵律节奏、诗情画意。既然大白话、非诗化，又何以谈诗？当然，胡适尽可自娱自乐，爱怎样尝试就怎样“尝试”。

网络上有一首滚滚君的“水调歌头 · 吾心似秋凉，译莎士比亚十四行诗第 73 首”（2015-05-15），今移录如下[4]：

吾心似秋凉，黄叶枯枝上，瑟瑟寒风几许，枝头意阑珊。残坛昔日听曲，啁啾向晚清扬，婉啭成空响。吾心残照里，日暮薄西山。余辉褪，色苍茫，天欲晚。夜沉沉似幽冥，锁是非沧桑。吾心灯火熹微，青春余烬苒苒。纵将归去黄土，一冢掩尽风流，不悔意痴缠。愿君知吾心，殷勤抵离殇。

作为意译，该译作富有诗情画意，只是改写或自我创作成分太重。又“水调歌头”的定格是：九十五字，前后片各四平韵。亦有前后片两六言句夹叶仄韵者，有平仄互叶几乎句句用韵者。九十五字合成十九句，与莎翁的十四行诗难以相对。其实，何必套用词牌？

至于莎士比亚十四行诗集的汉译版本，除梁宗岱（1983）、梁实秋（2001）、辜正坤（1998）等名家，还有多种译本。如果就莎翁第 73 首诗的汉译逐一比较和评析，对诗歌翻译研究当有受益。目前尚未搜集多种译本，只有留待他日深究，另外撰文。

5. 泰戈尔《飞鸟集》第 3 首诗汉译对比

外文诗歌的汉译，围绕诗歌文本有三个角色：作者、译者、读者。作者是外文文本的原创者，译者是外文文本的移译者，读者是汉译文本的阅读者。作为语言文化传播的中介——外文文本的读者 + 汉译文本的作者——译者对其角色的认同至关紧要。一些译作出现问题，就是由于未能明确认同这一角色。

1922 年，郑振铎（1898—1958）翻译的印度诗人泰戈尔（Rabindranath Tagore, 1861—1941）《飞鸟集》（*Stray Birds*），汉译其 257 首诗，由上海商务印书馆出版。1956 年，郑振铎又补译其余的 69 首，由上海新文艺出版社出版（北京外语教学与研究出版社，2010 年新版）。2015 年，浙江文艺出版社印行冯唐的新译《飞鸟集》（汉译 326 首）。

图 2. 郑振铎译《飞鸟集》

图 3. 冯唐译《飞鸟集》

下面就《飞鸟集》第 3 首诗，先列出我的对译，然后通过与郑译的对比，考察冯译的译文。

（1）

The world puts off its mask of vastness to its lover.
对译：这世界掀起其巨大的面具，对着它的恋人。
郑译：世界对着它的爱人，把它浩瀚的面具揭下了。
冯译：大千世界在情人面前解开裤裆。

评议：郑译直白，而把想象留给读者。冯译变化，但把臆想强加于读者。

我在对译版基础上，试译的修饰版和雅化版如下：

修饰：世界掀开其广袤面纱，面对它的恋人。

雅化：世界掀起广袤面纱，深情凝视痴心恋人。

冯译把泰诗中修饰 mask 的 vastness（冯译“大千”）移位到世界之前。前半句首先描述的是世界的神秘感，并非显示“大千”，添加“大千”有违泰诗的原意。有神秘感，才有下半句的掀开面具。mask 的义项：（1）面具；（2）口罩；（3）掩饰。你可以不选择“面具”，可以变化为近义词“面纱”，但是与“裤裆”无涉（裤裆并非独立的附加物，而是裤子的一部分；面具戴在面部，裤裆处于人体衣服的中下部位）。用“裤裆”取代 mask，不是翻译，而是自己在写诗。也就是把译者角色，误以为作者角色。

蒙上面具的世界如此神秘莫测，其意象来自“戴上面具可掩盖其真容”。而蒙上“裤裆”，无法掩盖其面容。不信，你去参加化妆舞会试试。在人们形成的意象中，通常都是以面部象征“真相”，未听说有以“裤裆”作为真相。由于冯译将 mask 译为“裤裆”，由此泰诗的 vastness 也就不可作为 mask 的修饰语，否则就成了“巨大的裤裆”，所以冯译才把 vastness 移位到世界之前，出现了“大千世界”这样的译文。世界蒙上的是整体面具，并非遮蔽的仅是胯部。冯唐在读 puts off its mask of vastness 时，自己可以联想到胯部（此时为读者角色），但是不宜把自己联想的胯部强加到泰戈尔的 puts off its mask of vastness 中（此时为译者角色）。除非有泰诗上下文内证，或其他旁证。

显而易见，就原作品而言，冯唐的此句中文，并非译文（谈不上意译，可称为“臆译”），而是在写自己的诗意，也就亵渎了作者角色（泰戈尔）。就出版物而言，冯唐的此句中文，有意无意地不让读者接触泰戈尔的 puts off its mask of vastness，也就蒙蔽了读者角色。作为译者角色，冯唐的这种做法只能认定为——通过翻译活动在作者角色与读者角色之间设置了屏障，也就与翻译的初衷背道而驰。

接着再看下面一句，还是先列出我的对译，然后通过与郑译的对比，考察冯译的译文。

（2）

> It becomes small as one song，as one kiss of the eternal.
> 李葆嘉对译：它变小了，如一首歌，如一个永恒的接吻。
> 郑译：它变小了，小如一首歌，小如一回永恒的接吻。
> 冯译：绵长如舌吻，纤细如诗行。

郑译平实，看上去没有中国诗歌传统审美的诗情画意，其实外国诗歌也许就如此。这是由其语言结构类型决定的，不可能形成中国传统诗歌如此精致化的格律。然而既然汉译，也就涉及中国的读者角色，也就务必考虑其审美情趣。

我在对译版基础上，试译的修饰版和雅化版如下：

修饰：它变得如此纤细，如歌如吻，绵绵永恒。

雅化：绵绵若亲吻，纤纤如歌痕。

冯译“绵长如舌吻，纤细如诗行”，基本不违文义，且富有想象力。但有两处值得讨论。一处是 song（鸣叫声、歌唱、歌曲、诗歌），本义是“鸣叫”，此处恰切的含义是“歌”，而不是“诗”（如果唱，也就等于“歌”），更不是“诗行”（这样的表述，也就界定了不是“诗歌”，而是“诗文”）。另一处是 kiss（轻触、轻拂、轻吻、接吻），本义是“轻触”，此处恰切的含义是“轻吻”。冯译添加了自己的“舌”，也就是凸显了“吻”的工具是“舌”（典型工具是双唇），由此激活了“吻”的强动作性。换而言之，“吻”是状态性动作（双方的唇接触），而“舌吻”是动态性动作（舌尖会动）。冯译强调“舌吻”，也就是“深深的、重重的吻”。我们看一段歌词：“轻轻的一个吻，已经打动我的心；深深的一段情，叫我思念到如今”（孙仪《月亮代表我的心》），如果换成“重重的一个吻”是何感觉？“轻吻”流露的是情意（首先是尊重，然后是爱慕），“舌吻 / 重吻”宣泄的是欲望（首先是需要，接着是行为）。世界对自己的恋人掀起面纱，来一个舌吻，符合其情境吗？如果换为“亲吻”，则凸显的是亲密性。是“舌吻”还是“亲吻”更合适，还是要根据泰戈尔的诗句 as one kiss of the eternal 来体会。由于“舌吻”突出了动作性（肢体动作具有爆发性、暂时性），因此也就不可能长久（eternal）。只有包含情感性的“亲吻”（情感的意象具有长久性、永恒性），才能余味隽永。了解一点心理和情感知识，自会理解这些。

因此，把上面两句我的译文合起来，就是我试译的《飞鸟集》第 3 首诗雅化版：

世界掀起广袤面纱，深情凝视痴心恋人。

绵绵若亲吻，纤纤如歌痕。

翻译是在外文原诗上的翻译，不是借原诗文本写“自己的新诗”（不是引用，不要一看到引号就是引用）。衡量译文是否适当，首先基于原诗文本的语义结构，然后形式结构。至于对诗文的想象理解，并非译者可以一手包办。译者自身对诗文的想象理解，也只有渗透在译文中，并非改变原诗文的语义结构。如果译者强行将自己对诗文的想象理解，通过替换词语等扭曲方式表达出来，其结果就是：一方面篡改了作者的原诗文表述；另一方面剥夺了读者对诗文的想象。换而言之，对译者文化传播中介的身份认同出现偏离。

至于李银河的博文“冯唐的译本是《飞鸟集》迄今为止最好的中文译本”[5]，把诗意看得很简单，并未思考错译、直译、意译、臆译。她说：“艺术这个东西，比如一幅画好坏你就很难真的说出来，但是你不能说毕加索的画跟一个小孩涂鸦就完全没区别。”此处，李银河混淆了自己的艺术创作和依据原作者文本的翻译创作。李银河还说：“我觉得就有点工笔画和写意似的，你要是工笔你就画的小猫跟那小猫一模一样，他要是大写意，他可能就是你都看不清楚是什么，但是隐隐约约地也觉得像个猫，就有点这种区别。”诚然，“小猫”可工笔，可写意，但必须是“小猫”。而冯唐这几句译文，却是“画虎不成反类犬”。

需要说明的是，我并非认为“裤裆”（许多地方有裤裆巷的地名，本是喜闻乐见的日常意象）、“好骚”（风骚、骚人，本是富有传统的才情意象）这些词语有什么特别不好。作为个人，冯唐尽可以把 mask 理解为裤裆，甚至延伸到人体使用的任何遮蔽品上去。但是，作为译者，作为文学作品翻译活动，应当在作者角色与读者角色之间架起桥梁，而不是有意无意地设置屏障。

注释：

[1] https://baike.baidu.com/item/%E6%A2%81%E5%AE% 97%E5% B2% B1/1251885?fr=Aladdin, 2016-2-10.

[2] https://baike.baidu.com/item/%E7%A7%8B%E5% A3%B0% E8%B5%8B/ 574344?fr=aladdin, 2016-2-22.

[3] https://baike.baidu.com/item/Grim%20reaper/8336671?fr=aladdin, 2016-2-22.

[4] http: //www. Dou ban. com/ note/ 499360896/?type=like，2015-05-15.

[5] http://blog.sina.com.cn /main_ v5/ria/private.html?uid=1195201334，2015-12-27.

参考文献：

[1] 胡适 .《戏和叔永再赠诗却寄绮城诸友》[M].《藏晖室札记》卷十一，上海亚东图书馆，1939.

[2] 莎士比亚著，辜正坤译 .《莎士比亚十四行诗集》[M]. 北京：北京大学出版社，1998.

[3] 莎士比亚著，梁宗岱译 .《莎士比亚十四行诗》[M]. 成都：四川人民出版社，1983.

[4] 莎士比亚著，梁实秋译 .《莎士比亚全集 · 十四行诗》[M]. 北京：中国广播电视出版社，2001.

[5] 泰戈尔著，冯唐译 .《飞鸟集》[M]. 杭州：浙江文艺出版社，2015.

[6] 泰戈尔著，郑振铎译 .《飞鸟集》[M]. 北京：外语教学与研究出版社，2010.

作者简介

李葆嘉，南京师范大学文学院退休教授，现兼职黑龙江大学俄罗斯语言文学与文化研究中心研究员，伊犁师范大学边疆中华文史研究中心特聘教授。

政治文献中的中国特色词翻译探析*

——以2021年《政府工作报告》英译为例

Translating Terms with Chinese Characteristics in Political Documents: A Case Study of the 2021 Report on the Work of the Central Government

汪宝荣　陈宇哲　江海燕
WANG Baorong CHEN Yuzhe JIANG Haiyan

摘要：

随着国际传播战略的实施，近年来我国重要政治文献外译成为研究热点。由于中西政治体制和文化传统不同，其中的中国特色词是公认的翻译难点。本文参照艾克西拉的"文化专有词"翻译策略分类法，把政治文献中的中国特色词界定为文化专有词，对2021年《政府工作报告》中的中国特色词英译策略进行定量和定性分析。结果表明：《报告》的翻译团队总体上偏重文化保留类策略，对典故、成语和流行语则倾向于采用文化替换类策略；所用译法灵活变通，力求在保留中国文化的异质性与传递交际意图之间取得适度平衡；新时代我国政治文献外译逐步注重目标受众接受，这是值得肯定的进步。

关键词：

政治文献外译；中国特色词；文化专有词；翻译策略

Abstract:

With the recent implementation of China's international dissemination strategy, foreign-language translation of important political documents has attracted increasing scholarly attention. Owing to the fundamental differences between Chinese and Western political systems and cultural traditions, terms with Chinese characteristics in such documents are generally recognized as the translator's headache. Drawing on Spanish scholar Javier Franco

* 基金项目：本文为国家社科基金项目重点项目"清代中后期中英外交翻译与外交话语权构建研究"（22AYY002）的部分成果。

Aixelá's taxonomy of translation strategies for culture-specific items, this article analyzes the strategies for translating into English those terms with Chinese characteristics in the 2021 Report on the Work of the Central Government. It is found, through quantitative and qualitative analysis, that in treating these Chinese culture-specific items, the translation team tended to use techniques of cultural substitution while occasionally employing those of cultural conservation for some allusions, four-character idioms, and political catchphrases. The translation techniques were used flexibly, showing an effort to balance the retention of Chinese cultural heterogeneity and the conveyance of communicative intentions. In the new era, foreign-language translations of political documents show a stronger target-reader orientation, which is commendable progress itself.

Key words:

Political documents in translation; terms with Chinese characteristics; culture-specific items; translation strategies

1. 引言

“讲好中国故事，传播中国声音”彰显了近年来中国实施的文化“走出去”战略。在 2021 年“531 讲话”中，习近平主席强调了增强“国际传播能力”的重要性。在此背景下，我国重要政治文献外译成为研究热点。《政府工作报告》（以下简称《报告》）集中体现了中国政治文化的精华，是国外读者了解中国政治经济和思想文化的重要渠道，其翻译直接服务于国际传播战略，而其中的中国特色词是公认的翻译难点。中国特色词指在我国特定历史和社会背景下形成的独特语言表达形式，反映了我国特有事物、事件及政治、经济、文化、行政、外交等状况。它们往往有中华文化的内涵，反映了一定时期中国社会的特征（章宜华 2016）。近年来，国内新词翻译研究前沿逐步转向关注政治文献和政治新词（杨红燕等）。讨论政治文献中的中国特色词英译的主要论文有：卢小军（2013）梳理了外宣翻译中常见的误译现象。徐明强（2014）指出，外宣翻译最让人头疼的是中国特色的词汇，即我们自己创造的、非通用的词汇，主要包括马列著作中的专用词汇和与共产党有关的专用词汇；来源于军事和经济领域的词汇等。王克非、王颖冲（2016）指出，中国特色文化词的翻译难点在于目标语中存在“完全空缺”“不完全空缺”两种现象，并提出了相应的翻译策略。梁娜（2019）以 2018 年《报告》英译为例，指出中央文献译者立场彰显了国家意志，体现了大国担当。汪东萍（2020）统计分析了 2016—2020 年《报告》中出现的中国特色词，发现其英译 72% 采取了保留中国文化意象的策略。汪宝荣、杨莹（2022）基于艾克西拉的文化专有词翻译策略分类法，采用数据统计和实例分析结合的方法，考察了《习近平谈治国理政》第三卷中的成语类典故英译策略。

近年来，国内学者日益重视政治文献外译的目标受众接受问题。新华社高级编辑王平兴（2008：45）认为，“忠实于原文是外译工作的出发点，着眼于国外读者则是其归宿”，强调政治文献翻译需要服务读者，语言应符合英语表达习惯。周忠良（2020：92）也指出，政治文献外译旨在向语言文化背景迥异的外国受众讲述中国故事，传播中国声音，因此译者要有服务受众的意识。陈大亮（2022）针对当前读者接受研究薄弱的现状，提出译文读者接受的三个评价标准，即可理解性、可接受性、可读性。

综上所述，针对政治文献中的中国特色词翻译和目标受众接受的研究已不少，但大多以规定性研究即提出翻译原则进而指导翻译实践为主，描述性研究相对缺乏，尤其缺乏基于定量分析的深入考察。本文参照西班牙学者艾克西拉（J. F. Aixelá）提出的“文化专有词”翻译策略分类法，运用数据统计和实例分析结合的方法，对2021年《报告》中的中国特色词英译策略进行描述性分析，尤其关注译者团队如何处理忠实于原作与注重目标受众接受之间的冲突。

2. 文化专有词翻译策略分类法

艾克西拉把“文化专有词”（culture-specific item）定义为“因其在原作中的特殊文本功能和内涵，在译成目标语过程中造成困难的词语”，认为成为翻译难点的原因是“原文中某个词在目标语言文化中不存在对等词或价值观不同（由意识形态、用法、使用频次等因素决定）”（Aixelá 1996：57-58）。《报告》中的中国特色词在英语中一般找不到对等词，翻译时既要尽量保留其文化异质性，又要传递其语用意义和交际意图，往往令译者陷入两难境地，故可借用艾克西拉的分类法来考察此类词汇的翻译。再者，该分类法以描述为基础，为便于描述性翻译研究而设计（张南峰 2004：21），与本文研究取向是一致的。目前，国内学者用此分类法来研究《报告》中的中国特色词翻译尚不多见。

艾克西拉基于英语译成西班牙语语料，发现常用的文化专有词翻译策略有12种，可归入“文化保留”“文化替换”两类[1]（见表1）（张南峰 2004：60-64）。由于语言对（language pair）的特殊性，重复法一般不适用于英汉互译，自创译法和有限一般化[2]在英汉互译中也不多见（张南峰 2004：22-23）。艾克西拉还指出，这12种译法不一定被单独使用，“事实上它们常常被组合运用”（张南峰 2004：60）。从艾克西拉的文化专有词翻译策略二分法不难看出，文化保留类策略有助于保留中国文化的异质性，但目标读者获取其含义和信息存在不确定性；文化替换类策略有利于有效地传递交际意图和信息，但有可能丢失中国文化异质性。鉴于两者各有利弊，较恰当的做法是设法使两者取得平衡。

表 1. 文化专有词翻译策略分类法

翻译策略	具体译法
文化保留类	重复法（照抄原文）
	转换拼写法（包括音译）
	语言（非文化）翻译法，保留文化专有词的指示意义（相当于直译）
	文外注释
	文内注释
文化替换类	同义词替换法
	有限一般化，用译文读者较熟悉的另一个源语文化专有词来翻译
	绝对一般化，用非文化专有词来翻译（相当于意译）
	归化法
	淡化法
	删除法
	自创译法

3. 2021 年《报告》中的中国特色词语翻译难点

我们从《中国日报》官网获取了 2021 年《报告》中英对照文本[3]，统计整理了 104 个中国特色词，分为专有名词、缩略语、四字成语、典故、政治流行语五类。

1）专有名词。专有名词是名词的一种，表示特定的或独一无二的人或物，包括人名、地名、国家名、机构名等，如第 24 届北京冬季奥林匹克运动会，简称 2022 年北京冬奥会。2021 年《报告》提到要精心筹办北京冬奥会、冬残奥会等综合性体育赛事。

2）缩略语。缩略词指对原有词汇进行节缩或省略后能够自由运用的语言单位，如“放管服”是“简政放权、放管结合、优化服务”的简称。缩略语一般是在特定背景下产生的特定词汇，代表了中国某一时期的政策。

3）四字成语。成语，众人皆说，成之于语，故曰成语。中文成语多为四字，亦有三字、五字甚至七字以上。四字成语一般蕴含丰富的文化内涵，在西方语言中找不到直接对应的表达。例如，“居安思危”是指在太平安乐的环境里要想到会有危难发生。2021 年《报告》翻译团队[4]用“vigilant”对译，含“警惕、警觉”之意，与“居安思危”的意思大致相同。

4）典故。典故是诗文作品里引用的古代故事和有出处的词语。例如，“不忘初心”最早出自唐代白居易《画弥勒上帧记》：“所以表不忘初心，而必果本愿也”，意思是说时时不忘记最初的发心，最终一定能实现其本来的愿望。2017 年 10 月 18 日，习近平总书记在十九大报告中提出，要在全党开展“不忘初心、牢记使命”的主题教育。

5）政治流行语。流行语作为一种词汇现象，反映了一个国家或地区在某个时期人们普遍关注的问题和事物。例如，“打好蓝天、碧水、净土保卫战”是中共中央在国内环境污染、生态环境破坏的局势下提出的一个环保口号。“十三五”时期，各地区各部门打响蓝天、碧水、净土保卫战，推动我国生态环境保护发生了历史性变化。政治文献中的流行语都是中共中央针对国家当前各种形势提出的口号，有很强的时效性，有时候不易翻译。

4. 统计分析

本节借助于数据统计，旨在确定 2021 年《报告》中的中国特色词英译策略总体倾向，即以“文化保留”还是“文化替换”为主。我们整理了 104 个中国特色词及其对应英译，然后根据艾克西拉的分类法进行归类统计，结果汇总在“表 2”“表 3”中。需要说明的是，《报告》原文中重复的词汇不予重复统计；笔者严格按照各种译法的定义，在译文归类上尽量做到精准，但少数译文有“灰色地带”性质，难以明确归入某一类译法，因此统计结果可能存在少量误差；为便于比较，各类译法均给出示例。

表 2. 文化保留类策略

翻译方法及小计	专有名词	缩略语	四字成语	典故	流行语
音译 + 语言翻译 12	奋斗者号（载人潜水器） the Fendouzhe deep-sea manned submersible （共 8 个）				京津冀协同发展 the coordinated development of Beijing-Tianjin-Hebei region （共 4 个）

续表

翻译方法及小计	专有名词	缩略语	四字成语	典故	流行语
语言翻译 59	中国国际进口博览会 China International Import Expo （共 6 个）	“十四五”规划 the 14th Five-Year Plan （共 5 个）	任重道远 have a long way to go 砥砺前行 forge ahead with even greater resolve （共 16 个）		构建人类命运共同体 build a human community with a shared future （共 32 个）
语言翻译 + 文内解释 22 总计：93		两新一重建设 new infrastructure and new urbanization initiatives as well as major projects （共 15 个）			揭榜挂帅 select the best candidates to undertake key research projects （共 7 个）

表 3. 文化替换类策略

翻译方法及小计	专有名词	缩略语	成语	典故	流行语
同义词替换 1			稳中求进 deliver stability while also pursuing progress; pursue progress while maintaining stability		
绝对一般化 9			居安思危 remain vigilant 青山常在，生机盎然 help sustain and energize market entities	绿水青山就是金山银山 lucid waters and lush mountains are invaluable assets （共 4 个）	打好蓝天、碧水、净土保卫战 keep our skies blue, our waters clear, and our lands pollution-free （共 3 个）
归化 1 总计：11					随借随还贷款 pay-as-you-go lending model

表 2、表 3 的统计结果显示：在 104 个中国特色词中，采用文化保留类翻译策略的共 93 个，具体译法有音译 + 语言翻译（12 个），语言（非文化）翻译（59 个），语言翻译 + 文内解释（22 个），以语言（非文化）翻译为主；采用文化替换类翻译策略的共 11 个，包括同义词替换（1 个），绝对一般化（9 个），归化（1 个）。这表明在保留中国文化异质性与传递交际意图冲突时，该翻译团队更追求保留中国文化意象，让目标读者有机会领略中国文化的异质性。统计结果还显示，专有名词、缩略语、成语和流行语多采用文化保留类翻译策略，如“海南自由贸易港”（the Hainan Free Trade Port），“放管服”（to streamline administration and delegate power, improve regulation and upgrade services），“砥砺前行”（forge ahead with even greater resolve），“国内国际双循环”（domestic circulation and international circulation）。由于这些词往往关涉当前中国的形势和政策，译者团队采用保留类策略，既能保证译文的准确性，也能体现中国特色。另一方面，对一些典故、成语、流行语，则采用了文化替换性质的归化或绝对一般化。绝对一般化指译者找不到译文读者较熟悉的另一个源语文化专有词，或决定删去文化专有词的外国含义，选用了一个中性即不带文化色彩的词来翻译（Aixelá 1996：63）。例如，时代流行语“绿水青山就是金山银山”中的“金山银山”是形象生动且朗朗上口的比喻，体现了汉语不避重复甚至喜欢重复的语言特色，译者团队将其绝对一般化为“invaluable assets”（无价资产），不仅容易为西方读者所理解，而且巧妙地避开了原文中语义重复的问题。

值得注意的是，在艾克西拉列出的 12 种译法中，有 6 种未被 2021 年《报告》的翻译团队采用。首先是重复、自创、有限一般化。由于英汉语这个语言对的特殊性，这三种译法在英汉互译中很少用，我们的统计结果支持张南峰的观点。文外解释法未被运用，可能是因为《政府工作报告》的翻译通常不适合用脚注。至于不用删除的原因，正如程镇球（2003）指出的，《报告》是严肃的官方政治文献，从事这类文本翻译的我国专业译者不会也不该随意增删原文。最后没有用到的是淡化译法，一般用于处理语气或情感上过于强烈或不雅之词，而我们收集到的中国特色词中未见这类词汇，故淡化译法未被运用。

总括而言，针对《报告》中的不同类别中国特色词，译者团队灵活变通，采用了多种译法，在尽量保留中国文化异质性的前提下，适当兼顾了目标读者的认知和接受能力。

5. 实例分析

本节结合实例来分析具体翻译方法，旨在考察《报告》的翻译团队如何处理保留中国特色词的文化异质性与传递交际意图之间的冲突，探究译者对细节的处理。

5.1 文化保留类策略

1）音译 + 语言翻译

例（1）雄安新区 Xiong'an New Area

2018 年 4 月，中共中央、国务院批复了《河北雄安新区规划纲要》，设立雄安新区，是党中央深入推进"京津冀协同发展"而作出的一项重大决策。译者团队用音译法处理地名"雄安"，"新区"则用了语言翻译法（即直译）。

例（2）京津冀协同发展 the coordinated development of Beijing-Tianjin-Hebei region

例（3）粤港澳大湾区建设 the Guangdong-Hong Kong-Macao Greater Bay Area

2018 年 11 月，中共中央、国务院明确要求以疏解北京非首都功能为"牛鼻子"推动京津冀协同发展。同时，围绕充分发挥粤港澳综合优势，建设富有活力和国际竞争力的一流湾区。译者团队在翻译这类词时均用音译辅以语言翻译，准确传达出该特色新词的内涵。

2）语言（非文化）翻译法

例（4）中国国际进口博览会 China International Import Expo

中国国际进口博览会由中华人民共和国商务部和上海市人民政府主办，为世界上第一个以进口为主题的国家级展会。2021 年 11 月 5 — 10 日，第四届中国国际进口博览会在上海举办。译者团队用语言翻译法，准确直观地传达了该词的含义。

例（5）任重道远 have a long way to go

"任重道远"指担子很重，路途遥远，比喻肩负的责任重大，需要长期的艰苦努力。译者团队译出了该成语的核心意义即"前路漫漫，需长期努力"，省去了语义相关的"任重"。

3）语言翻译 + 文内解释

例（6）“三大攻坚战” in the three critical battles against poverty, pollution and potential risk

我国政治文献多用缩略语，言简意赅，却对翻译构成了不小的挑战。“三大攻坚战”指防范化解重大风险，精准脱贫，污染防治，是十九大报告中首次提出的新表述。译者团队在采用直译的基础上，还对该缩略语的具体内容做出了明确解释。

例（7）“三去一降一补” five priority tasks of cutting overcapacity, reducing excess housing inventory, deleveraging, lowering costs and strengthening areas of weakness

“三去一降一补”指去产能、去库存、去杠杆、降成本、补短板五大任务。英语译文解释了该缩略语所指的五大任务，这样目标语读者就能知道其完整内涵。

5.2 文化替换类策略

1）同义词替换

例（8）稳中求进

译文 1：deliver stability while also pursuing progress

译文 2：pursue progress while maintaining stability

译者在翻译成语“稳中求进”时用了两种语义相同而结构相反的译文，符合英文多用同义词来避免重复的行文习惯。在整篇报告中，我们发现同义词替换法只用了一次，这可能是为了确保《报告》译文的严谨一致。

2）绝对一般化

例（9）居安思危 remain vigilant

成语“居安思危”典出《左传·襄公十一年》：“《书》曰：‘居安思危。’思则有备，有备无患，敢以此规。”指在和平安乐的境遇中，当虑及可能有的危难（夏征农 1999: 1099）。汉语成语负载着深厚的中国历史文化信息，英译时往往出现“完全空缺”的现象，《报告》的译者一般采用绝对一般化，将中文成语处理为非文化专有词，略去成语的用典，从而增强了译文的可读性。在《报告》的特定上下文中，“remain vigilant”指对可能发生的危难时刻保持警惕，足以传达“居安思危”之意。

例（10）打好蓝天、碧水、净土保卫战 keep our skies blue, our waters clear, and our lands pollution-free

2021 年《报告》提出要“打好蓝天、碧水、净土保卫战”，以应对大气污染、水污染、土壤污染等问题。我国重要政治文献多借用军事术语（徐明强 2014），是中国政治文化的一部分。在翻译这个军事色彩很浓的流行语时，翻译团队没有保留其军事意味，而是紧扣其主旨，做了干净利落的意译处理，体现了译者强烈的译文受众意识。同类例子还有“挂牌督战”，指根据我国当前脱贫攻坚进程，确保如期全面完成脱贫攻坚任务的一项重要举措。《报告》的翻译团队决定舍去其有军事色彩的字面义，而是抓住其语境意义，译作“speed up efforts in lifting the remaining impoverished counties out of poverty”（加快贫困县脱贫进程），有利于英语读者准确领会其交际意图。

例（11）揭榜挂帅 select the best candidates to undertake key research projects

“揭榜挂帅”指“需要的关键核心技术项目张出榜来，英雄不论出处，谁有本事谁就揭榜”，即不论资质，不设门槛，选贤举能，惟求实效。该政治流行语既有军事色彩，也有浓厚的传统文化意蕴，很容易让国内读者想起“穆桂英挂帅”的典故。与处理上述两例的思路一样，《报告》的翻译团队决定舍去其有军事色彩和典故意蕴的字面义，直接译出其语境意义。这是典型的绝对一般化。用此法处理中国特色词，丢失了其中国政治文化的异质性，但相比于语言翻译即直译，能更有效地传递原文的交际意图。

3）归化

例（12）随借随还贷款 pay-as-you-go lending model

“随借随还贷款”是国内有关银行推出的一种灵活的放贷模式，指银行给客户一定的贷款额度，在这个额度内可以随时用款，用多少款就付多少利息，不用了可以随时通过网上银行归还贷款，停止计息。翻译团队用英语表达法“pay-as-you-go”来对译。“pay-as-you-go”的词典释义是“a system or policy of paying bills when due or of paying for goods and services when purchased”[5]，指一种到期或费用产生时支付账单的方式。译者团队用归化法来翻译“随借随还”，对英语读者来说通俗易懂，且译文简洁，同时以“lending model”（贷款模式）来限定，有效地传达了“随借随还贷款”之意。

6. 结语

作为重要政治政策类文本，《政府工作报告》是官方发布的文献，具有权威性和严肃性，因此对忠实标准的要求比一般翻译严格得多。资深政治文献翻译家程镇球（2003）强调，“政治文章的翻译要讲政治”，具体指翻译时要紧扣原文，不能任意删字或加字，或离开原文自由发挥，要仔细衡量用词的政治含义与影响，用词轻重要恰如其分。即是说，重要政治文献的翻译不仅要做到忠实准确，更要坚持正确的政治立场，否则“后果严重”“会犯政治性错误”。程镇球文中所举不少实例属于中国特色词，如对香港“恢复行使主权”“经济特区”“海外侨胞”等，这就不难解释为何 2021 年《政府工作报告》英译团队倾向于采用文化保留类策略，而绝对一般化、归化等文化替换类策略只是偶尔用之，表现得甚为谨慎。另一方面，政治文献外宣翻译旨在让译文受众“能明确无误地理解和把握译文所传递的信息要旨”（袁晓宁 2005），即在“讲政治”的前提下，也不能忽视信息的有效传递。中央文献翻译定稿专家黄友义（2004）指出，外宣翻译要“贴近国外受众的思维习惯”，即要有目标受众意识。这类翻译文本毕竟不是给懂外文的中国人看的，过于忠实地直译，即翻译时一味地保留中国文化的异质性，会造成译文在目标读者看来既陌生又生涩，不利于中国文化的对外传播与接受。正是考虑到政治文献外译的特殊性，既追求译文忠实又具有目标受众意识的 2021 年《报告》翻译团队采用了灵活变通的手法，力求在保留中国文化异质性与传递交际意图之间取得适度平衡。该个案分析结果表明，我国的政治文献外译从 20 世纪 80 年代突出强调要“讲政治”，到今天在“讲政治”的前提下逐步注重目标受众的接受，这是可喜的进步，具有理论和实践两方面的重要意义。

近年来，包括《习近平谈治国理政》在内的我国重要政治文献外译研究趋热，成果迭出，但尚未取得实质性突破，翻译研究明显滞后于翻译实践。今后应重点开展实证研究和基于大数据的翻译研究，包括对政治文献主译者和译审进行深度访谈，对目标读者开展问卷调查等（参见武光军、赵文婧 2013；司显柱、曾剑平 2021），以获取有关翻译决策过程和译文接受及反馈的实证数据，这将增强研究结果的可靠度和信服力，从而为提升政治文献外译质量和传播效果提供智库支持。

注释：

[1] 对艾克西拉分类法的详细译介及评论，可参见汪宝荣（2015：136-138）。

[2] 张南峰（2004）把“limited universalization”译作“有限世界化”。笔者认为，这种译法对文化“专有”词进行“一般”化处理，使译文读者不觉得陌生，因此译为“有限一般化”更贴切。

[3] https://language.chinadaily.com.cn/a/202103/15/WS604ed1cfa31024ad0baaf337.html.

[4] 按国内现行惯例，《政府工作报告》从初稿翻译、译文修润到定稿，由多人合作完成。初稿一般由国内专职译者翻译，以确保译文忠实准确，译文修润通常交给国家机构聘请的“外国专家”，定稿一般由国内外语专家或资深翻译家进行。因不能确定具体译者，本文以“翻译团队”或“译者团队”指称 2021 年《政府工作报告》英译者。

[5] Pay-as-you-go Definition & Meaning - Merriam-Webster.

参考文献：

[1] 陈大亮．译文读者接受的评价标准 [N]. 中国社会科学报，2022-05-10（001）.

[2] 程镇球．政治文章的翻译要讲政治 [J]. 中国翻译，2003（3）：18-22.

[3] 黄友义．坚持“外宣三贴近”原则，处理好外宣翻译中的难点问题 [J]. 中国翻译，2004（6）：29-30.

[4] 梁娜．社会语言学视阈下中央文献外译的译者立场研究——以 2018 年《政府工作报告》英译为例 [J]. 天津外国语大学学报，2019（2）：81-92.

[5] 卢小军．国家形象与外宣翻译策略研究 [D]. 上海：上海外国语大学，2013.

[6] 司显柱，曾剑平．对外政治话语翻译：原则、策略、成效——以《习近平谈治国理政》的英译为例 [J]. 上海翻译，2021（2）：18-24.

[7] 汪宝荣．异域的体验——鲁迅小说中绍兴地域文化英译传播研究 [M]. 杭州：浙江大学出版社，2015.

[8] 汪宝荣，杨莹．《习近平谈治国理政》第三卷中的成语类典故英译策略研究 [J]. 翻译教学与研究，2022（1）：11-24.

[9] 汪东萍．《政府工作报告》中国特色词汇的文化对应与英译策略研究 [J]. 学术研究，2020（12）：34-40.

[10] 王克非，王颖冲．论中国特色文化词汇的翻译 [J]. 外语与外语教学，2016（6）：87-93.

[11] 王平兴．政治文献翻译新探索——十七大文件翻译体会 [J]. 中国翻译，2008（1）：45-50.

[12] 武光军，赵文婧 . 中文政治文献英译的读者接受调查研究——以 2011 年《政府工作报告》英译本为例 [J]. 外语研究，2013（2）：84-88.

[13] 夏征农 . 辞海 [M]. 上海：上海辞书出版社，1999.

[14] 徐明强 . 外宣翻译的苦恼 [J]. 中国翻译，2014（3）：11-12.

[15] 杨红燕，姚克勤，廖甜甜 . 国内新词翻译研究现状与展望 [J]. 西安外国语大学学报，2020（2）：92-98.

[16] 袁晓宁 . 外宣英译的策略及其理据 [J]. 中国翻译，2005（1）：75-78.

[17] 张南峰 . 艾克西拉的文化专有项翻译策略评介 [J]. 中国翻译，2004（1）：18-23.

[18] 章宜华 . 中国特色词在中外传媒的使用特点及影响因素 [J]. 学术研究，2016（7）：151-156.

[19] 周忠良 . 政治文献外译须兼顾准确性和接受度——外交部外语专家陈明明访谈录 [J]. 中国翻译，2020（4）：92-100.

[20] Aixela, Javier Franco. Culture-Specific Items in Translation[C] // R. Alvarez & M. Carmen-Africa Vidal. Translation, Power, Subversion. Clevedon: Multilingual Matters, 1996: 52-78.

作者简介

汪宝荣，博士，杭州师范大学外国语学院教授，博士生导师。研究方向：中国文学文化译介与传播、社会翻译学、中国翻译史。

陈宇哲，杭州师范大学外国语学院翻译专业硕士研究生。研究方向：翻译理论与实践。

江海燕，杭州师范大学外国语学院翻译专业硕士研究生。研究方向：翻译理论与实践。

《京报》英译初尝试：*Translations from the Original Chinese, with Notes* 的分析

First Attempt at English Translation of *Peking Gazette*: An Analysis of *Translations from the Original Chinese, with Notes*

王 海 孙一赫
WANG Hai SUN Yihe

摘要:

在英国东印度公司资助下，马礼逊与德庇士于1815年在广州出版 *Translations from the Original Chinese, with Notes*（《中文英译（附释文）》），其中第1-38页是马礼逊译自《京报》的内容，包括嘉庆帝《遇变罪己诏》诏书和上谕7则、大臣奏折2通，成为马礼逊最早出版的《京报》译介文本和在华外国人系统翻译《京报》的开山之作。本文基于《中文英译（附释文）》中《京报》翻译文本的中英文对照分析其翻译规律，进而说明马礼逊《京报》翻译成果《中文英译（附释文）》在《京报》外译活动中的源头地位与流传价值。

关键词:

马礼逊；《京报》英译；*Translations from the Original Chinese, with Notes*

Abstract:

Funded by the British East India Company, Morrison and Davis published *Translations from the Original Chinese, with Notes*, in Guangzhou in 1815, in which Morrison translated the contents from *Peking Gazette*, including "Proclamation by his Imperial Majesty Kea-king, Emperor of China" and 7 imperial edicts of Emperor Kea-king, and 2 reports proposed by ministers. *Translations from the original Chinese, with Notes* turned out to be Morrison's earliest published translation of *Peking Gazette* and the pioneering one made by foreigners in China. This paper discusses the origin of Morrison's English translation activity of *Peking Gazette*, and analyzes the translation rules based on the comparison of Chinese and English versions to explain the pioneering position and communication value of Morrison's translation.

Key words:

Robert Morrison; translation of *Peking Gazette* into English; *Translation from the Original Chinese, with Notes*

英国伦敦布道会谴华传教士马礼逊（Robert Morrison, 1782—1834）作为19世纪早期入华基督新教传教士的开拓者和在华外国人《京报》翻译活动的先行者，承继18世纪20年代入华耶稣会士《京报》翻译实践，在英国东印度公司的资助下，开始系统地阅读、翻译和研究《京报》，进而开启欧美在华侨民译介《京报》并以此作为了解中国社会状况与清廷内政外交政策的主渠道。

1815年，英国东印度公司资助马礼逊与外交官德庇士（John Francis Davis, 1795—1890）在广州出版 *Translations from the Original Chinese, with Notes*（《中文英译（附释文）》）。这是马礼逊首次公开出版的《京报》译文单行本，其中第一部分是马礼逊翻译的《京报》中嘉庆帝《遇变罪己诏》诏书和上谕7则与大臣奏折2通，第二部分收录马礼逊英译唐诗二则——杜牧的《九日齐山登高》和许浑的《村舍》，第三部分收录德庇士翻译的李渔小说《十二楼》卷三《三与楼》。《中文英译（附释文）》标志着在华外国人系统译介《京报》活动的起源，在近代中西文化交流史上具有重要意义。

截至目前，国内关于清代《京报》译介活动的少量论文重在宏观论述在华外国人《京报》译介与中英关系或者《京报》外译活动的概况，有关马礼逊《京报》翻译案例及其译本分析的论述尚未展开。尹文涓的“耶稣会与新教传教士对《京报》的节译”以在华天主教和基督新教传教士对《京报》的翻译案例为考察对象，分析在华传教士向西方译介中国的文化情报时值得关注的问题（尹文涓 2005：71-82）；赵莹的“《京报》的流传与19世纪中英关系的构建：以觐见问题为例”基于1873年五国公使团觐见同治帝的典型事例，即当时英文报刊所谓的“觐见问题”（Audience Question），探索在华英文报纸对《京报》翻译和利用的史实，特别是《字林西报》“《京报》摘要”专栏影响了19世纪中英关系的构建（赵莹 2013：151-159）。事件交涉的核心问题“跪拜之礼”的解决，未能打破英国人对中国人的成见，在华英侨在觐见之初所持的乐观心态最终归于失望和不满，其态度转变及对《京报》的先期定位与相关译稿的后期解读紧密相关；王海、王乐的“《京报》英译活动中的跨文化传播策略与技巧——以《中国丛报》文本为例”在分析19世纪上半叶在华外国人阅读、摘译（节译）和研究《京报》文本在了解清廷和社会状况的基础上，归纳《中国丛报》的《京报》译者的编译策略与技巧，剖析和总结了其中《京报》英译文本的跨文化传播规律（王海、王乐 2014：62-81）；赵莹的“《京报》英译与两次鸦片战争期间的中英关系”剖析了两次鸦片战争期间英国人对《京报》的定位从“中国情报源”转变为“对华外交手段”，中英双方就《京报》信息的控制权展开争夺的史实，影射了晚清变局之下信息传播领域的中西权力格局之变化（赵莹 2018：112-125）。整体而言，国内有关马礼逊《京报》翻译活动的著述中缺乏基于中英文对照的文本分析与译本的案例分析。

近几年，国外个别学者系统研究 19 世纪在华外国人《京报》翻译活动。《京报：十九世纪中国历史读本》（*The Peking Gazette: A Reader in Nineteenth-Century Chinese History*）提供了研究大清帝国尤其是晚清社会状态的独特史料，开辟了学界关于 19 世纪和 20 世纪初中国历史研究迥然不同的视角和思路。该著述收录从 1793 年马戛尔尼（George Macartney, 1737—1806）使团访华到 1912 年 2 月清朝宣统皇帝爱新觉罗 · 溥仪（1906—1967）退位的历史大事，可谓不折不扣的中国近代史记录者。莱恩 · J · 哈里斯（Lane J. Harris）关于《京报》英译的数据库《〈京报〉网络译本》（*Translations of the Peking Gazette Online*）总计 8500 页，实属有关《京报》翻译历史文献的完整数据库。

本文旨在探讨《中文英译（附释文）》在马礼逊《京报》翻译活动，乃至整个在华外国人《京报》翻译与流传历史变迁中的源头地位，基于翻译文本的中英文对照，总结其翻译模式，进而论述马礼逊《京报》翻译活动及其译介方法与模式的示范作用。

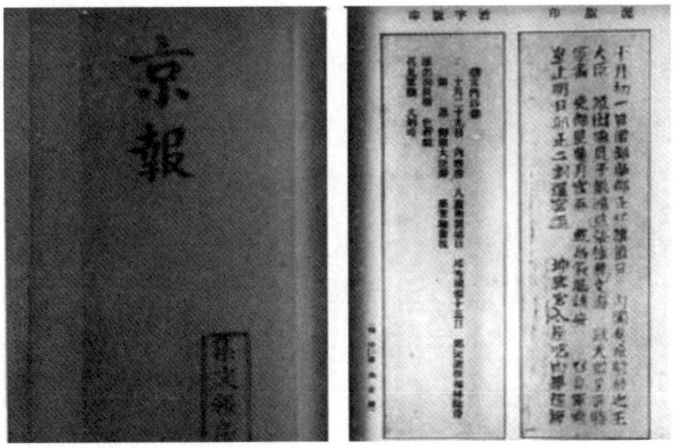

图 1.《京报》

1. 马礼逊《京报》翻译活动的源起

早在 18 世纪中后期，在华外国人就把译介《京报》作为认识中国社会与国情的重要信息源。法国在华传教士汉学家钱德明（Jean-Joseph-Marie Amiot，1718—1793）利用自己长期供职清廷的优势，阅读、摘译和研究《京报》，以此作为自己获取清廷信息的主渠道。不过，19 世纪上半叶基督新教传教士入华并系统译介《京报》之前，在华耶稣会士和外国人虽然已经注意到《京报》在中国社会中的重要性，并开始摘译其中的内容，帮助西方国家了解中国社会概况，但此时的《京报》翻译活动并未形成规模，以个人自译为主。

马礼逊于1807年9月抵达广州后，初为伦敦会翻译和撰写有关《京报》的文章，以便其了解中国情况。起初，马礼逊只是零散地摘译《京报》文本（Mokros 2016：217），与18世纪入华耶稣会士和外国人摘译《京报》的情况相似。1809年2月20日，马礼逊与莫顿小姐（Miss Morton）结婚，当天马礼逊被聘为英国东印度公司的翻译（Wylie 1867：4），此后马礼逊的《京报》译本定期出现在东印度公司的报告和英文报刊中。

1815年，在英国东印度公司赞助下，马礼逊在广州出版以《京报》官方文件为主体内容的《中文英译（附释文）》。其实，英国东印度公司资助马礼逊旨在提升公司职员的汉语能力并展示其实力，“在1815年，英国东印度公司出版由马礼逊译本与德庇士和斯当东（George T. Staunton, 1781—1859）撰写的其他论述构成的一本小册子，这三人是该公司雇佣的最博学的汉学家”（Mokros 2016：218）。

《中文英译（附释文）》单行本出版后近20年内，马礼逊在英国东印度公司资助下有计划地摘译《京报》并撰写译介《京报》的文章，陆续发表在《印支搜闻》（*The Indo-Chinese Gleaner*）、《中国丛报》（*The Chinese Repository*）、《广州纪录报》（*The Canton Register*）等英文报刊的“《京报》摘译”及其他栏目中。

1817年5月至1822年6月，马礼逊与米怜（William Milne, 1785—1822）系统地阅读、翻译和分析《京报》，将其摘译文本穿插在《印支搜闻》“印中杂录/大事记”或“印中消息”栏目中，“《京报》摘译栏目”（Extract from *Peking Gazette*）由此诞生，从而更好地报道“印—中国家的状况”（Robert Morrison 1817：Introduction）。《印支搜闻》“《京报》摘译栏目”的翻译材料与相关译者的翻译活动成为在华外国人有组织地翻译《京报》的范例。马礼逊把《京报》作为英国东印度公司教授汉语的主要语料、了解清廷动向及嘉庆帝、道光帝对待基督教和英国人鸦片贸易的主要信息源。英国东印度公司如此评价马礼逊的《京报》翻译活动，“他翻译和传播《京报》的初衷是《京报》可以描绘中国的特点，为欧洲人和中国人带来更为密切的关系，支持善良之人和智慧之人形成有关上帝与其子民相处方法的判断”（Morrison 1818：44）。

在广州外商奥立芬（David W. C. Olyphant, 1789—1851）的资助和马礼逊的支持下，美国公理会遣华传教士裨治文（Elijah Coleman Bridgman, 1801—1861）于1832年5月在广州创办旨在向西方读者介绍中国社会状况的百科全书式英文月刊《中国丛报》（*The Chinese Repository*），裨治文、卫三畏（Samuel Wells Williams, 1812—1884）、马礼逊、马儒翰（John Robert Morrison, 1814—1843）和郭实腊（Karl

Friedrich August Gützlaff, 1803—1851）作为《中国丛报》的五位主要作者，亦成为当时英美在华作者的代表（Malcolm 1973:165-178）。马礼逊在《中国丛报》发表《京报》摘译文本 14 篇，1833 年 4 月《中国丛报》第 1 卷第 12 期连续刊登有关《京报》的批评性文章“《京报》”（*Peking Gazette*），也是马礼逊撰写的正式向西方读者介绍《京报》的文章（Morrison 1833：506-507）。

在 1832 年 5 月至 1847 年 4 月，裨治文主持《中国丛报》的编辑和出版事务。裨治文根据马礼逊 1826—1827 年间有关《京报》译介文本的 14 篇日记整理而成《中国见闻录》（*Reminiscences of Chinese Government and Politics*），刊登在《中国丛报》第 14 卷第 4 期。《中国见闻录》所辑录的 14 篇日记分别是马礼逊在 1826 年 10 月 27 日、11 月 6 日、11 月 8 日、11 月 10 日、11 月 13 日、12 月 2 日、12 月 11 日、1827 年 1 月 6 日、1 月 10 日、1 月 24 日、1 月 27 日、2 月 1 日、2 月 17 日、2 月 20 日阅读并摘译《京报》的文本或者所做的评论，其中只有半数的《京报》摘译或者评论内容可以在《京报》原始文献中找到（Bridgman 1845：170）。《中国见闻录》所辑录的马礼逊日记涉及八大主题：清廷官员标榜自我清正廉洁而拒收贿赂；海盗；商行商人和通事买办翻译的众多请愿书；朝廷任用满族、蒙古族和汉族官员的情况；清廷户部拖延财政拨款；漕运官与地方官员的推诿；洪涝灾害、饥荒等灾难的记录；欧洲的天文学家不再担任清廷天文馆的职务（Bridgman 1845：171-172）。

19 世纪二三十年代，马礼逊还为其他英文报刊撰稿，部分稿件源自《京报》译本和评价性文章。马礼逊从《广州纪录报》第 2 期开始定期为其撰稿，直到去世。马礼逊对《广州纪录报》提供的稿件主要是从北京和广州的官本或长本《京报》上摘译的消息，英国商人定期资助马礼逊 300 美元，以便马礼逊编译《京报》稿件（Britton 1966：27）。马礼逊去世后，《广州记录报》被迫转载《中国丛报》的《京报》摘译专栏（Emily Carr Mokros 2016：238），而马礼逊《京报》译本成为《广州纪录报》与《广州周报》及其华南报刊竞争的导火索。

马礼逊从 1807 年来华到 1834 年去世，坚持观察中国的社会状况和风土人情。马礼逊在担任英国东印度公司翻译期间坚持写日记，记录广州地方政府的信息与自己的在华经历。同时，马礼逊从《京报》中摘译海量的资料和信息，把这些信息传送到广州各大商行，任何欧洲人掌握的中国知识和对于中国人的了解都无法超越马礼逊博士（Bridgman 1845：171）。

马礼逊开创了中国近代史上西方人有组织地翻译和分析《京报》文本以了解中国国情并向西方介绍中国社会状况的惯常做法，“19 世纪是西方人了解和利用《京报》的新纪元，英国传教士马礼逊对《京报》的介绍宣告了这一纪元的开启”（赵莹 2013：153-161）。马礼逊去世后，德庇士、马儒翰与裨治文等传教士兼汉学家继续翻译《京报》，并在报章中转载和引用马礼逊《京报》译本和译介文章。

2.《中文英译（附释文）》的《京报》译介模式

《中文英译（附释文）》由三部分组成：第一部分是马礼逊翻译的《京报》上谕和奏折，封面上印制着"入境而问禁入国而问俗"（ENTERING A TERRITORY ENQUIRE WHAT ARE ITS LAWS; ENTERING A NATION ENQUIRE WHAT ARE ITS CUSTOMS. LE-KING）的经典语句，由托马斯（P. P. Thomas）出版商署名出版，共 56 页。

由于时代久远，马礼逊《中文英译（附释文）》摘译的嘉庆年间《京报》原报刊留存至今的可能性不大，流传至今的多为道光年间《京报》的复制品《邸抄》，当今学者只能从《清实录》（*Qing Veritable Records*）和《刑案汇览》（*Conspectus of Legal Cases*）等清代文献中查找《京报》抄录对应的原文。而《清实录》并未收录关于个人事务的记录文献、大部分奏折和皇室成员的私事，遑论低级官员的琐碎事务。因此，完整而精准地确认和搜集《京报》英译对应的原文是不可能的（Mokros 2016：348），马礼逊《中文英译（附释文）》英译文中 2 通大臣奏折对应的《京报》原文即无法查证，如表 1 所示。

表 1. 马礼逊《中文英译（附释文）》中《京报》中英文对照

序号	《京报》原文出处《清实录》日期 / 篇名 / 主题	《中文英译（附释文）》对应《京报》译文	翻译策略
1	《清实录嘉庆朝实录》卷之二百七十四。嘉庆十八年。癸酉。九月。己卯。 谕内阁。《遇变罪己诏》。	Imperial Majesty KEJ-KING, Emperor of China. Received in Canton, Nov. 5th, 1813 PROCLAMATION to announce a Revolution which has taken place, and to take blame to myself.	直译； 附释文
2	《京报》嘉庆十八年。癸酉。十月初六。1813 年 10 月 29 日。	*PEKING GAZETTE*. Kea-king, 18th Year, 10th Moon, 6th Day. OCTOBER 29, 1813.	此篇为奏折，《清实录》未收录；附释文
3	《清实录嘉庆朝实录》卷之二百八十一。嘉庆十八年。癸酉。十二月。己未。上乾清门听政：谕内阁、章煦奏、审讯匪犯田克岐等、听从监犯李经散旗谋逆、分别办理一摺。	*PEKING GAZETTE*. Kea-king, 18th Year, 1st Moon, 1st Day. JANUARY 21, 1814. The following Imperial Edict has been respectfully received.	直译

续表

序号	《京报》原文出处《清实录》日期 / 篇名 / 主题	《中文英译（附释文）》对应《京报》译文	翻译策略
4	《清实录嘉庆朝实录》卷之二百八十二。嘉庆十九年。甲戌。春正月。癸亥朔。上诣奉先殿行礼。谕内阁。	*PEKING GAZETTE*. Kea-king, 19th Year, 1st Moon, 15th Day. FEBRUARY 4, 1814. The following Imperial Edict, has been respectfully received.	直译；附释文
5	《清实录嘉庆朝实录》卷之二百八十二。嘉庆十九年。甲戌。春正月。癸亥朔。又谕、前据侍郎吴璥请开捐例。	*PEKING GAZETTE*. Kea-king, 19th Year, 1st Moon, 15th Day. FEBRUARY 4, 1814. The following Imperial Edict, has been respectfully received.	直译；附释文
6	《京报》嘉庆十九年。甲戌。春正月。	*PEKING GAZETTE*. Kea-king, 19th Year, 1st Moon, 20th Day. FEBRUARY 9, 1814. The following Imperial Edict, has been respectfully received.	御史奏折，《清实录》未收录
7	《清实录嘉庆朝实录》卷之二百八十二。嘉庆十九年。甲戌。春正月。前据吴璥奏开捐例。	*PEKING GAZETTE*. Kea-king, 19th Year, 1st Moon, 20th Day, FEBRUARY 9, 1814. The following Imperial Edict, has been respectfully received.	直译；附释文
8	《京报》嘉庆十八年。癸酉。春正月。	*PEKING GAZETTE*. Kea-king, 18th Year, 1st Moon, 26th Day. FEBRUARY 15, 1814.	御史奏折，《清实录》未收录
9	《清实录嘉庆朝实录》卷之二百八十二。嘉庆十九年。甲戌。三月。壬辰朔。	*PEKING GAZETTE*. Kea-king, 18th Year, 3d Moon, 17th Day. MARCH 6, 1814. The following Imperial Edict, has been respectfully received.	摘译 + 直译；附释文

根据上表，马礼逊对《京报》的翻译方法主要包括：

2.1 摘译 + 直译

《中文英译（附释文）》（第 1 页至第 38 页）的《京报》摘译内容包括嘉庆帝《遇变罪己诏》诏书和上谕 7 则、大臣奏折 2 通，其中第 5 篇和第 8 篇为御史奏折，《清实录》未收录；第 7 篇为嘉庆帝谕旨，《清实录》未收录。嘉庆年间《京报》原本留存至今的可能性不大，《清实录》未收录的上谕和奏折已经无法考证。其余 6 则嘉庆帝谕旨出自《遇变罪己诏》诏书或上谕，马礼逊基本采用直译方法照本翻译，而对于第 9 篇上谕只是摘译其中的部分内容。

马礼逊《中文英译（附释文）》的直译特征十分明显，英译文中《京报》上谕或者奏折的出处与日期标识明显，形成“*PEKING GEZETTE*+Kea-king+ 嘉庆帝纪年 + 西历纪年”，如篇 7“吴璥奏开捐例”译文“*PEKING GEZETTE*. Kea-king, 19 Year, 1st Moon, 20th Day, FEBRUARY 9, 1814”。唯有第一篇译文“嘉庆帝颁朱笔遇变罪己诏曰”标识为“Imperial Majesty KEA-KING, Emperor of China. Received in Canton, Nov. 5th, 1813”；“嘉庆帝”直译为 Imperial Majesty KEA-KING 且附加同位语 Emperor of China 作为补充说明，以表示对嘉庆帝之尊敬并便于外国读者理解；中英文对照完整，几乎不存在漏译情况。

《中文英译（附释文）》6 则上谕的部分英译文在《清实录》中找不到对应中文，如篇 1 中“通谕知之”的英译文内容在《清实录》中就没有出现，说明马礼逊当时是对照《京报》原文内容直译的；《京报》抄录的上谕落款“钦此”直译为“Respect this”，无一省略。

2.2 附释文

《中文英译（附释文）》编者按中说明，大清皇帝颁发谕旨诰昭告天下，清廷十八行省官吏的奏章从全国各地汇集北京并呈送皇帝，上谕和奏折每日在北京出版并送往各省巡抚大员，巡抚允许民间报房及其雇佣誊写员传抄其中部分上谕和奏折并进行售卖（Morrison & Davis 1815: preface）。由此完全可以断定，《中文英译（附释文）》前半部分的译文就是马礼逊根据《京报》的上谕和奏章翻译而来的。

马礼逊在翻译过程中对《京报》中的部分内容添加释文，以解释该段文字的历史背景。这些释文主要包括以下两种情况，首先是对历史事件进行解释并添加自己的评述和理解。马礼逊在《中文英译（附释文）》嘉庆十八年癸酉九月己卯（Imperial Majesty KEA-KING, Emperor of China. Received in Canton, Nov. 5th, 1813.）《遇变罪己诏》、嘉庆十九年甲戌春正月（*PEKING GEZETTE*. Kea-king, 19 Year, 1st Moon, 20th Day, FEBRUARY 9, 1814.）《前据吴璥奏开捐例》、嘉庆十九年甲戌三月壬辰朔（*PEKING GAZETTE*. Kea-king, 18th Year, 3d Moon, 17th Day. MARCH 6, 1814.）等篇章的英译文后附加大段评论。这种添加附文本的方式能够很好地帮助西方读者理解中国内政和有关的政治文件背后的背景，并且马礼逊的评述大多与皇帝的旨意直接相关，树立了客观、完整的中国皇帝的形象，具有相当重要的历史意义和参考价值。当然，马礼逊作为外国人，对中国文化本身存在一定的误解，在某些释文中甚至出现扭曲事实的现象，干扰了西方读者对中国文化和中国形象的认知。

其次，马礼逊在直译《中文英译（附释文）》过程中对于中华文化负载词（Chinese culture-loaded words and phrases）或者文化专有项（culture specific terms）等专有名词也给出注释文，便于外国人和在华外国人目标读者的阅读和理解。篇 1 译文中 3 则释文分别解释白莲教（Pĕlëen）、皇室（his own Family）和清朝官帽的顶珠与翎羽昭彰官位（The Cap with its ball or button, are the insignia of Office）；篇 4 译文中的释文解释关帝神像（the image of the God Kwan-te）；篇 7 两则释文分别说明黄河和大运河等是清廷的主要河道，大臣提出朝廷铸造更多铜币的奏折；篇 9 释文指出，欧洲读者可能把《京报》的官方公文作为认知中国人的数据信息，但是并不能从此来判断中国人的行业行为，因为世界上任何国家和民族的职业与行业的多样性都无法与中国相比较（Morrison & Davis 1815：35-36）。

2.3 专有名词的注音法英译

马礼逊翻译《中文英译（附释文）》中出现的人名、地名等专有名词时，采用自己创造的粤语注音法，个别专有名词的音译后又附加意译：

白莲教——Pĕlëen, the white water Flower（Morrison & Davis 1815：5）

天理教匪——the Sect of Tëen-le, (Celestial Reason, Illuminati)（Morrison & Davis 1815：5）

滑县——Hwā-hëen（Morrison & Davis 1815：8）

康亮钧——Kang-leang-keun, the officer who first discovered the plot（Morrison & Davis 1815：15）

那彦成——Na-yen-ching (the General commanding the Imperial Troops)（Morrison & Davis 1815：16）

曹振镛——Tsaou-ching-yung（Morrison 1865：20）

马礼逊编纂的《华英字典》（*A Dictionary of the Chinese Language*）第一部分《字典》分三册，分别于 1815 年（导言 XVIII+930 页）、1822 年（884 页）和 1823 年（908 页）在澳门出版。马礼逊根据汉字的字根，用偏旁部首对所收录的汉字分类并用英文进行粤语发音的注音。在介绍汉字“道”的音和义的时候，马礼逊选用“taou”来标注其粤语发音，而用词组的方式来释义，如“大道 Ta taou”“道光元年 Taou-Kwang yuen neen”（Morrison 1865：387）。马礼逊同步进行《华英字典》第一部分《字典》第一册的编纂与《中文英译（附释文）》的翻译和编辑出版工作，按照《华英字典》的粤语注音法来英译《中文英译（附释文）》中的专有名词。由于马礼逊及其《华英字典》的权威性，19 世纪上半叶在华英文报刊中专有名词的翻译采纳同样的翻译方法。这同样印证了《中文英译（附释文）》中专有名词的注音法英译及其流传的合理性。

3. 马礼逊《中文英译（附释文）》的《京报》译本流传

3.1 马礼逊《中文英译（附释文）》在欧洲的流传

早在18世纪欧洲国家的"中国热"时期，驻京耶稣会士和汉学家尝试翻译《京报》文章，送往广州并通过海运到国外报社发布。《每日新闻报》（*Daily Courant*）、《每日邮报》（*Daily Post*）等伦敦报刊登载驻京耶稣会教士和汉学家摘译自《京报》中有关清廷朝政、自然灾害、在华传教士遭遇迫害和驱逐等欧洲人感兴趣且反映中国社会现状的译文。这些《京报》改写翻译文稿往往需要半年以上的辗转运输才能在欧洲见诸报端。《京报》记录1721年7月11日北京地震导致圆明园长春宫毁坏的消息，经过在华外国人的改写翻译和海外输送，至1722年1月12日被欧洲人获悉，而欧洲报刊和舆论界并不怀疑此类未加核实的摘译自《京报》的信息（Mokros 2016：213）。1727年，法国籍龚当信神父（Cyrile Constantin, 1670—1732）在信中写道，"《京报》几乎包括这个辽阔帝国的所有公共事务，它刊登给皇上的奏折及皇上的批复、指令及其施予臣民们的恩惠"（尹文娟2005: 71-82）。白瑞华（Roswell S. Britton, 1897—1951）等外国观察家认为，18世纪中国的手抄新闻信比19世纪的新闻纸具有更多的优点（Britton 1966：2）。

具有广泛读者群体的英国报刊于19世纪20年代中期开始刊登源自中国的新闻。由于这些报纸在东亚没有派驻通讯员，它们唯有依赖轮船传递而来的中国通商口岸报纸的复制信息，尤其是转载《广州纪录报》（*The Canton Register*）和《马六甲观察家》（*The Malacca Observer*）的新闻（Mokros 2016：222）。英国报刊以总结性简讯来摘译或者翻译改写源自中国通商口岸报刊与《京报》的报道，而这些摘译自《京报》的反映中国社会现状的信息在《大不列颠及爱尔兰皇家亚洲学会会刊》（*Transactions of the Royal Asiatic Society of Great Britain and Ireland*, 1824）、《泰晤士报》（*The Times*, 1824）、《纪事晨报》（*The Morning Chronicle*）、《每日新闻》（*The Daily News*）、《包茂大道公报》（*Pall Mall Gazette*）等伦敦报刊中登载和流传。

马礼逊翻译的《京报》译文和撰写的译介文章出现在英国民众视野内，成为欧洲国家获取中国信息的重要渠道。1815年，在伦敦出版的英文期刊《评论季刊》（*Quarterly Review*）给予马礼逊和德庇士的译著《中文英译（附释文）》及其《京报》译本以高度赞誉，并转载嘉庆十九年元月十五日（1814年2月4日）的《京报》英译文（Morrison & Davis 1815：408-418）。

3.2 《中文英译（附释文）》开启在华外国人《京报》译介活动

在《中文英译（附释文）》的《京报》英译尝试之后，马礼逊持续阅读、翻译和研究《京报》并发表论述《京报》的文章，进而开启在华外国人系统译介《京报》的活动。在马礼逊《京报》译介活动及其译本的影响下，德庇士、马儒翰和裨治文在马礼逊逝世后继续翻译和研究《京报》。

德庇士于 1825 年 3 月 9 日、1826 年 1 月 7 日和 1827 年 12 月 1 日连续 3 次在英国皇家亚洲学会伦敦大会上宣读《京报》译本《〈京报〉摘录》（*Extracts from the Peking Gazette*）、《道光四年〈京报〉摘录》（*Extracts from the Peking Gazette for 1824, being the Fourth Year of Taou-kwang*）、《〈京报〉摘录》（*Extracts from the Peking Gazette*）。

马礼逊在《印支搜闻》及其"《京报》摘译"（Extracts from *the Peking Gazette*）专栏之后，依然以日记形式摘译、引用或者评论《京报》。裨治文根据马礼逊 1826—1827 年《京报》译介日记整理生成《中国见闻录》（*Reminiscences of Chinese Government and Politics*）。这些摘译自《京报》的讯息价值非凡，为后人深入而系统地了解中国社会现状与未来提供了最佳途径。不过，这些摘译文本与评论只是马礼逊丰功伟绩的小部分贡献，马礼逊口述或者在报刊发表的大量富有启示意义的论述更具价值（Bridgman 1845：171）。《中国见闻录》关于中国社会的简介与记录具有三重作用：第一，提供有关中国社会各方面的重要事实；第二，通过这些事实关注中国发生的重大变化或者历史机缘；第三，观察马礼逊如何仔细地审视和记录大清帝国的政治现象。但是，在众多事实中，只有少数事实可能为人们认识中国的社会变革或者历史机缘提供些许暗示（Bridgman 1845：171-172）。

罗伯特 · 英格利斯（Robert Inglis）在论述有关中国人的性格、社会状况和清廷政策及刑法典的文章中，特别引用马礼逊和斯当东有关《京报》翻译文本并评价其译本对于研究大清帝国的政策与中国社会的重要参考价值（Inglis 1836：17-29）。罗伯特 · 英格利斯所引用的材料主要来自《印支搜闻》《马六甲观察报》（*The Malacca Observer*）、《广州纪录报》摘译的《京报》翻译文本，英国皇家亚洲学会（Royal Asiatic Society）的翻译文本，以及斯当东先生（George T. Staunton,1781—1859）记录的关于土尔扈特部（Tourgouths）可汗使节的附录文献。而《印支搜闻》《马六甲观察报》和《广州纪录报》的《京报》翻译文本基本都出自马礼逊之手，是马礼逊博士受英国东印度公司资助而为广州商行翻译的，马礼逊在当时中国与英国甚至世界的权威和声誉决定其译本流传的广泛性（Inglis 1836：22）。

马儒翰通过阅读和翻译《京报》获悉有关清廷和战争的消息，继承马礼逊从中国上层政治文化圈里采集所需情报和信息的做法。马儒翰在“1838 年 2 月 10 日至 3 月 18 日《京报》要闻分析”文中指出，“规范而仔细地阅读《京报》记录，可以更好地了解清廷的政策和国家机器之运作。而这样分析的效果要比整篇文章的翻译或者零碎的节译好得多”（Morrison 1838：226）。

《中国丛报》刊登马儒翰改写翻译的 3 篇《京报》文章：1832 年 9 月第 1 卷第 5 期“时事报道”栏目平定湖南叛乱的消息；1843 年 5 月第 12 卷第 5 期“时事报道”专栏“《京报》摘录”清廷官场变动；1843 年 6 月第 12 卷第 6 期“时事报道”专栏“《京报》摘录”清廷官场变动。马儒翰像裨治文一样采取夹叙夹议的形式来翻译改写《京报》，译文中明确标明对应的《京报》报道日期，1843 年 5 月第 12 卷第 5 期“《京报》摘录”译介清廷官场变动的主题包括：黄恩彤和咸龄访问香港，疏浚大运河，直隶失败，蒙古国在京官员，修建庙宇，英国政府授予海军中将巴加和璞鼎查大十字勋章，美军“星座号”军舰，反英情绪蔓延，香港事态（Morrison 1843：275-280）。译者在编者按中指出，最近《京报》摘译文本将为读者提供有关大清帝国摇摇欲坠的信息，与其繁荣光鲜表面形成强烈对比（Morrison 1843：275）。

裨治文作为《中国丛报》的创刊人和主持编辑时间最长的首任主编，在任期内（1832 年 5 月—1847 年 4 月）把《中国丛报》有关《京报》摘录的内容作为基本栏目“时事报道”（Journal of Occurrences）的主要内容，甚至在 1843 年 5 月第 12 卷第 5 期至 1845 年 9 月第 14 卷第 9 期“时事报道”栏目中设立“《京报》摘录”专栏（Extracts from the *Peking Gazette*），在 1846 年 4 月第 15 卷第 4 期至 1846 年 7 月第 15 卷第 7 期形成独立的“《京报》摘录”栏目。在《中国丛报》“时事报道”栏目及其“《京报》摘录”和其他独立发表的《京报》英译文本与评论性文章中，裨治文发表《京报》译文和评介性文章最多。从 1832 年 5 月创刊至 1834 年 7 月期间，《中国丛报》发表 14 篇《京报》译文和评论性文章，除马礼逊、马儒翰、叔未士和赫根西斯（Hergensis）等传教士和作者发表的数篇《京报》译文和评论文章之外，其他“《京报》摘录”专栏译文和译介文章基本出自裨治文之手[1]。

3.3 马礼逊对《京报》的认知及其译介活动的史学价值

19 世纪上半叶，在 1833 年 4 月《中国丛报》第 1 卷第 12 期第 506-507 页“《京报》”文中，马礼逊比较系统地介绍了《京报》（《京抄》《京都内阁钞》）的起源发展与发行路径，以巡抚和总督等高官为目标读者每日发行的大量《京报》（40 页或者 20 页，12 开本）与在各省低级官吏中发行的删除其中令人反感部分内容的《京报》，

《京报》抄写员与地方官吏建立密切关系，他们再以较高价格在各省售卖有所删减的《京报》；其中有些地方官员和抄写员可以乘机把《京报》租借给他人一段时间，并从中收取一定的费用；富裕人家往往在京城有朋友，他们通过私人运输直接从京城获取大量《京报》（Robert Morrison 1833：506）。

马礼逊在阅读、摘译和评价《京报》过程中对这份所谓的“政府公报”产生了“失望”情绪，甚至出现“误读”。他一方面满怀期望地阅读和摘译《京报》，另一方面抱怨《京报》缺乏真实而有效的消息，对于其报道进行批判性评价。在马礼逊看来，《京报》刊登大量有关清廷官员升迁贬谪的信息，对于外国人而言毫无意义；《京报》登载的上谕只是皇帝对于朝政大事的个人观点和决定，新帝继位，《京报》随着新帝的秉性持续刊登上谕即是，根本不能反映皇帝是否勤政或者庸政；御史即“言官”，其作用是向皇帝进言或者劝谏，不同朝代御史的刚直不阿或者圆滑世故，直接影响《京报》的公信力。当朝很少敢于直言的御史及其“言论”出现在《京报》上，道光皇帝经常赞扬御史对于朝廷的衷心，进而打消御史进言的勇气和忠诚（Morrison 1833：507）。作为外国读者，《京报》内容中最让人无法理解的是，群臣对于皇帝感恩与崇敬的说教式和高尚的经典表达，当朝各位大臣挖空心思引经据典赞美皇帝——皇上、圣上、天子，等等。阅读《京报》而未加核实其中的信息，实有不妥（Morrison 1833：507）。

正如罗伯特·英格利斯所言，研究中国社会状况和大清帝国的政策与刑事法典，仅依靠类似《京报》译文这样的资料来源显然是不够的，其结果通常是无法得出结论的。而《京报》系中国人自己记录的有关清廷之国家机器日常运行和官场现状的详尽细节，依赖《京报》信息及翻译文本进行的相关研究终究是有益的。散见于某种报刊的有关中国社会状况和律法的信息是孤立的，很难引起人们的关注，而不了解其信息来源的读者根本不相信这样的报道。在这样的研究中，将相关信息材料搜集起来加以分类，如果这些材料彼此引证，它们就能够用来明晰地论证所包含的主题（Inglis 1836：22）。

《京报》的流传，使得整个世界某种意义上都了解大清皇帝及其内阁大臣的公开想法、希望和愿望，以及子民和附属国臣民所发生的重大事情（Morrison 1833：507）。马礼逊认为，中国邸报像欧洲的报纸雏形那样源于威尼斯小报“Gazette”，但邸报和清代《京报》并不具备欧洲国家的报纸功能，并非真正意义上的报纸（newspaper）（Inglis 1833：492-493）。邸报与《京报》的创办初衷似乎完全是为封建统治者服务，向公众发行《京报》只不过是清廷法律的默许而已。中国整个报界对于清廷事务一贯保持缄默，但是《京报》中包含大量重要而奇异的信息，像多数经过采写和印刷的报刊信息那样穿越时空流传深远。

官方公告与政治信息与道听途说消息、各类繁杂谎言和潜在的谣言交织混杂在《京报》中，据此意义而言，清廷政治机构《京报》的历史发展可谓一部政治丑闻史（Mokros 2016：5）。从《京报》及其外译文本所记录的清廷政治丑闻史中，可以追溯和观察整个19世纪清廷所面临的人口膨胀、经济停滞、军事衰退与资本主义发展和国际法形成而大英帝国崛起和入侵的内忧外患，这系列危机导致清王朝的覆灭；《京报》译文记录19世纪每个历史节点清廷官场的持续变化与朝廷衰败和拯救生死存亡之争斗的话题（Harris 2018：2），19世纪中国社会经历的波澜壮阔的史实完整地再现了清廷国家机关日常运行中惊人的连续性，清廷官员的思维方式与清廷朝议之话题。

毋庸置疑，贯穿中国近代史的《京报》外译活动反映了基督教文化与儒家文化的差异与冲突，以在华基督教传教士和外交官为代表的译者群体在翻译活动中宣扬基于基督文化的西方文明和科技进步而中国愚昧落后的观念。他们在文本的选择、文本翻译及其附加评论与翻译活动相关的外事活动等环节上，通过褒扬西方社会制度和文明而否定或批判中国社会制度和陈规陋习来呈现中国落后和抵制外来文化的社会图景，旨在表现西方的文化优越感，以便说服更多的本国人和中国人相信未来基督文化和西方文明征服中国的必然性。因此，后人应该历史地、辩证地看待马礼逊的《京报》译介活动及其《中文英译（附释文）》翻译尝试。

注释：

[1] 根据《〈中国丛报〉作者索引》（General index of subjects contained in the twenty volumes of *Chinese Repository*: with an arranged list of the articles）编者按，个别文章及其作者已经无法查证。

参考文献：

[1] 清实录 [M]. 北京：中华书局，1815.

[2] 顾钧 . 中国丛报 [M]. 桂林：广西师范大学出版社，2009.

[3] 马礼逊 . 印中搜闻 [M]. 北京：国家图书馆出版社，2009.

[4] 尹文涓 . 耶稣会与新教传教士对《京报》的节译 [J]. 世界宗教研究，2005（2）：71-82.

[5] 王海，王乐 .《京报》英译活动中的跨文化传播策略与技巧——以《中国丛报》文本为例 [J]. 国际新闻界，2014（10）：62-68.

[6] 赵莹 .《京报》的流传与 19 世纪中英关系的构建：以觐见问题为例 [J]. 国际新闻界，2013（7）：151-159 .

[7] 赵莹 .《京报》英译与两次鸦片战争期间的中英关系 [J]. 新闻与传播研究，2018（3）：112-125.

[8] Britton, R. S. *The Chinese Periodical Press (1800—1912)*[M]. Taiwan: Ch'eng-wen Publishing Company, 1966.

[9] Harris, L. J. *The Peking Gazette: A Reader in Nineteenth-Century Chinese History* [M]. Leiden/Boston: 2018.

[10] Malcolm, E. L. The Chinese Repository and Western Literature on China 1800 to 1850[J]. *Modern Asian Studies* 7 (2): 165-178.

[11] Mokros, E. C. *Communication, Empire, and Authority in the Qing Gazette*[M]. Baltimore: Johns Hopkins University Press, 2016.

[12] Morrison, R. & Davis, J. F. *Translations from the Original Chinese, with Notes*[M]. East India Company's Press, 1815.

[13] Morrison, R. *A Dictionary of the Chinese Language*[M]. London: London Mission Press, 1865.

[14] Wylie, A. *Memorials of Protestant Missionaries to the Chinese*[M]. Shanghai: American Presbyterian Mission Press, 1867.

作者简介

王海，博士，广东外语外贸大学高级翻译学院博士生导师。研究方向：新闻史、文学翻译与跨文化研究。

孙一赫，广东外语外贸大学高级翻译学院博士研究生。研究方向：文学翻译与跨文化研究。

基于语料库的《红楼梦》身份性社会称谓语翻译对比研究*

A Corpus-based Comparative Study on the Translation of Social Identity Terms in *Hong Lou Meng*

徐 珍 曾衍桃 李培隆
XU Zhen ZENG Yantao LI Peilong

摘要：

本文采用语料库研究方法，基于《红楼梦》身份性社会称谓语汉英平行语料库，对比分析非母语译者和母语译者在翻译《红楼梦》身份性社会称谓语的翻译风格和翻译方法方面的异同，以期为中国古代文学作品中身份性社会称谓语的英译提供些许借鉴。研究发现：第一，从翻译风格来看，非母语译者与母语译者在词类、词性、词的结构方面存在差异；非母语译者用词较正式，词的感情色彩明显，而母语译者的译词更丰富地道，偏中性和口语化。第二，从翻译方法来看，两者皆适当采用省略和代词处理译文，不同之处在于非母语译者主要采用直译法和音译法，严格忠实于原文；而母语译者主要采用意译法、释义法，借助同位语，提供较多语境信息，以方便西方读者理解为主。

关键词：

语料库；《红楼梦》；身份性社会称谓语；对比研究

Abstract:

This paper makes a comparison between the non-native language translator and the native language translator of *Hong Lou Meng* in terms of the translation style and method in translating social identity terms by analyzing a Chinese-English parallel corpus, aiming to find out the similarities and differences between those two English versions and shed lights

* 基金项目：本文是教育部人文社会科学一般项目"项目名称"（项目号：17YJA740005）、广东省哲学社科十三五规划项目（项目号：GD16CWW01）、国家社会科学基金一般项目（项目号：19BYY004）的阶段性研究成果。

on the translation on the social identity terms in Chinese traditional literature. The findings are as follows: First, as far as the translation style is concerned, there is difference between the non-native language translator and the native language translator regarding the word types, word class and word structure. The non-native language translator uses more formal vocabulary which shows obvious sentimental color, while the native language translator mainly adopts neutral and colloquial vocabulary, demonstrating great abundance and native-likeness. Second, in terms of the translation methods, both translators appropriately omit words and use pronouns to increase the cohesion and naturalness of the text. The difference lies in that the non-native language translator mainly adopts literal translation and transliteration, emphasizing great faithfulness to the source language, while the native language translator mainly uses free translation, paraphrasing, apposition-translation and provides more contextual information to support the understanding of western audience to the text.

Key words:

Corpus; *Hong Lou Meng*; translation on social identity terms; comparative study

1. 引言

《红楼梦》这部书是当时社会的一个缩影，充分表现了当时社会的皇室贵族、名门望族、地方乡绅、农村寒门等各个阶层的文化和生活状态（邓云乡 2006）。小说中的社会关系极其复杂，涵盖血亲、姻亲、君臣、主仆、同僚及朋友等人际关系。所以，《红楼梦》一书所表现的汉民族的社会关系以及他们之间相互称谓的状况，非常集中且很有代表性，它基本上反映了中国封建社会称谓的全貌（孙炜 1990）。

以往研究中对《红楼梦》中亲属称谓语的英译研究较多，如苏敏燕（2009）基于深度翻译理论比较了《红楼梦》4 个译本对亲属称谓语的翻译；严苡丹（2011，2020）从语料库的角度对《红楼梦》乔利译本和霍可思译本前 56 回的父系和母系亲属称谓语英译进行了深入的探讨，对比了两位译者对《红楼梦》亲属称谓语的翻译风格，翻译策略差异，并分析了造成差异的社会历史因素。也有学者对《红楼梦》中一些有代表性的称谓语进行了研究，如王樱（2008）从归化和异化策略的角度对比了杨宪益译本和霍克思译本在翻译称谓语的异同；王纯妍（2018）从顺应论的角度对比了杨宪益译本与霍可思译本在翻译贾母、王熙凤、贾宝玉和林黛玉这四个人物不同称谓语上的异同。

然而鲜有研究从语料库角度讨论《红楼梦》中社会称谓语的英译特点。社会称谓语主要是用来指称家人或亲属以外的其他社会成员的称谓，按照它们在语法、意义和用法的差异，可以分为三大部分：代号性社会称谓语、身份性社会称谓语、色彩性社会称谓语。身份性社会称谓语，即一般意义上的社会称谓语，主要包括职业称谓语、属性称谓语、关系称谓语、官宦称谓语等（贾娇燕 2008）。

中国古代文学作品中的身份性社会称谓语是当时社会制度的产物，与西方社会的称谓系统截然不同，翻译起来有难度。因此本研究选取《红楼梦》中身份性社会称谓语的翻译作为切入点，且聚焦于其中的职业称谓语和官宦称谓语，即书中出现的“乡宦、丫头（此处指婢女）、嬷嬷、管家、媳妇（指仆妇）、和尚、道人、太爷、公差、知府、大夫、御史、奶娘、节度使、统制、买办、戏子、内相、龙禁尉、堂官”等指称职业和官职名的称呼语。

中国学者杨宪益和英国汉学家霍可思是身处 20 世纪 60 年代同一时期的译者，作为非母语译者和母语译者的代表，他们对《红楼梦》的译本译笔流畅、各有优点，在业界得到广泛认可和推崇。因此，本研究选择《红楼梦》杨宪益和霍可思两个全译本（以下简称“杨译本”和“霍译本”），自建《红楼梦》身份性社会称谓语汉英平行语料库，进而探讨非母语译者（母语为汉语）和母语译者（母语为英语）在翻译身份性社会称谓语方面的异同。

2. 语料和研究方法

本文的语料来自《红楼梦》一百二十回原文文本，杨译本以及霍译本，研究方法如下：

第一，对《红楼梦》中文文本一百二十回的身份性社会称谓语进行穷尽式搜索，找到共计 155 个表示职业和官职名的身份性社会称谓语。在绍兴文理学院网站提供的《红楼梦》汉英平行语料库中分别统计这 155 个称谓语的出现频率，其中意义相同的称谓语已进行合并，如将“丫鬟”和“丫头”归为一类，“和尚”和“僧人”归为一类，“奶娘”和“乳母”归为一类。将这 155 个称谓语按照梳理后的出现频率进行排列，由于有相当数量的身份性社会称谓语出现次数较低，因此选取出现频率较高且能代表中国古代特色文化的 28 个身份性社会称谓词条进行研究。

第二，在绍兴文理学院网站提供的《红楼梦》汉英平行语料库中检索并查找两位译者的对应译文，将两位译者原文不一致的语料进行记录并且删除，最后将含有这 28 个身份性社会称谓语的中文文本和对应的杨译、霍译分类导出并建成两个中英对应的语料库；校对两个语料库的内容，将每个身份性社会称谓语中不符合条件的原文和译文删除，如将“丫头”这一称谓语中含有“林丫头”“宝丫头”“凤丫头”等句子剔除，将“媳妇”这一称谓语中含有“儿子的妻子”意思的句子剔除，被排除的称呼均属于亲属称谓语，不在本研究的范畴之内。校对之后最终形成非母语译者和母语译者的两个汉英平行语料库，分别命名为“YT”（杨译）和“HT”（霍译）（见表 1）。

第三，将 YT 和 HT 两个语料库导入 LancxBox6.0，运用该软件的自动赋加词性功能给两个语料库分别标注词性，然后使用 LancxBox6.0 中“KWIC”功能一一搜索 28 个身份性社会称谓语的对应译文，将每一称谓语的译文进行词频统计，然后制成原词和译文对应的表格（见表 2），并将 28 个身份性社会称谓语的对应译文转换成 txt 文本，分别命名为“YTS”和“HTS”，鉴于篇幅所限，本文仅列举前 10 个身份性社会称谓语的原文和译文。

第四，以这 28 个身份性社会称谓语的翻译情况为例，使用 LancxBox6.0 将“YTS”和“HTS”两个 txt 文本自动附注词性，然后利用该软件的“Words”功能提取两个文本中的基本用词、高频词、特色词，对比分析两位译者翻译风格的异同。接着再观察“YT”和“HT”两个语料库中的原文语境和对应的两位译者的译文，深入对比总结非母语译者和母语译者对身份性社会称谓语翻译方法的异同。

表 1.《红楼梦》28 个身份性社会称谓语汉英平行语料库

类型	文件夹	形符	类符
YT	28	64,444	13,947
HT	28	86,447	15,688

表 2.《红楼梦》身份性社会称谓语汉英对照表

序号	词频	称谓语	杨译	霍译
1	1,402	丫头	maid/girl/she/they/minx/slave female servant/ones/ bondmaid others/servant-girl/attendant slave girl/serving-maid/ children creature/servant/maid-servant woman-servant/menial serving-woman/Xueyan/Siqi Baochan/bitch/brat	maid/girl/confidante/juniors woman- servant/servant/she minion/they/slave-girl/us body-servant/the little hired chambermaid/lass creature/a little nobody little slavey/Trinket/helpers the others/someone/Ripple Patience/emissary/Orfie servant-girl/Simple/Caltrop maid-of-all-work/fibber brat/whore/cleaners

续表

序号	词频	称谓语	杨译	霍译
2	572	媳妇	matrons/nurses/maid-servants female servants/maids/ servants woman/stewards' wives/ serving-woman/colleagues Servants' wives/attendants women-servants/Mrs. Wang stewardesses	woman/she/they/charwomen women-servants/the watch serving-women/helpers stewardesses/maids serving ladies/womenfolk older servants/old dame women attendants/crone married servants/someone ladies of the household stewards' wives/old aunt Goody Fei/female domestics Mamma Xia/female experts
3	345	小厮	pages/lads/bearers/attendants the man/servants/they/boy the youngster/singing-boys some men/boy singers servant-boys/page boys gateman/men-servants	pages/boys/the leader male domestics/men-servants creature/the staff/they/he the watchmen/waiter eunuch secretary/Tealeaf young eunuch/page-boy attendants/the males workmates/the Head Boy
4	277	嬷嬷	nurses/elderly maids/nanny she/old women/they/matrons attendants/old serving-women granny/old maid-servants/ Mrs. Song/old nuns/Mrs. Lai	nannies/old woman Mamma Song/old nurses Nannie Wang/servants old serving-women Mrs. Lai/old women-servants
5	196	大夫	doctor	doctor
6	143	和尚	monk/novices/Buddhists bonze/he/who/Buddhist saint acolytes	monk/he/Buddhist immortal/who/ preacher holy man/Spiritual Father guide/novice/fellow
7	76	姑子	nun/abbess/she/they/ swindlers	nuns/prioress/she/her/sisters young women
8	76	道人	the Taoist/the priest/reverend Taoist priest/he	the Taoist/holy man/Vanitas the madman/the Taoist priest the other/priest/Taoist monk
9	46	管家	stewards/stewardesses/Lai Da they/this mass/managers	steward/visitors/male staff people at the gate/Zhou Rui servants/overseers/managers senior menservants Those in charge
10	25	奶娘	nurse/wet-nurse/woman- servant nanny/old woman	nanny/nurse/older woman wet-nurse/women-servant

3. 《红楼梦》两译本身份性社会称谓语的翻译风格对比

3.1 基本用词

首先将杨译本与霍译本对这 28 个身份性社会称谓语的译文转换为两个 txt 文本，分别命名为“YTS”和“HTS”，并将这两个 txt 文本导入软件 LancxBox6.0，然后对两个文本进行统计与对比。两译本的基本用词情况见表 3。

表 3. 杨译本和霍译本中的身份性社会称谓语

类型	行数	形符	类符
YTS	159	2,123	143
HTS	214	2,421	224

在形符数和类符数方面，霍译本均高于杨译本，类符数量多说明霍译本的用词更丰富，译文更灵活多样，相比之下，杨译本的用词则更加有限和单一。以原文本中出现词频排前 3 位的“丫头”“媳妇”“小厮”为例：杨译本翻译用词为 26、16、16；霍译本的翻译词数分别为 35、26、19。

3.2 高频词对比

用 LancxBox6.0 的“Words”功能比较“YTS”和“HTS”两个文本的高频词，选择排列在前 15 位的数据如下：

表 4. 杨译本和霍译本的身份性社会称谓语高频词

序号	杨译	译文频次	霍译	译文频次
1	maid	597	maid	738
2	woman	178	woman	346
3	boy	123	boy	120
4	girl	106	girl	103
5	nurse	102	monk	95
6	monk	98	the	78
7	serving-woman	92	boy	53
8	servant	68	nun	50
9	the	66	servant	42

续表

序号	杨译	译文频次	霍译	译文频次
10	matron	62	Taoist	35
11	Taoist	32	nanny	32
12	they	29	duke	22
13	duke	29	steward	21
14	nun	27	she	19
15	nanny	25	he	18

由表 4 可知，杨译本和霍译本的高频词前 4 位是一样的，均为“maid, woman, page boy, girl”，分别翻译原文中出现频排在前 3 位的“丫头、媳妇、小厮”。

两位译者的高频词反映出来的主要用词差异有：

第一，词类差异。杨译本的高频词中，“serving-woman”这个合成词被使用的次数为 92 次，霍译本的高频词中没有出现合成词。通过搜索语料发现，杨宪益在译文中大量使用合成词翻译身份性社会称谓语，主要类型包括形容词加名词（如 serving-woman, singing-boy, wet-nurse）以及名词加名词（如 maid-servants, servant-girl, woman-servant）。对于 28 个身份性社会称谓语的翻译词当中，杨译本中的合成词出现 155 次，而霍译本只出现 82 次。

第二，结构差异。霍译本的高频词中，定冠词“the”出现 78 次，而在杨译本中只出现 66 次，原因是霍译本大量借助定冠词加名词（如 the staff, the watchmen, the ranks）或定冠词加形容词（如 the little hired）的结构来翻译原文的社会称谓语。

第三，词性差异。在霍译本的高频词中，除去定冠词“the”和名词以外还包含两个代词，分别为“she”（19）和“he”（18），而杨译本的高频词排在前 15 位的只有一个代词“they”（29）。通过搜索两位译者对于 28 个身份性社会称谓语译文的子语料库发现，霍可思使用代词的频次为 61，包括“she，her，he，they，those，us，someone，one，the other(s)”10 类，而杨宪益使用代词的频次为 55，主要包括“she，he，they，others，one(s)，someone”6 类。虽然两者在翻译时使用代词的频次差别不大，但霍可思采用的代词种类更丰富，说明其用词更灵活。

3.3 特色词对比

用 LancxBox6.0 的“Words”功能比较“YTS”和“HTS”两个文本的特色词，

选择排列在前 15 位的数据，并分别查询这些特色词在 BNC 里每百万词出现的平均频次，所得数据如表 5 所示：

表 5. 杨译本和霍译本中身份性社会称谓语特色词

序号	杨译	译文频次	BNC 频次	霍译	译文频次	BNC 频次
1	serving-woman	92	0.01	judge	17	73.71
2	matron	64	1.98	captain	14	55.42
3	attendant	15	2.98	Grace	14	0.93
4	maid-servant	11	0.02	Zhao	14	0.6
5	reverend	9	5.82	mamma	11	1.58
6	consort	8	2.1	Vanitas	11	0.02
7	abbess	5	0.62	buyer	9	44.29
8	prefect	5	1.13	body-guard	8	0.01
9	slave	5	16.43	employee	8	90.45
10	the titled	4	0.36	player	8	139.48
11	bearer	3	4.03	constable	7	24.23
12	bondmaid	3	0.04	mandarin	6	3.28
13	bonze	3	0.01	domestics	5	0.51
14	protégé	3	0.53	page-boy	5	0.11
15	bitch	2	9.36	people	4	1,251.97

对比杨译与霍译所用词在 BNC 中出现的频次可知，杨译词在 BNC 中的平均频次远低于霍译词，大多数词（14 个）在 BNC 中出现的频次低于 10，而在 BNC 中出现频次最高的词是“slave”，仅达到 16.43；再看霍译词，频次高于 10 的词占 7 个，在 BNC 中出现频率最高的词是“people”，高达 1251.97。因此，霍可思的翻译用词比杨宪益的译词更地道，更为西方大众所熟知，霍译本更通俗易懂，适合普通读者阅读。

再来细看两位译者用词的意义和风格。首先杨宪益对身份性社会称谓语的翻译用词较正式，且感情色彩明显，体现其译文针对的主要受众为文学之士。如翻译下层人物“丫头”时，他选择“slave, bondmaid, bitch”等地位低甚至带有贬义的词语；又如“reverend”在英语里的意思是“传教士”属于敬称，杨宪益用这个词来翻译“道士”。这些感情色彩鲜明的词语，可以反映不同称谓语在封建时代所处的阶级地位。此外，“reverend, abbess”在英文中的本意分别为：“传教士，女修道院院长”，反映出的是西方的基督教文化。杨宪益用这两个词来翻译《红楼梦》里的“道士，尼姑”以诠释中国的道教和佛教的文化，由于在英语中找不到对应的词，他采用西方人熟悉的词语来翻译，便于西方读者理解译文的内容，属于归化的翻译策略。

与杨宪益的特色词相比，霍可思用词偏中性和口语化，词语的感情色彩不突出。例如他用中性词“judge，buyers，employee，player，constable”翻译“衙门的太爷、大观园的买办、伙计、戏子、衙役”，反映了霍可思西方个人主义和平等的思想，其用词没有充分体现原文人物所处时代的等级性；另外，霍可思的独特词中含有明显的口语用语，如直接用姓氏“Zhao”代指文中的“赵堂官”，用“mamma”翻译“嬷嬷”，用“people”来指代“伙计和管家”这些佣人。这进一步体现霍可思翻译时更考虑普通大众的阅读需求，尽量使用西方人日常交流的用语，使读者易于理解原文的意思，同时反映霍可思在翻译社会称谓语时采用归化的翻译策略。

4.《红楼梦》两个译本身份性社会称谓语的翻译方法对比

通过观察“YT”和“HT”两个语料库中28个身份性社会称谓语所在的原文语境，以及两位译者对应的译文，发现非母语译者和母语译者对身份性社会称谓语翻译方法存在以下异同：

第一，在不影响译文理解的前提下，两位译者均会适当省略身份性社会称谓语的翻译。例如：

（1）

一时小丫头们摆上饭来，宝玉只是怔怔的坐着。

杨译：But when the meal was ready presently, he sat down in a daze.

霍译：Supper was soon served, but Baoyu was in no mood for it and only sat there staring glumly in front of him.

（2）

凤姐道：“前日我打发了丫头送了两瓶茶叶去，你往那去了？”

杨译：“I sent you two canisters of tea the other day,” interposed Xifeng, “Where were you?”

（3）

薛姨妈见里头丫头传进话去，更骇得面如土色，即忙起身，带着宝琴别了一声，即刻上车回去了。

霍译：When Aunt Xue heard the news, she went white in the face. Taking Baoqin with her, she made a distracted farewell and went straight out to her carriage,

以上 3 个中文句子的译文均省略了对身份性社会称谓语“丫头”的翻译。

在例（1）中，杨宪益和霍可思采用被动语态将前半句用英文表达出来，巧妙地避开了翻译动作的实施者“丫头”；经过变换句式和省略处理后，既不影响读者理解前后两个句子，又让译文更地道和自然。

例（2）和例（3）的前半句分别有两个动作，但杨宪益和霍可思没有完全按照原文直译，而是将两个句子的主干简化成只含有一个主要动作来翻译：“前日我送了两瓶茶叶”和“薛姨妈听见话（消息）”。而这两个句子中被省略的两个动作分别是“打发”和“传进”，同时这两个动作的承受者或发出者“丫头”也被省略了，译文能更直截了当地传递原文的意思。

第二，两位译者均会采用代词指代身份性社会称谓语，增加译文的衔接和自然。例如：

（4）

那姑子去了半日，连香供、纸马都预备了来，宝玉道：“一概不用。”

杨译：She went to fetch one, finally returning with incense and sacrificial paper to burn as well, but these Baoyu declined.

（5）

知县道：“这妇人胡说！”

杨译：“You are talking nonsense,” he fumed.

（6）

平儿道：“先时赔了四个丫头来，死的死，去的去，只剩下我一个孤鬼儿了。”

霍译：“There were four of us when I first came here with Mrs. Lian,” said Patience, “but the others all either died or left. I'm the only one who's stayed with her all along.”

（7）

凤姐道：“前日我打发了丫头送了两瓶茶叶去，你往那去了？”

霍译：“I sent someone round to you the other day with two caddies-full of tea,” said Xi-feng, “but you were out.”

在以上4个例句中，杨宪益分别用“she”“he”指代“姑子”“知县”；霍可思用“us”“someone”指代“丫头”，避免用词重复的同时又能促进上下文的衔接。

第三，两位译者均会采用相关人名翻译身份性社会称谓语，但杨宪益采用音译法，而霍可思采用意译法。例如：

（8）

倘或那丫头瞅空寻了死，反不好了。

杨译：And if Siqi took this chance to kill herself, that would make matters worse.

（9）

如今又勾搭上了丫头，被她说霸占了去，她自己反要占温柔让夫之礼。

杨译：And now his affair with Baochan enabled her to pose as a reasonable, complaisant wife.

在例（8）和（9）中的两个丫头分别指的是“司棋”和“宝蟾”。杨宪益采用音译法既使译文语义更准确地表达出来，又保留了汉语拼音的特点，属于异化的翻译策略，体现他在翻译时更注重向外国读者传播中国文化。

（10）

这痴丫头原不认得是春意儿，心下打量：“敢是两个妖精打架？”

霍译：Simple was too innocent to understand what the naked couple were up to. After giving the matter some thought, she had decided that they must be either two demons fighting or two people wrestling.

（11）

小丫头连忙出去叫进那小厮，站在廊下，隔着窗户请了安。

霍译：The maid sped to do Lady Wang's bidding. Presently Tealeaf arrived, stood outside in the covered walk and paid his respects through the intervening window.

在以上两个例子中的丫头和小厮指的是“傻大姐”和“焙茗”，霍可思从西方读者角度出发，用意译法将两个人名翻译成“Simple”和“Tealeaf”。事实上，在霍译中大多数人名都被意译出来，除了一些在英文里找不到对应单词的人名，才采用拼音拼写。意译法便于外国读者理解名字的含义，属于归化的翻译策略，体现了霍可思在翻译时更注重让读者读懂和欣赏原著，而非传播中国文化。

第四，杨宪益对大多数身份性社会称谓语的翻译以采用直译法为主，而霍可思善于借助于同位语和释义法，其所用词汇更丰富多样，更通俗易懂。例如：

（12）

可巧又有家中几个小厮——和他侄儿素日相好的伴儿，走来看他的病。

杨译：Now it happened that a few of the Jia family pages who were friendly with the young patient called to see how he was.

霍译：While Cook Liu was still there, some of the sick boy's workmates from the mansion called in to visit him.

例（12）中对于“小厮”的翻译处理，杨宪益采用的是直译法，翻译为“pages”；霍可思采用的是直接翻译同位语的方式，将“小厮”译成“workmates”，不仅让译文更简洁明了，而且增加了词汇的丰富性。

（13）

宝玉也不敢造次进去，心里正要问那和尚一声，回过头来，和尚早已不见了。

杨译：But not liking to intrude he decided to ask permission from the monk. When he turned round, however, the monk was nowhere to be seen.

霍译：But he did not dare to enter, thinking he should consult his guide first.And yet when he turned to find him, the monk had vanished.

（14）

平儿带他们来至自己这边，已见林之孝家的带领了几个媳妇，押解着柳家的等候多时了。

杨译：Pinger took them to her own quarters, where Mrs. Lin and some other serving-women had long been waiting, holding Mrs. Liu.

霍译：Patience next took Fivey with her to Wang Xi-feng's place, where Lin Zhi-xiao's wife and her helpers had already been waiting for some time with Fivey's mother in their custody.

以上两个例子中包含的身份性社会称谓语为“和尚”和“媳妇”，杨宪益采用直译法分别译为“monk”和“serving-women”；霍可思根据原文的隐含含义将这两个称谓语分别翻译为“guide”和“helpers”，因为原文中正是和尚带着宝玉游览太虚幻境，因此和尚是导游；而林之孝家的带领几个媳妇正是作为帮手扣押柳五儿，此处霍可思采用的释义法增加了翻译的灵活性和词汇的多样性。

第五，对于身份性社会称谓语的翻译，杨译较忠实原文，基本不提供除原文以外的额外信息；霍可思会提供更多语境信息，放大甚至稍微修改原文的意思，以进一步解释该称谓语，使译文内容更加明晰和充实。例如：

（15）

以后中了进士，得了榜下知县，便娶了甄家的丫头。

杨译：Then he passed the palace examination and was appointed a magistrate, after which he married one of the Zhen family's maids.

霍译：Yu-cun later went on to become a palace graduate, and passed out with flying colours and an immediate posting as a magistrate in one of the provinces. He took one of this benefactor's maidservants as his concubine.

（16）

贾政踱出暖阁，站班喝道的衙役只有一个。

杨译：And when Jia Zheng stepped out of the vestibule, there was only one runner on duty to clear the way.

霍译：And Jia Zheng came walking out of his private chambers with measured stride, to find that there was only one attendant waiting for him, instead of the usual team of runners and criers.

杨宪益将例（15）中的身份性社会称谓语“知县”和“丫头”译为“magistrate”和“maids”，将例（16）中的“衙役”译为“runner”，严格遵照原文的意思翻译，不主观添加其他语境信息，体现杨译忠实原文的原则。

霍可思除了将例（15）中的称谓语“知县”和“丫头”译为“magistrate”和“maidservants”以外，还增添额外的语境信息：用“in one of the province”进一步说明“magistrate”是县里的地方官，用“as his concubine”去解释“maidservants”是作为妾室被娶，因为贾雨村在此之前已经娶了一位夫人。在例（16）中，霍可思将“衙役”翻译成“attendant”之外，还补充了额外的语境信息“instead of the usual team of runners and criers”，进一步说明通常县衙里会有一大帮衙役听候差遣，而贾政只看到一个衙役在府里履职，不仅惊讶而且失望，说明了贾政离开京城去地方上任后的处处不如意。霍可思提供大量语境信息解释对应的身份性社会称谓语，帮助西方读者更透彻地理解译文所传达的表面意和引申义，体现了译者更强的主体性。

5. 小结

本研究基于150—891词的《红楼梦》身份性社会称谓语语料库，比较了杨宪益（非母语译者）和霍可思（母语译者）对身份性社会称谓语英译在翻译风格和翻译方法存在的异同，希望为中国古代文学作品中身份性社会称谓语的英译提供些许参考。

结果发现非母语译者与母语译者的翻译风格存在显著差异：在形符数和类符数方面，霍译本显著高于杨译本，霍译本的用词更丰富，译文更灵活。两位译者对身份性社会称谓语的译文高频词在词类、结构和词性三方面均存在差异。在对身份性社会称谓语英译的特色词方面，杨宪益用词较正式，词语的感情色彩明显，体现了古代身份性社会称谓语在封建社会的不同地位。而霍可思用词地道，偏中性和口语化，反映了西方个人主义和平等的思维。

两位译者在对于身份性社会称谓语的翻译方法存在的异同有：均适当省略身份性社会称谓语的翻译；均会采用代词指代身份性社会称谓语，均会采用相关人名翻译身份性社会称谓语，但杨宪益采用音译法，而霍可思采用意译法。此外，杨宪益的大多数身份性社会称谓语以直译为主，而霍可思善于借助于同位语和释义法以丰富词汇的类型，灵活表达原文意思。最后，杨译较忠实原文，基本不提供除原文以外的额外信息；霍可思则会提供更多丰富的语境信息进一步阐释该称谓语，使译文内容便于读者理解。

参考文献：

[1] 曹雪芹，高鹗 . 红楼梦 [M]. 北京：人民文学出版社，1974.

[2] 邓云乡 . 红楼风俗名物谭：邓云乡论红楼梦 [M]. 北京：文化艺术出版社，2006：310.

[3] 贾娇燕 .《醒世姻缘传》社会称谓研究 [D]. 山东大学，2008.

[4] 任亮娥，杨坚定，孙鸿仁 .《红楼梦》汉英平行语料库 [DB/OL]，[2010-02-14]. http://corpus.usx.edu.cn/2010-02-14.

[5] 孙炜 .《红楼梦》的亲属称谓（上）[J]. 红楼梦学刊，1990（4）：115-116.

[6] 王纯妍 . 顺应理论视域下《红楼梦》称谓语英译比较研究——以杨、霍两种译本为例 [D]. 镇江：江苏科技大学，2018.

[7] 王樱 .《红楼梦》称谓语翻译的归化和异化——杨译霍译之比较 [D]. 上海：上海外国语大学，2008.

[8] 严苡丹 . 基于语料库的译者翻译策略研究——以《红楼梦》乔利译本中母系亲属称谓语的翻译为例 [J]. 外语电化教学，2011（05）：65-70.

[9] 严苡丹 . 社会历史语境下的《红楼梦》亲属称谓语翻译风格研究——基于语料库的视角 [J]. 外语电化教学，2020（03）：94-99，15

作者简介

徐珍，马来西亚理科大学在读博士，右江民族医学院助教。研究方向：语料库语言学、翻译。

曾衍桃，博士，华南师范大学教授。研究方向：语言学、语用学、翻译。

李培隆，博士，右江民族医学院教授。研究方向：二语习得、翻译。

中译英、法、日视译的认知负荷眼动比较研究*

Cognitive Load in Sight Translation from Chinese to English, French and Japanese: A Comparative Eye-tracking Study

郑　鑫　孙三军
ZHENG Xin　SUN Sanjun

摘要：

基于翻译在当今呈现技术化转向的趋势，本研究探讨了句子长度、译入语语种和译文质量与体现认知负荷的眼动指标之间的关系。20 名实验参与人员均为翻译专业学生，以中文为母语，其中 6 名以英语、5 名以法语、9 名以日语为第二外语。结果表明：（1）译入语语种对于视译过程中的认知负荷有显著影响，主要表现为注视时长和次数方面的区别；（2）句子长度较长时的认知负荷显著高于句子长度较短时的认知负荷；（3）日语实验参与人员水平较低，导致认知负荷较大；（4）眼动指标体现出的认知负荷与译语质量呈负相关关系；（5）结合首次注视时长、注视区域、瞳距级差三项眼动指标和译语成绩构建了多语种视译认知负荷多元回归（MRM：Multiple Regression Model）模型。

关键词：

认知负荷；文本难度；语种

Abstract:

Based on the current trend of technization in the field of translation, this study explores the relationship between sentence length, target language and translation quality, and eye movement indicators reflecting cognitive load. All the 20 candidates are from translation major, with Chinese as their mother tongue, among which 6, 5, and 9 candidates speak English, French and Japanese as their second foreign language respectively. The results show that: (1) The target language has a significant effect on cognitive load in sight translation, which is mainly manifested in the difference of fixation duration and count; (2) The cognitive load of long sentences is significantly higher than that of short sentences; (3) The

* 基金项目：本文是国家社科基金项目“翻译材料难度量化分级研究”（编号：19BYY115）的阶段性成果。

less proficiency of Japanese subjects leads to higher cognitive load; (4) There is a negative correlation between cognitive load reflected by eye movement indicators and target language quality; (5) A multiple regression model (MRM) of cognitive load in multilingual sight translation combines three eye movement indexes: first fixation duration, fixation area and pupil size range with output performance.

Key words:

Cognitive load; text difficulty; language

1. 引言

西方译学 20 世纪中后期开始注重译者的主体性和结构翻译过程。随着认知科学的概念和方法不断丰富，翻译研究随着认知科学的发展而逐步由方法驱动型转为技术驱动型。十年多来，研究者运用眼动技术研究口笔译、阅读及语言处理过程，选用适当的眼动指标，以探索眼动指标和特定行为或结果之间的关系。一些研究者利用眼动法研究视译，从研究内容看，他们的关注点主要在以下几方面：阅读模式、源语干扰、视译错误、新手高手对比、译入译出对比。

本文利用眼动法探讨了句子长度、译入语语种和译文质量与体现认知负荷的眼动指标之间的关系，涉及中英、中法和中日三个语对。在介绍本研究之前，我们简要回顾一下相关研究。

2. 视译与认知负荷

认知负荷是指人在处理需要完成的具体任务时，通过信息加工产生的心理资源总量（Seeber & Kilian 2013）。与其近义的词为认知努力（cognitive effort）（Sun 2019）。在视译领域，众多学者自 1980 年以来利用眼动实验研究视译中的认知负荷与认知努力。

根据 Gile（1997）的观点，相比交替传译，视译中阅读和分析取代了口译中的听力和分析，并具有类似的 P（产出）。从认知模型的角度来看，视译似乎更简单：(Sight Translation) = R (Reading，阅读) + P (Production，产出)。Gile 认为造成视译认知负荷的主要原因在于译员会受到源语字词和语言结构干扰，消耗更多的精力。于是 Gile（2009：101）将视译模式改为更为理想化的版本：ST (Sight Translation) = R (Reading，阅读) + M (Memory，记忆) + P (Production，产出) + C (Coordination，协调)。在多重资源模型 (Waiting, Stalling, Chunking and Anticipating) 的基础上，Seeber（2011）从认知心理学和心理语言学角度提出了同传的认知负荷模型（Cognitive

Load Model，CLM）理论，将同声传译的过程分为语言理解和语言输出两大任务，每一项任务再根据四维多重资源模型分解为五个子任务：A（预测）、S（记忆）、P（加工）、C（认知）和R（回应）。在该模型中，他说明了子任务如何影响整体认知需求。同样说明源文本或文本特征是导致任务困难或视译错误的主要原因。

3. 视译与眼动研究

通过记录实验参与人员眼球的注视、扫视、回视等认知行为，眼动实验成为认知过程研究的重要方法。眼动指标反映认知负荷的依据是 Just & Carpenter（1980）提出的“眼脑一致假说”（eye-mind assumption）：完成加工前，眼睛会一直注视所加工的单词，眼睛注视和大脑加工同步进行，认知是由注视决定的。国内外有众多学者对于视译认知负荷的影响因素开展眼动实验研究。Chmiel & Mazur（2013）认为量化新手和有经验的专业译员的视译认知负荷，文本自变量为句子类型（简单句和复杂句）以及低频词项，因变量为注视次数、注视时长和注视总时长。结论为易读句的认知负荷低于难句。Shreve 等人（2010）利用眼动技术研究了从不同难度的西班牙语文本到英语的视译，得出了类似的结论：视译原文句法复杂度增加，认知负荷随之增长。Chmiel & Lijewska（2019）比较了专业译员和学生译员视译的句法处理，涉及的数值包括眼动数据、视译时长和译语质量。研究同样表明，应当结合视译时长分析视译中的阅读模式，但相比前三项研究，还提出了新的指标——注视时间百分比，作为衡量认知负荷的指标。以上研究均没有涉及句子长度这一变量。已有研究以句法这一要素为主，设置文本难度区分，主要从文本难度和译员水平两个角度进行对比。Elena S. Kokanova（2013）、Pluzyczka（2013）也分别从阅读能力、视译错误的角度进行了视译的眼动研究。Korpal, P.（2012）开展了语言对研究，眼动结果表明，视译从德语到波兰语比从英语到波兰语花费更多的认知负荷。以三个语种为研究对象的语言对研究相对较少。

近年来，国内学者开始研究利用眼动法研究视译中认知负荷的影响因素。影响因素包括隐喻、逻辑连词、视译方向以及源语和译入语的词序不对称性。Zheng& Xiang（2014）采用对照实验法，研究发现文化背景知识有助于理解隐喻，进而减轻译员的认知负荷。赵雪琴与徐晗宇（2018）采用眼动测量方法得出了逻辑连词会增加视译过程中认知负荷影响。综合两项研究不难发现，隐喻和逻辑连词均为增加认知负荷的要素。而冯佳（2017）聚焦译入和译出双视译方向下译者注意资源分配的异同，探究中英语言对互译中视译方向对译者注意资源分配的可能影响。Su & Li（2019）利用眼动技术对比新手和有经验的专业译员的视译过程和眼口协调等行为。

国内的对比研究以中英互译为主，较少涉及其他语种。且对比的角度同国外学者类似，大多会选择不同水平的译者进行对比。连小英、康志锋（2019）探究 36 名非英语专业实验参与人员的占位注视点和口译绩效的关系，创新性地选择了眼动指标，但忽略了占位注视点和文本之间的关联。以上研究大多结合译语质量评估实验参与人员的认知负荷并探究二者之间的关系，但是很少能将源文本、眼动过程数据和译语质量评估三者全部纳入研究。另一不足之处在于已有研究的量化大多局限于相关性分析，缺少更为实用和可推广的模型构建。

总之，近年来视译认知负荷相关的眼动研究具有一定的突破性，但由于主客观限制也存在不同程度的问题。第一，认知负荷大小与译语质量相关性有待进一步研究，本研究结合眼动指标反映的认知负荷与译语录音得分构建多元回归模型。第二，上述研究的目的和视角虽不尽相同，但选用指标多以注视时长和注视次数为主，选择过于单一化。仅依靠对注视情况的统计难以深入研究视译过程。本研究将首次注视时长、注视区域面积和瞳孔大小指标纳入研究，多样化眼动指标的选择。第三，源文本的难度控制变量以句法为主，缺乏其他方面的难度控制因素研究。本研究结合视译模式中视域的作用，以句子长度作为难度区分的因素设置实验文本。第四，研究的语对语种相对固定，缺乏多语种对比研究。本研究选取了英语、法语和日语三个语种进行比较，上述这四方面构成了本论文的研究起点。本研究结果发现视译之时，句子长度以及语种影响源语的理解和译语的产生。译语质量受到认知负荷影响，而眼动数据能够量化认识负荷。

视译过程与译员的心理过程有着紧密联系。眼动追踪设备是心理学研究的基本工具，描述译者进行视译时眼球的运动状态，通过记录相关参数揭示跟踪对象的心理活动。Brunyé & Gardony（2017）归纳出的常用眼动指标包括：注视持续时间，即落在当前兴趣区域中的所有注视的持续时间之和，超过 50 毫秒时，便会形成注视点。注视时间越长，说明理解原文的难度越大，并且在视译过程中将付出更多的认知努力。注视总次数，即落在兴趣区的总注视点。通常，注视次数较少表明任务相对容易，认知负荷相对较小。总注视持续时间即当前感兴趣区域内停留时间（即跨所有注视的持续时间的总和）。不包括扫视的持续时间。可以用首次注视结束时间减去首次注视开始时间来获取感兴趣区域中首次注视的总时间。此外，瞳孔大小也可以作为判断认知努力的指标。瞳孔较大表明译员承受了更大的认知负荷。本研究在常用眼动指标的基础上，以兴趣区为单位采集更为精细化的指标评估认知负荷、建立回归模型。

4. 研究设计

4.1 实验任务

本实验中，实验参与人员需要完成两个视译任务，具体如下：

任务 1：视译一篇句子长度较短的中文文本。实验参与人员被告知阅读 1 分钟后需要进行视译测试，实验参与人员视译结束时按键盘任意键结束任务。

任务 2：视译一篇句子长度较长的中文文本。实验参与人员被告知阅读 1 分钟后需要进行视译测试，实验参与人员视译结束时按键盘任意键结束任务。

4.2 实验参与人员

20 名实验参与人员均为翻译专业学生，以中文为母语，其中 6 名以英语，5 名以法语，9 名以日语为第二外语。视力或矫正视力正常。英语和法语实验参与人员均为翻译硕士二年级学生，持有人事部二级口译资格证。而日语实验参与人员中 5 名为翻译硕士二年级学生，持有人事部二级口译资格证。4 名为日语专业本科四年级学生，未参加口译资格考试。且实验参与人员均修习过至少半学期的视译课程。（为什么单单就日语有 4 名本科生？这 4 名本科生的口译能力水平肯定与其他实验参与人员不一样，是否是导致摘要中提及的“（3）日语被试水平低，导致认知负荷较大”的主要原因？因为日语专业的本科生和硕士生均是北京外国语大学的同学，硕士生本硕都是北外，可以从被试水平的角度形成控制变量的对照实验，得出这一角度的相应结论。）

4.3 实验文本

本研究的实验材料为两篇的中文新闻语篇。两篇实验材料字数为 250 左右，句子数分别为 7 和 3。高频词“市场”和“申请人”的出现次数分别为 7 和 3。文本 A 的每个句子中的平均字数为 35.43，而文本 B 的每个句子中的平均字数为 81。长句比短句对视域的要求更高，对实验参与人员提出更大的挑战。

4.4 实验过程

实验采用 Eyelink 1,000 plus 眼动仪，双目采样率为 2,000Hz。参与者面前有可调节的麦克风，视译过程中头部保持静止。每个参与者都在实验室中接受单独测试。预先进行一项初步试验，以测试校准过程和源文本的屏幕显示效果。

试验和正式实验均遵循以下步骤。

（1）参与者签署了同意书，并与显示器保持适当的距离（显示器宽度的 1.75 倍）。

（2）进行眼动校准。

（3）阅读实验说明后，参与者按空格键进行热身。然后，他们开始在单独视译三个句子；每个准备时间都设置为 10 秒，并且中间没有间隔。

（4）参与者继续执行正式的视译任务，并在每项任务前准备一分钟。每次试验后，参与者休息 30 秒。视译的时间限制为 5 分钟，而参与者在完成视译后立即按空格键结束。所有参与者都在 5 分钟内完成任务。

4.5 译语评价

译语评分标准参照了中国翻译协会全国口译大赛的评分细则，从信息传达完整度、整体表达流畅度以及非流利现象出现的次数和严重程度四个维度，分为 90-100、80-89、70-79 三个档次进行评分。三个语种的译文评委组各 4 名评审，评审包括 2 名北京外国语大学副教授和 2 名中国外文局译审。评分过程中涉及的错误扣分项包括重复、冗余人称指称、详述、无意义填充词、病句、自我修正、增译、漏译、误译、逻辑错误、应对、大意错误和非大意错误等（邓小文 2018）。

5. 结果与讨论

5.1 相关性计算

表 1. 原文阅读中认知负荷、产出认知负荷与译语质量关系

<table>
<tr><td colspan="3"></td><td>原文阅读认知负荷</td><td>译语产出认知负荷（译语产出过程质量）</td><td>译语质量得分</td></tr>
<tr><td rowspan="3">原文阅读认知负荷</td><td rowspan="3">显著性</td><td>英语</td><td rowspan="3">-</td><td>.534</td><td>.785</td></tr>
<tr><td>法语</td><td>.126</td><td>.200</td></tr>
<tr><td>日语</td><td>.032</td><td>.016</td></tr>
<tr><td rowspan="6">译语产出认知负荷（译语产出过程质量）</td><td rowspan="3">t 值相关系数</td><td>英语</td><td>.842</td><td rowspan="3">1
-3.323
-1.544</td><td>-2.621</td></tr>
<tr><td>法语</td><td>.730</td><td></td></tr>
<tr><td>日语</td><td>.388</td><td></td></tr>
<tr><td rowspan="3">p 值</td><td>英语</td><td>.047</td><td rowspan="3">-
.020
.195</td><td>.011</td></tr>
<tr><td>法语</td><td>.016</td><td></td></tr>
<tr><td>日语</td><td>.174</td><td></td></tr>
</table>

续表

<table>
<tr><td colspan="2"></td><td></td><td>原文阅读认知负荷</td><td colspan="3">译语产出认知负荷（译语产出过程质量）</td><td>译语质量得分</td></tr>
<tr><td rowspan="6">译语质量得分</td><td rowspan="3">相关系数</td><td>英语</td><td>.215</td><td rowspan="6">显著性</td><td rowspan="2">英语</td><td rowspan="2">.158</td><td rowspan="3">1</td></tr>
<tr><td>法语</td><td>.800</td></tr>
<tr><td>日语</td><td>.984</td><td rowspan="2">法语</td><td rowspan="2">.270</td></tr>
<tr><td rowspan="3">p 值</td><td>英语</td><td>.048</td><td rowspan="3">-</td></tr>
<tr><td>法语</td><td>.027</td><td rowspan="2">日语</td><td rowspan="2">.612</td></tr>
<tr><td>日语</td><td>.023</td></tr>
</table>

相关性计算由 SPSS 软件根据分类导入的数据自动生成。如表 1 所示，英语和法语实验参与人员原文阅读时产生的认知负荷与译语产出过程中认知负荷（译语产出过程质量）存在正相关关系（r=0.047，0.016，p<0.05），而日语实验参与人员原文阅读时产生的认知负荷与译语产出过程中认知负荷不具备相关性。英语、法语和日语实验参与人员原文阅读时的认知负荷与译语质量均存在正相关关系，（r=0.215, 0.800, 0.984, p<0.05）即原文阅读所需的认知负荷对译语产出的准确度与忠实度有直接影响。英语、法语和日语实验参与人员译语产出所需认知负荷与译语质量得分之间均存在负相关关系（r=-2.621，-3.323，-1.544，p<0.05），即译语产出所需认知负荷越大，译语产出得分越低。类似于其他相关研究，本研究同样证明了原文阅读时产生的认知负荷与译语产出过程中认知负荷（译语产出过程质量）存在正相关关系以及译语产出所需认知负荷与译语质量得分之间的负相关关系。但是日语实验参与人员的阅读与视译认知过程中的认知负荷并不具备相关性，值得进一步探究。

5.2 模型构建与误差分析

归纳英语、法语、日语试验者样本观测数据后，针对 3 种语言（分别记为英语—e, 法语—f, 日语—j）、2 类文章（A、B）共计 6 种情形，选取首次注视时长（记为 x_1）、IA AREA（兴趣区面积）（记为 x_2）、IA（兴趣区）最大值 FIX PUPIL SIZE 与 IA 最小值 FIX PUPIL SIZE 之差（记为 x_3）为自变量，grade（记为 y）为因变量。从而建立含 $p = 3$ 个因素的多元回归模型：

$$y = \beta_0 + \beta_1 x_1 + \beta_2 x_2 + \beta_3 x_3 + \varepsilon \tag{1}$$

其中 $\beta_0, \beta_1, \beta_2, \beta_3$ 为未知回归系数，反映了 $x_i\ (i = 1, 2, 3)$ 对 y 的贡献大小，ε 为不可观测随机误差。对于 n 组观测值其矩阵表示如下

$$\boldsymbol{Y} = \boldsymbol{X\beta} + \boldsymbol{\varepsilon} \tag{2}$$

即

$$\begin{bmatrix} y_1 \\ y_2 \\ \vdots \\ y_n \end{bmatrix} = \begin{bmatrix} 1 & x_{11} & x_{12} & x_{13} \\ 1 & x_{21} & x_{22} & x_{23} \\ \cdots & \cdots & \cdots & \cdots \\ 1 & x_{n1} & x_{n2} & x_{n3} \end{bmatrix} \begin{bmatrix} \beta_0 \\ \beta_1 \\ \beta_2 \\ \beta_3 \end{bmatrix} + \begin{bmatrix} \varepsilon_1 \\ \varepsilon_2 \\ \vdots \\ \varepsilon_n \end{bmatrix} \tag{3}$$

进而得到参数 β 的最小二乘估计

$$\hat{\boldsymbol{\beta}} = \left(\boldsymbol{X}^T \boldsymbol{X}\right)^{-1} \boldsymbol{X}^T \boldsymbol{Y} \tag{4}$$

于是 3 元经验回归方程为

$$\hat{y} = \hat{\beta}_0 + \beta_1 x_1 + \beta_2 x_2 + \beta_3 x_3 \tag{5}$$

回归平方和 U、残差平方和 Q、总误差平方和 Lyy 满足

$$U = \sum_{i=1}^{n} \left(\hat{y}_i - \overline{y}\right)^2 \tag{6}$$

$$Q = \sum_{i=1}^{n} \left(y_i - \hat{y}_i\right)^2 \tag{7}$$

$$L_{yy} = Q + U \tag{8}$$

针对回归方程的显著性检验，假设 H_0: $\beta_1 = \beta_2 = \beta_3 = 0$，$H_1$: $\beta_1, \beta_2, \beta_3$ 不全为 0。则当 H_0 成立时，有

$$F - \frac{U / p}{Q / \left(n - p - 1\right)} : F\left(p, n - p - 1\right) \tag{9}$$

因此显著性水平为 α 的拒绝域为 $W = \{F: F > F_{1-\alpha} (p, n-p-1)\}$。

此外，y 与 xi (i = 1, 2, 3) 线性相关的密切程度也可以用回归平方和 U 在总平方和 Lyy 中所占的比值来衡量。称 $R_2 = U / Lyy$ 为决定系数或拟合优度，显然 $0 \leq R_2 \leq 1$，且 R_2 越接近 1，回归方程拟合数据的程度越好。

通过上述方法对表 2、表 3、表 4 中 6 种情形进行处理，结果如下：

表 2. 回归分析参数表 (p = 3)

语种	文本	$\hat{\beta}$	n	R^2	F	$F_{1-\alpha}$ (p, n–p– 1)
英语	A	11.8935754304619 -0.00293685115919404 0.00376232143897032 -0.0161581758153054	5	0.92094	3.88272	8.20 (α= 0.25)
	B	32.7780025914859 0.140981728910988 -0.0120784558628340 -0.0114027471006335	6	0.98190	36.16739	19.2 (α= 0.05)
法语	A	8.28244536250708 -0.00208904120475855 0.00335547466462051 0.0138855468391102	5	0.97740	14.41775	8.20 (α= 0.25)
	B	9.70712791043515 -0.0319906148036698 0.00502023361374691 -0.00432970100638796	5	0.95214	6.63153	8.20 (α= 0.25)
日语	A	-7.64739303454182 -0.0473146223494787 0.0115273903151575 0.0126222479360969	8	0.82378	6.23309	4.19 (α= 0.1)
	B	5.89970113886642 -0.0178770788619109 0.00545019616914949 0.00466081923765588	9	0.22762	0.49116	1.88 (α= 0.25)

不难看出，对于英语文本 B、法语文本 A、日语文本 A，求得的 F 在各自的显著性水平下位于拒绝域，故认为 y 与 x_i $(i = 1, 2, 3)$ 之间有显著的线性关系，即线性回归效果显著；反之，对于英语文本 A、法语文本 B、日语文本 B，接受原假设 H_0，认为线性回归效果不显著。此外，观测值组数相近条件下（同语种内比较）拟合优度 R^2 与线性回归效果显著程度成正相关；而当观测值组数增加（例如日语文本测试组），尽管拟合优度相应减小但仍可认为具有一定显著性水平的线性关系。

5.3 多语种数据对比

表 3、表 4 分别对各个语种和文本的所有眼动实验样本观测数据进行了统计，

统计直方图如图 1、图 2 所示，由于各个统计量数量级差异较大，因此图中对统计量取 lg 函数。

表 3. 多语种译前阅读眼动实验统计量数据表

语种	数值	注视总时长	首次注视时长	首次注视时间	注视时长	注视次数
英语	平均值	294.83	203.31	20,713.86	1.36	214.79
	最大值	365.91	235.26	30,736.74	1.65	276.07
	最小值	39.90	182.79	2,830.53	0.18	188.38
	极差	326.00	52.47	27,906.21	1.47	87.69
法语	平均值	347.73	207.83	23,375.26	1.54	237.55
	最大值	374.43	245.72	30,911.89	1.71	310.85
	最小值	288.52	173.65	14,860.29	1.23	178.95
	极差	85.91	72.07	16,051.60	0.49	131.90
日语	平均值	337.88	232.83	25,190.90	1.33	263.94
	最大值	386.30	314.40	35,998.03	1.56	423.67
	最小值	289.53	194.87	13,100.10	1.02	209.95
	极差	96.78	119.53	22,897.93	0.54	213.73

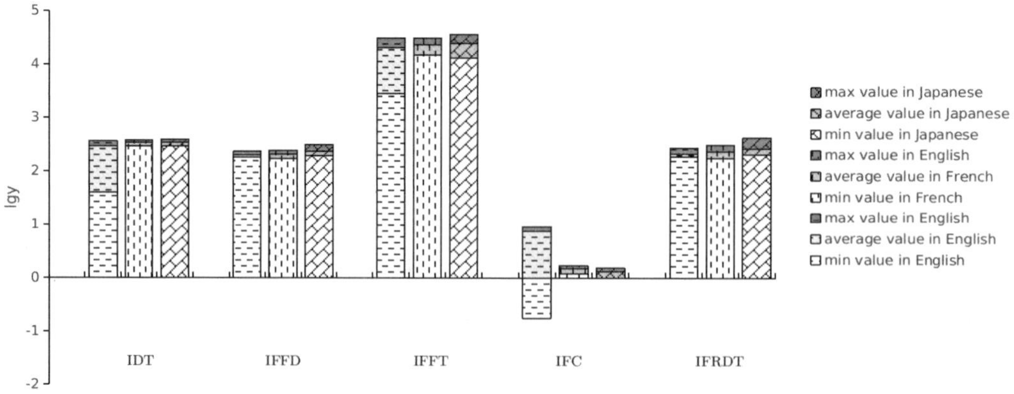

图 1. 多语种译前阅读眼动实验统计量直方图

图例所代表的眼动指标：IDT，注视时长；IFFD，首次注视时长；IFFT，首次注视时间；IFRDT，注视总时长；IFC，注视次数。

译前阅读环节，三个语种实验参与人员各项指标总体呈现的特征是：日语实验参与人员的数值最大，法语其次，英语最小。而眼动指标的值可以体现出认知负荷，值越大，认知负荷越大，充分说明视译同样的文本时，不同语种的实验参与人员认知负荷不同，日语、法语和英语实验参与人员的认知负荷依次减小。两项指标与总体特征稍有差异。注视时长：日语实验参与人员的注视时长最长，英语其次，法语最少。注视总次数：日语实验参与人员的注视总次数最多，英语其次，法语最少。

表 4. 多语种视译过程眼动实验统计量数据表

语种	数值	注视总时长	首次注视时长	首次注视时间	注视时长	注视次数	瞳孔最大值	瞳孔最小值
英语	平均值	729.75	256.21	132,395.51	342.36	2.74	1,144.46	1,035.61
	最大值	981.77	346.38	174,542.96	479.66	3.66	1,684.96	1,452.77
	最小值	459.38	211.58	100,378.58	286.22	1.61	541.92	488.32
	极差	522.39	134.80	74,164.38	193.44	2.05	1,143.04	964.45
法语	平均值	946.18	298.99	137,435.38	420.59	3.01	1,080.54	975.68
	最大值	1,781.50	408.22	196,605.41	646.66	6.18	1,684.96	1,471.41
	最小值	601.58	241.24	104,019.78	311.90	1.72	470.21	421.18
	极差	1,179.92	166.97	92,585.63	334.76	4.46	1,214.76	1,050.23
日语	平均值	10,374.98	2,206.22	1,519,483.50	2,758.55	39.34	9,807.70	8,540.43
	最大值	2,291.08	286.96	214,899.46	417.59	8.30	1,526.64	1,365.26
	最小值	558.25	164.23	120,817.07	204.99	2.79	450.10	410.23
	极差	1,732.83	122.73	94,082.38	212.60	5.51	1,076.53	955.02

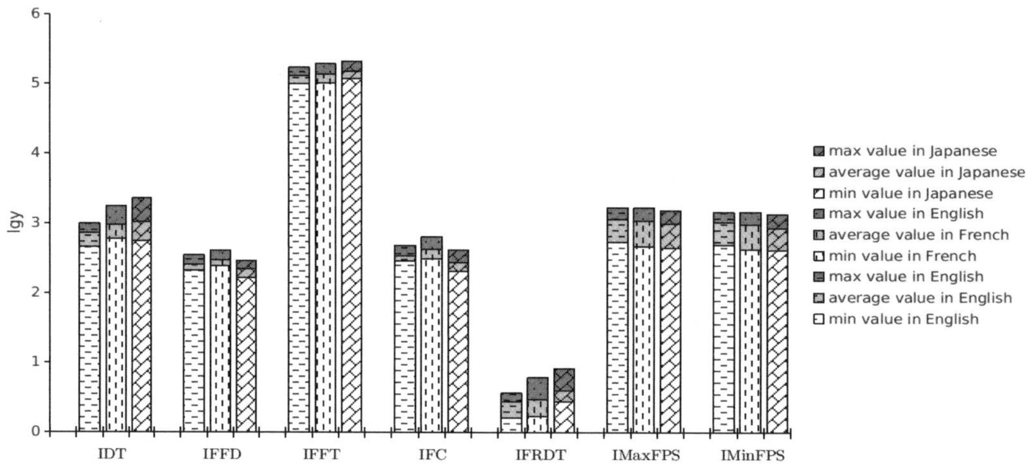

图 2. 多语种视译过程眼动实验统计量直方图

图例所代表的眼动指标：IMaxFPS，瞳距最大值；IMinFPS，瞳距最小值。

视译过程中，三个语种实验参与人员各项指标总体呈现的特征是：日语实验参与人员的数值最大，法语其次，英语最小。英语和法语实验参与人员的瞳孔大小差异较小，都小于日语实验参与人员。相比译前阅读环节，视译过程中的注视时长和注视次数明显增多。

日语实验参与人员的高认知负荷与实验参与人员的水平有关，日语的实验参与人员中有 4 名本科生，而其他语种的实验参与人员均为硕士生。此外，日语与汉语语序差异较大，以及为了衔接而做出接续表达都导致日语实验参与人员较少使用顺句驱动的策略，由此产生较高的认知负荷，同时也解释了日语实验参与人员原文阅读与视译过程的认知负荷不具备相关性这一现象。原因在于实验参与人员水平不同以及中译日相比中译英和中译法较少使用顺句驱动策略。

5.4 多语种非流利现象对比

表 5. 非流利现象分类

非流利现象	缩写	实例
Juncture pauses	JP	According to the Hong Kong media... [352ms], this year's July and last month, Singapore and Hong Kong, China, ... [448ms] witnessed arrival of an online platform ... [312ms] with specific delivery services. //
Hesitation pauses	HP	Selon les médiashongkongais... [601ms], au moinsJuillet et au mois dernier cetteannée,... [442ms]#uneplateformed'achatenligne qui a proposé des services spécialisés... [391ms] selon les besoins à Singapour et à Hongkong.//

Synonymy repairs	SR	^これはフォーチュンというマガジンが[这是→《财富》*→杂志→] 提出しているスローガンの一つです //
Error repairs	ER	Last month on client demand with the headline the most awesome job in the world as its title//
Insufficiency repairs	IR	«Pour dominer le marché mondial, il faut d' abord dominerle chinois, ^le marchéchinois.» C' est un slogan proposé par le magazine *Fortune*.
Collocation repairs	CR	外商が重視している中国の市場は、中国潜在的未来の市場で、中国現在の市場は ^ 市場の規模はそんなに多くありませんから中国現在の一人。//

例 1："欲独霸世界，先逐鹿中国"，这是《财富》杂志提出的一个口号。中国从来没有像现在这样吸引如此多的资本和跨国公司来淘金。既然人人都看中了中国这个大市场，那么这个市场到底有多大?

（两篇新闻文本均从纸质材料摘取，没有网络来源。）

表 6. 实验参与人员注视热点图、录音转写文本及注释

P1	
目标语言一英语	If you want to conquer the world's market, you have to conquer China's market. This is the slogan put forward by Fortune magazine. [112ms] China had never been so attractive like now that it attracts so much capital and so many transnational for the gold rush. Since everybody is interested in the big market of China, how big is it on earth?
JP HP	If you want to conquer the world's market, you have to conquer China's market. ["欲→独霸 * →世界，先→逐鹿 * →中国"] This is the slogan put forward by ^Fortune magazine.[这是《财富》→杂志 * →提出的→一个→口号。] (2) ……^China had never been so attractive like now that it attracts so much capital and so many transnational for the gold rush. ……[中国→从来没有 * →像现在这样 * →吸引→如此多的资本 * →和跨国公司→来淘金。Since everybody is interested in the big market of China, how big is it on earth? [既然人人都→看中了 * →中国→这个大市场，那么 * →这个市场到底→有多大？]

P2	
目标语言—法语	Ceux qui veulent prendre l' hégémonie mondiale doivent prendre la suprématie en Chine. C' est un slogan proposé par le magazine *Fortune*, la Chine n' a jamais attiré autant d' investissements et de multinational en Chine pour chasser l' or bien que chacun puisse buter ce grand marché [209ms] en Chine. Alors quelle grandeur du marché chinois ?
FL IR	Ceux qui veulent prendre l' hégémonie mondiale doivent prendre la suprématie en Chine. ["欲独霸→世界，先逐鹿 * →中国"]C' est un slogan proposé par le magazine *Fortune*, [这是《财富》→杂志 * →提出的→一个→口号。] (1) la Chine n' a jamais attiré autant d' investissements et de multinational en Chine pour chasser l' or bien que chacun puisse buter ce grand marché ^en Chine.[中国从来没有→像现在 * →这样→吸引 * →如此多的 * →资本和跨国公司来淘金。](2) Alors quelle grandeur du ^marché chinois ?[既然→人人都 * →看中了中国→这个大市场，那么这个市场→到底有→多大？]
P7	
目标语言—日语	世界を独り占めとしたいなら、中国を制しなければならない。^ これはフォーチュンというマガジンがしているスローガンの一つです。中国は現在のこれまでは [232ms] 現在のように多くの資本と多国籍企業を引き受けたことがありません。^ 人びとが中国という大市場をお気に入た以上、この大市場の規模はどれぐらいあるでしょうか?
HP SR HP ER	世界を独り占めとしたいなら [欲独霸世界 * →]、中国を制しなければならない (1) ……[先逐鹿中国] 。(2) ^ これはフォーチュンというマガジンが [这是→《财富》 * →杂志→] 提出しているスローガンの一つです (3) ……[提出的 * →一个 * →口号] 。中国は現在のこれまでは (4) ^ 現在の [现在→][中国→从来没有 * →像现在这样 *] ように多くの資本と多国籍企業を引き受けたことがありません。[→吸引→如此多的资本 * →和跨国公司→来淘金。]^ 人びとが中国という大市場をお気に入た以上 [既然人人都看中了中国这个大市场→]、この大市場の規模 ^ はどれぐらいあるでしょうか? [那么 * →这个市场 * →到底→有多大？]

从表 6 可以看出 P1（代表英语实验参与人员）、P2（代表法语实验参与人员）和 P7（代表日语实验参与人员）在非流利现象频率和注视分布上存在显著差异。P1 和 P2 的非流利现象频率均为 2 次，而 P7 则多达 4 次。从注视图中可以看出，P7 的注视点数量和密度都非常高，尤其是在后半部分。而 P2 和 P1 的注视点数量较少，分布较稀疏。P7 做了两次 11 秒的长暂停，其间注视点在兴趣区“现在”一词反复移动。而 P7 说完“現在の”后应该表达“如此”之义时，却重复了“现在”之义。接下来注视点位于“这样”和“公司”。结合译后访谈得出：虽然 P7 已经准备好

使用简短的搭配而非复杂的表达，但仍然产生了非流利现象。日语接续表达的元话语功能降低了理解效率，迫使其承受更多的认知负荷以实现互动的主体性。相比之下，P1 和 P2 扫视次数较多，注视和回视总次数较少，更能灵活拆分整体意义。

例 2：“外商所看重的中国市场其实是中国潜在的未来的市场。”

英语实验参与人员处理方法 1：“The foreign businessmen, the Chinese market that foreign businessmen are interested in is actually potential Chinese market.”

英语实验参与人员处理方法 2：“Foreign businessmen value Chinese market. In fact, it is China's future market.”

法语实验参与人员处理方法：“En fait, les entreprisesétrangères s' intéressent au marchépotentiel de Chine dans le futurplutôt que le marchéence moment.”

从汉语到法语，所有的实验参与人员都突破了汉语的定语结构；而从汉语到英语，部分实验参与人员尽管花了更多的时间和精力去处理定语，却只是对应到译入语中的定语成分，而非遵守顺句驱动原则。

通过对英、法两种语言实验参与人员录音转写文本的分析，可以总结出长定语的翻译策略可以分为“调整语序遵循原有语法结构”和“调整语法结构遵循原有语序”，即顺句驱动。两种策略在长定语方面的对比具有代表性，不同的处理方法导致同一文本的眼动跟踪数据呈现不同特征。法语实验参与人员的研究结果值得进一步探究，数据分析仅显示实验参与人员运用顺句驱动原则的频率较高，“顺句驱动原则”属于解释性翻译，通过将长句拆分为两个句子，在不改变顺序的情况下，增加或省略一些不必要的词，或直接找到相应的句子结构，来解决长句内部的不平衡问题。并不能说明所有的长定语都能适用于这种策略，同样，也不能得出“调整语法结构遵循原有语序”总是优于“调整语序遵循原有语法结构”。

顺句驱动策略的主要优点是都有助于流畅表达，但缺点是释义会损失原词汇的联想意义，即特定语境中的意义损失。此外，在大多数情况下，调整语法结构需要增加或省略不必要的词汇，会使译文与原语相比发生明显的变化。

5.5 不同文本数据对比

表 7. 多文本译前阅读眼动实验统计量数据表

文本	数值	注视总时长	首次注视时长	首次注视时间	注视次数	注视时长
A	平均值	326.50	220.75	22,633.24	1.36	248.69
	最大值	386.30	314.40	34,741.26	1.71	423.67

续表

文本	数值	注视总时长	首次注视时长	首次注视时间	注视次数	注视时长
A	最小值	39.90	182.87	2,830.53	0.18	192.69
	极差	346.40	131.53	31,910.73	1.54	230.98
B	平均值	329.37	214.96	24,122.60	1.42	237.43
	最大值	377.23	256.96	35,998.03	1.66	304.67
	最小值	271.51	173.65	12,766.16	1.13	178.95
	极差	105.72	83.31	23,231.87	0.53	125.72

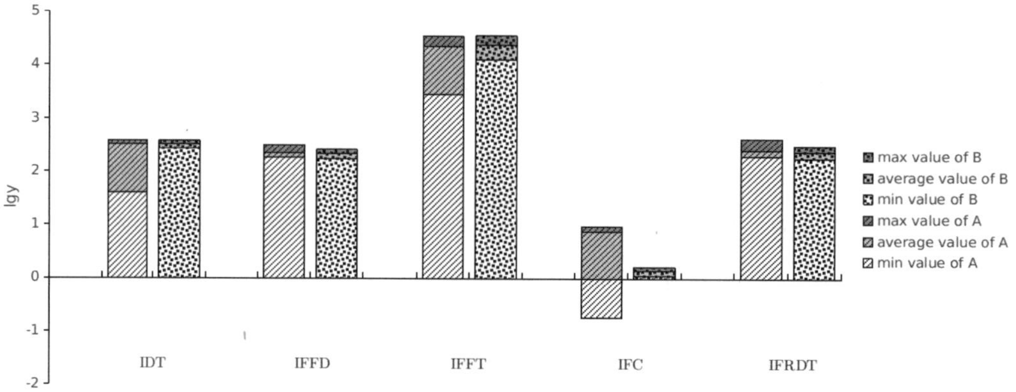

图 3. 多文本译前阅读眼动实验统计量直方图

视译两个文本时的视域由变量句子长度控制，表 7 列出了译前阅读描述性统计数据，图 3 直观地显示了译前阅读眼动数据。独立样本 t 检验结果（$p<0.05$）证明文本 A 和文本 B 的眼动指标与平均句子长度存在相关性。本研究的数据统计显示：译前阅读环节实验参与人员在文本 A（句子长度较短）实验中的首次注视时长和注视总时长小于文本 B（句子长度较长）。实验结果验证了视域对于视译认知负荷的影响。

表 8. 多文本视译过程眼动实验统计量数据表

文本	数值	注视总时长	首次注视时长	首次注视时间	注视次数	注视时长
A	平均值	842.73	283.31	13,0474.95	2.81	387.61
	最大值	1,681.07	408.22	196,605.41	4.96	646.66
	最小值	459.38	196.55	100,378.58	1.61	243.29
	极差	1,221.69	211.67	96,226.83	3.35	403.37

续表

文本	数值	注视总时长	首次注视时长	首次注视时间	注视次数	注视时长
B	平均值	952.64	258.13	143,771.69	3.40	337.36
	最大值	2,291.08	337.63	214,899.46	8.30	504.03
	最小值	525.05	164.23	102,588.20	1.69	204.99
	极差	1,766.03	173.40	112,311.26	6.61	299.04

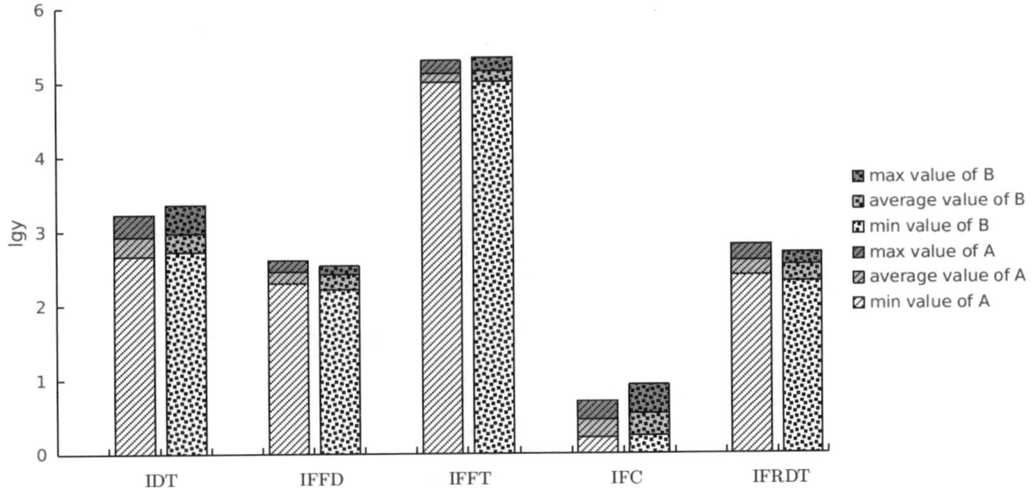

图 4. 多文本视译过程眼动实验统计量直方图

表 8 列出了视译过程描述性统计数据，图 4 直观地显示了视译过程眼动数据。视译过程眼动数据呈现的特征与译前阅读过程基本一致。三个语种实验参与人员视译文本 A（句子长度较短）与文本 B（句子长度较长）译前阅读和视译过程的眼动数据共同显示，译员预览长句文本 A 时的认识负荷显著多于预览短句文本 B 时。研究结果证实了源文本句子长度对阅读认知负荷的影响。因此，我们建议可以引入句子长度作为任务所施加的认知负荷的影响因素。分析结果显示，文本 B 在注视持续时间和注视次数方面产生的认知负荷显著或略微高于文本 A，首次注视时长和注视总时长呈现的趋势有所差异，而文本 A 和文本 B 视译的瞳孔大小方面没有显著差异。

结果证实了句子长度在预读和视译过程中对认知负荷的影响。文本效应对认知负荷的强度随着句子长度变化。在此基础上，通过简单的效应分析，分别考察了句子长度对每种语言的认知负荷的影响。在大多数情况下，文本 B 比文本 A 的认知负荷更多，这与 t 检验的结果一致，而眼动指标在不同语言间表现出同样的趋势。尽管从总体上看，句子长度导致认知负荷增加，但各指标的影响程度是不同的。

综上所述，译语成绩与注视时间、注视点个数和瞳孔直径三项眼动指标有显著的相关性，表明通过建立三项眼动指标与成绩的多元回归模型，可以在一定程度上客观反映译员在视译准备环节和视译过程中的认知负荷水平。基于量化模型可行性验证，通过多语种眼动数据拟合，得到量化模型的公式，经过误差分析，验证了多元回归量化模型具有较高的准确性。

6. 结语

本研究基于实验数据归纳出影响认知负荷水平的三项眼动指标——注视时间、注视点个数和瞳孔直径，在此基础上构建了基于眼动追踪技术的多语种视译认知负荷量化模型，并验证了此量化模型的可行性与准确性。本研究也存在局限之处，样本数量较小，学生实验参与人员占比较大，缺乏其他数据集佐证模型的应用价值等。此外，本研究只侧重观察和分析了句子长度这一影响因素，汉语作为高语境文本的干扰模式以及影响程度还有待后续研究。本研究的数据采集和模型建立以及不同语种实验方法的设置具有一定的创新性，采用眼动实验的方法，对不同语种开展视译过程研究，对于视译教学及测试具有实践意义。得出的模型中注视时长对应视译教学及测试中的时间设定，注视区域对应视译教学及测试中的文本意群划分，瞳距极差对应视译教学及测试中的视域测定。在评估译语质量环节，译语成绩以上三要素的设定、划分和测定的参考标准。模型可用于指导视译教学与实践，而教学与实践获得的数据又可以完善量化模型。后续研究仍需不断完善，增加实验参与人员数量，建立更大的数据集，展开更加深入的研究，进一步优化量化模型。以其研究与教学相互促进，通过模型研究应用于教学和实践，进而提高教学质量和实践水平。未来可以结合不同语种的区别、认知负荷的不同衡量指标等，更大程度地发挥眼动追踪技术的作用。当前，基于眼动实验数据开展量化研究能够充分体现出眼动技术的学术研究价值，有助于切实应用量化研究方法。运用现代技术促进视译教学的改革与发展已经成为国内外视译教学改革的一大趋势和视译教学界的基本共识。今后探索研究量化模型或将成为视译过程与信息技术的深度融合的一个新方向。

参考文献：

[1] 邓小文 . 口译错误分析：以学生译员英汉交传机考录音为例 [J]. 翻译界，2018（1）：53-70.

[2] 冯佳 . 译入 / 译出认知负荷比较研究——来自眼动追踪的证据 [J]. 中国外语，2017（4）：79-91.

[3] 连小英 & 康志峰 . 眼动跟踪靶域与视译速效研究 [J]. 中国外语，2019（4）：104-111.

[4] 赵雪琴 & 徐晗宇 . 逻辑连词对汉英视译过程中认知负荷影响研究——一项基于眼动的研究 [J]. 外语研究，2018（5）：7.

[5]Brunyé, T. T., & Gardony, A. L. Eye tracking measures of uncertainty during perceptual decision making[J]. *International Journal of Psychophysiology*, 2017(120): 60–68. https://doi.org/10.1016/j.ijpsycho.2017.07.008.

[6]Chmiel, A., & Lijewska, A. Syntactic processing in sight translation by professional and trainee translators [J]. *Target International Journal of Translation Studies*,2019(3): 378-397.

[7]Chmiel, Agnieszka, & I. Mazur. *Eye Tracking Sight Translation Performed by Trainee Interpreters* [M]. *Tracks and Treks in Translation Studies*, 2010(3).

[8]Elena S. Kokanova, Maya M. Lyutyanskaya and Anna S. Cherkasova. *Eye Tracking Study of Reading and Sight Translation* [M]. *Tracks and Treks in Translation Studies: Selected papers from the EST Congress*, 2013(8): 189-205.

[9]Gile, D. Conference translation as a cognitive management problem [J]. *Applied Psychology*, 1997(2): 196-214.

[10] Gile, D. *Basic Concepts and Models for Translator and Translator Training* [M]. 2009: 26-27.

[11] Just, M.A. and Carpenter, P.A. A Theory of Reading: From Eye Fixations to Comprehension [J]. *Psychological Review*, 1980(87): 329-354.

[12] Korpal, Pawel. *On Language-pair Specificity in Sight Translation: An Eye-tracking Study* [M]. *Ubersetzen in die Zukunft*, 2012: 522-530.

[13] Pluzyczka, M. *Eye-Tracking Supported Research Into Sight Translation* [M]. *Translation Studies and Eye-Tracking Analysis*, 2013: 105-138.

[14] Seeber, Kilian G. Cognitive load in simultaneous translation existing theories–new models [J]. *Translation*, 2011 (13): 176-204.

[15] Seeber, Kilian G. Cognitive load in simultaneous interpreting: Measures and methods[J]. Target 2013(1): 18-32.

[16] Shreve, G.M., Lacruz, I., Angelon, *E.Cognitive Effort, Syntactic Disruption, and Visual Interference in a Sight Translation Task* [M]. *Translation and Cognition*, 2010: 63-84.

[17] Su, Wenchao& Li, Defeng. Identifying translation problems in English-Chinese sight translation: An eye-tracking experiment[J]. *Translation and Interpreting Studies*, 2019(14): 15-19.

[18] Sun, S. *Measuring Difficulty in Translation and Post-editing: A Review* [M]. *Researching Cognitive Processes of Translation* , 2019: 139-168.

[19] Zheng, B. & Xiang, X. The role of cultural background knowledge in the processing of metaphorical expressions: An empirical study of English-Chinese sight translation [J]. *Translation and Interpreting Studies*, 2014(9): 5-24.

作者简介

郑鑫，团中央青年志愿者行动指导中心组织培训处干部，北京外国语大学英语学院硕士研究生。研究方向：翻译过程研究，国家发展战略与国际志愿服务等。

孙三军，北京外国语大学英语学院副教授，博士。研究方向：翻译过程研究。

基于语料库翻译文体学的《春琴抄》三译本对比研究

The Application of Corpus-Based Translational Stylistics —A Case Study of Three Chinese Versions of *Shunkinsho*

王子睿　蒋敬诚

WANG Zirui　JIANG Jingcheng

摘要：

本研究基于语料库翻译文体学理论，从数字人文视角出发，结合语料库与R语言等文本挖掘技术对《春琴抄》吴树文译本（1991）、郑民钦译本（2007）、曹曼译本（2017）三个译本的多维度文体特征进行计量考察，并从主语显化与叙事学角度阐释了日本文学翻译过程中发生的归化现象。研究发现：三个译本除了在文体参数上存在不同程度的差异外，在翻译共性方面都有主语显化和直接引语显化的倾向。

关键词：

《春琴抄》；语料库翻译学；文体学；叙事学

Abstract:

Based on the theory of Corpus stylistics and translation, this paper conducted a quantitative analysis of the multidimensional stylistic characteristics of the three translations of *shonkinsho* by Wu Shuwen (1991), Zheng Minqin (2007) and Cao Man (2017) by using text mining and R language, from the perspective of digital humanities. Furthermore, drawing on narratology and subject manifestation, it interpreted the phenomenon of domestication in Japanese literary translation. The study revealed that while the three translations exhibit variations in stylistic aspects, they all share a tendency to involve subjectification and direct speech representation in translation universals.

Keywords:

Shunkinsho; corpus-based translation studies; stylistics; narratology

1. 引言

《春琴抄》是日本作家谷崎润一郎于 1933 年（日本昭和八年）发表的一篇中长篇唯美主义小说。该小说从叙事者“我”的视角出发，用类似说书的手法，以考据式叙述层层展开，通过一本小册子《春琴传》和一名侍女的话语，追溯了三弦琴琴师春琴与仆人佐助之间至死不渝、阴翳扭曲的感情轨迹。

滥觞于 Mona Baker 等学者的语料库翻译学对国内英汉对比研究产生了巨大影响。以真实语料为研究依据，以定量分析为研究途径的语料库研究方法渗透到了外语研究的各个领域。相对于欧美语料库翻译学演变为独立的研究范式，日本的语料库研究则逐渐发展为以文本挖掘技术为核心的文体研究，主要集中在社会舆论分析、作家文体分析、文本的可视化分析等各个领域。吸收、借鉴日本的研究范式对国内的语料库翻译研究将是有裨益的。

本研究尝试采用定量与定性分析相结合的方法，基于 R 的文本挖掘技术对《春琴抄》三个中译本的文体进行计量分析，旨在回答以下两个问题：1）三个译本在文体特征量化统计方面呈现怎么样的差异；2）三个译本的翻译共性以及形成原因。

图 1.《春琴抄》三译本

2. 语料库翻译文体学研究综述

文体学与翻译学都是拥有着悠久历史的人文学科。文体学连接语言学与文学，关注文本主题意义，与美学效果密切相关，或偏离常规的语言特征描写与阐释（申丹 1998；雷茜、张德禄 2016），而翻译学研究则是着重观察在翻译过程中译者受到译入、译出语的语言习惯影响而不自觉产生的译者“影子”。随着语料库语言学与计算机技术日新月异的发展，人文学科之间的跨学科研究空前发展，翻译学与文体学与时俱进地吸收了语料库语言学的研究范式，衍生出了语料库翻译学与语料库文体学等重视量化分析、实证研究的研究范式，基于语料库研究方法的翻译学与文体学在学科共性上都具有拓宽既往仅依靠研究者的主观感觉与经验的传统文科研究范式的特点。这种研究方法基于真实语料，通过定量研究方法对数据进行分析，进而探讨语料中语言本质和深层规律（王克非 2006；卢卫中、夏云 2010；胡开宝 2018）。黄立波（2009，2014）指出语料库翻译文体学通过语言对比这一共性特征，将传统文体学研究与翻译研究加以结合，将基于真实语料和词频信息的统计数据作为分析文体的重要参考。对语言特征、文学叙事特征进行描写与阐释，在语言特征方面参考平均词长、关键词等参数，在文学叙事特征方面则可以通过对人称代词与叙事体观察叙事结构的变化。在这种学科相互融合、研究范式互相接近吸收的背景下，翻译学、文体学和语料库语言学相互观照，催生了语料库翻译文体学的诞生和成长（王峰、刘雪芹 2017）。本研究将语料库翻译文体学作为理论基础，对《春琴抄》的三个译本进行多维度的定量分析，探讨不同译者的文体特征。

3. 《春琴抄》三个译本的文体形式参数对比

本研究所选取的《春琴抄》三个中译本分别为吴树文译本（1991）、郑民钦译本（2007）和曹曼译本（2017）。通过以下步骤进行语料的处理：1）语料建库：首先对三个译本进行搜集、电子化、语料清洗。2）中文文本和日文文本与英语等语种不同，没有空格作为词汇之间的分界线，所以第一步要对语料进行分词工作，本研究采用了中国科学院研制的 NLPIL-ICTCLAS 汉语分词系统[1]，再导入 R 中进行分析，以期获得较高的精确度。3）分析三个译本，计算出语料的 STTR 等数据，利用正则表达式进行四字格的检索，利用 BFSULL 工具[2]进行 loglikelihood 显著性检验。4）语料对齐与分析：使用在线对齐工具 Tmxmall[3] 对日文原文和三个中文译本进行句级对齐，分析与译本回溯，选择例句对宏观数据进行解读、回溯。

3.1 词汇的变化性

词汇的变化性、词汇密度与词汇复杂度组成了词汇的丰富度。形符指的是文本中所有单词的数量，而类符则指的是单词的种类。类符形符比（简称：TTR），用来表示词汇的变化程度（胡显耀 2010）。但 TTR 在处理大型语料库时可信度降低，故一般使用按照每千字计算一次 TTR，然后取其平均值得到 STTR 的方法，quanteda 包的 textstatlexdiv 函数可以对语料的词汇变化程度进行多维度的计算，本文仅选取 C、MSTTR 和 MATTR[4]，并设置计算区间为每次 100 词。STTR 的高比例表示译本的词汇使用范围更广泛，低比例则表示词汇使用范围更窄（杨柳、朱安博 2013）。在词汇变化性指标方面采用 quanteda 包（Benoit et a1.2018）计算词汇密度指标 C、MSTTR 和 MATTR，以及形符、类符等信息，得到结果如表 1 所示：

表 1. 基于 NLPIL 分词、quanteda 统计的词汇数据

译本	C	MSTTR	MATTR	总字符
吴树文	0.839	0.794	0.789	25,003
曹曼	0.849	0.806	0.802	19,558
郑民钦	0.843	0.793	0.789	22,908

可以得知：三个词汇变化性指标都显示曹译本的词汇变化性大，而吴、郑译本没有显著的区别。说明曹译本在翻译时更倾向于在更少的篇幅内选择更丰富的词汇来重现原文意义，即词汇的使用较其他译本更广泛。吴译本的形符在三个译本中最高，说明吴译本更倾向于使用增译的翻译策略，大幅度地扩大了译本的容量，有偏向显化的倾向，但同时也造成了词语的重复率较高，词汇变化趋于统一。

3.2 基于 TF-IDF 算法的关键词提取与分析

TF-IDF（Term Frequency-Inverse Document Frequency）中文译为词频—逆向文件频次，指从一组文档中找出单个文档中最具有文本特征的词，TF-IDF 算法避免了提取出大量存在于所有文档中的共通词，例如“的”“我”等词。Oakes（2012）以 TK-NHH 中的 18 个翻译作品为例，介绍了 TF-IDF 在语料库翻译研究中的应用。

但受限于目前的技术与集成分析软件的缺失，目前 TF-IDF 算法并未在人文学科领域得到广泛应用，目前国内语料库翻译学领域仍以高频词列表分析为主，但高频词列表存在着大量虚词以及固有名词，并不能反映出译者个体的文体特点。本文以 R 计算三个译本的特征词，受限于篇幅仅陈列前 10 条如表 2 所示。

表 2. 基于 TF-IDF 计算的三个译本特征词

吴树文	TF-IDF	郑民钦	TF-IDF	曹曼	TF-IDF
--	21.948	三弦	17.653	愈发	7.634
象	16.699	说道	7.044	就算	6.203
门徒	15.745	以后	5.811	线	5.987
百灵鸟	12.882	想像	4.771	全都	5.248

续表

吴树文	TF-IDF	郑民钦	TF-IDF	曹曼	TF-IDF
小姑	9.065	云雀	4.754	知晓	4.771
线	7.572	小女	4.294	来讲	4.771
古筝	5.725	大夫	4.294	即便	3.817
遂	5.107	鶗	4.226	云雀	3.522
一面	4.771	牵	3.874	您	2.994
吾	4.771	倘若	3.817	便是	2.863

通过 TF-IDF 算法抽取出的译本特征词可见，吴译本文言虚词比较普遍，而且“遂”“吾”等文言用词的使用频次显著高于其他两个译本，可以看出吴译本更偏向文言文体风格。TF-IDF 值越高，说明更能体现出译者区别于其他译者的文体特征。吴译本在表示春琴的人称代词上采用了“小姑”，为译文增加了方言的韵味。此外吴译本还大量使用了“象”字，这是因为当时现代汉语对“象”“像”规定不明确导致的结果，在此后再版的吴树文译《春琴抄》中“象”都被替换为了“像”。曹曼译本“全都”“来讲”“就算”等特征词体现出了译本独特的口语化特征。

3.3 四字成语的使用

《春琴抄》是谷崎润一郎回归日本传统文化、追求关西古典主义的一部代表作品，同时期谷崎也着手对《源氏物语》进行现代语翻译，故这一时期他的文章用语以及写作风格既有回归日本古典文学的倾向，也糅杂着关西的方言以及关西的风土人情。在语际翻译的过程中，译出语的音韵、修辞、俗语等文学美学价值在语言转换的过程中会因文化的不对等而流失，译者往往会采用归化翻译的方式来满足目的语读者得到等价的美学体验，这种对译出语的加工会使译文的文体特征产生不同程度的文体差异。

四字成语在音韵上具有节奏美、在词汇角度上具有整齐美、在语义角度上具有意象美的特点，适当的四字成语的使用可以增强文章的表现力，增加译文独特的韵味（李大鹏、张帅 2015）。文本中四字成语占总形符比的大小可以表现出译本的归化与异化倾向。虽然有研究者通过计算机对四字词的自动赋码进行四字格的检索，但计算机赋码技术对长文本的准确度并不高，故本研究以《中华成语大辞典》[5] 的所有成语为判定标准，将其载入用户词典，作为对所有四字成语的分词工具，然后 quanteda 包对分词后的语料进行比对、匹配与提取，最终得到以下数据，如下页表 3 所示。

表 3. 三个译本中四字成语所占比例

译本	四字格	总形符	四字格占形符比
吴树文	357	25,003	1.428%
郑民钦	319	22,908	1.392%
曹曼	259	19,558	1.324%

如上表所示，三个译本的四字格使用情况不尽相同，其中吴树文译本的使用率最高，这与其本人的文学底蕴有关。此外吴译本和郑译本还有不少文言形式的四字格，如例（1）吴译本中在五个句片段里就有两个四字成语出现。再如例（2）郑译本和曹译本都有成语出现，曹译本没有成语的出现，且句段数较其他译本少，这也是曹译本字符数少的成因。

例（1）

ただ盲目になられてからは外に楽しみがござりませぬので一層深くこの道へお這入りなされ、精魂を打ち込まれたのかとぞんじますとのことである。

吴：我想，她双目失明之后，也失去了别的娱乐，便在这方面精益求精，苦心孤诣地钻研了。

郑：只是失明以后，因别无乐趣，于是更加深入此道，精心钻研。

曹：双目失明之后别无选择，只得愈发专注于丝竹之道，可以说每一次弹拨都倾注了她的灵魂。

例（2）

「十五歳の頃春琴の技大いに進みて儕輩を抽んで、同門の子弟にして実力春琴に比肩する者一人もなかりき」とあるのは恐らく事実であろう。

吴："十五岁时的技艺水平就令人刮目而视，在同行中可谓鹤立鸡群，同辈学友中也无一人能望其项背"，这一情况恐怕不会有误。

郑："十五岁时，春琴技艺大长，出类拔萃。同门弟子中，竟无一人能与之比肩"的记载大概属实。

曹："十五岁的春琴技艺已经远超同辈，无人能与之争高下"并不是妄言。

通过观察例（1）和例（2）可以看出吴、郑译本的四字格使用频次最高，通过大量使用了简洁凝练的四字格增强了译本的美学价值，符合国内读者的阅读习惯。相反，曹译本的四字格占比稍低。

3.4 句长

句长是表示一句话中所含词数或字数。一般来说，平均句长以句号、问号、感叹号和分号的使用为标记，句长可以再细分为句片段长，一个句片段则是问号、句号、逗号、感叹号、分号作为结束标志（牛桂玲、田晓芳 2016）。因译者翻译习惯与译者受源语言写作风格的影响，汉语翻译文本与汉语原创文本相反，句片段长度比句长更能体现出翻译语言的个性特点（秦洪武 2010；肖忠华 2012），本文基于此观点对三个译本的句长以及句片段进行了统计，并与 LCMC 汉语母语语料库中的小说类别进行对比，句长统计工具使用了笔者制作的 countCNtinymSL、countCNmeanST 函数，可以对含有多个文本的语料库进行句长、句段长、平均句长、平均句段长的计算。

表 4. 三个译本的句长、句片段数量（词单位）

特征	吴树文译本	郑民钦译本	曹曼译本	LCMC 小说类
形符数	25,003	22,908	19,558	212,989
句子数量	1,127	1,141	901	13,278
平均句长	22.185	20.077	21.707	16.040
句片段数量	3,630	3,529	2,705	33,658
平均句片段长	6.889	6.491	7.230	6.330

通过表 4 可以观察到：三者的平均句长和平均句片段长都比 LCMC 母语者语料库高，体现出三个译本的句长较 LCMC 小说类语料库中的作品更长，这是因为《春琴抄》日语原文大量使用长句尝试新文体进而影响了译文文本的结果。《春琴抄》的译出语由于仅使用了 271 个句号，从而导致每句信息大幅度地增多，这一结果也影响了译者对译本句型的扩容。总体而言，吴译本在句子数上与郑译本持平，曹译本的句子数明显少于吴译本和郑译本，但片段较其他译本所含词数更多，如下面例（3）。

例（3）

常に縮緬の頭巾をもって顔を覆い、終日一室に籠居してかつて人前に出でざりしかば、親しき親族門弟といえどもその相貌を窺い知り難く、為めに種々なる風聞臆説を生むに至りぬ

吴：遂常以绉绸头巾罩面 / 终日蛰居室内 / 不复见人 / 虽至亲、门人 / 亦难窥视其貌 / 以致臆测纷纭 / 种种传闻不胫而走 /

郑：常以绸巾遮面 / 终日笼居于一室 / 不尝出于人前 / 虽亲近之家人、弟子 / 亦难窥知其容貌 / 为此以至于生出种种流言蜚语 /

曹：自此常常用泡泡纱头巾遮面 / 终日独坐房中 / 不肯见人 / 就连最亲近的家人和弟子都无从窥察她的容貌 / 这种神秘催生了无数种类的风言风语 /

上述例子中吴译本的句片段数为 7、郑译本为 6、曹译本为 5，这表明吴、郑译本更善于用精简短小的句片段来处理较长的句子，且有散文文体和文言化的特征，避免了对日语原文句式的亦步亦趋，行文也更加流畅，更具文采。译者通过对句子的重组、拆分，有助于原文结构的转换，同时也降低了读者的阅读难度。

4. 三个译本的主语显化与叙事视角对比

4.1 人称代词的显化

翻译的显化是指翻译过程中译者为了目标翻译文本更清晰地向读者传达，而采取增加短语等方式来增强文章译本逻辑性与易读性的过程（柯飞 2005）。在日汉翻译过程中的显化现象则是由于汉日两种语言在词汇、语法、视角等方面存在着差异，在翻译过程中译者不可避免地会根据上下文将原文中隐含的意义显化处理，以符合译入语的表达习惯、增强文章的易读性（毛文伟 2014）。中日两种语言对于主语人称代词的依赖程度不尽相同，日语因具备完整的敬语体系与明显的授受关系，所以主语往往被省略而导致句子的模糊化[6]。《春琴抄》的日语原文最大的叙事特点就是登场人物的话语基本上都融于行文之中，通过架空的书籍与叙事者的话语来转述人物的话语，且日语常常省略主语的语言特点导致译文中如果不明示主语就很容易给读者造成阅读障碍，故译者倾向于采用显化主语的翻译策略是不可避免的。通过对三个译本中出现的“我”“吾”“余”等主语词语进行检索，得到结果如表 5 所示。

表 5. 三个译本主语词使用频次

译本	主语词使用频次
吴树文	149
郑民钦	115
曹曼	129

而《春琴抄》原文中只出现了33次表示第一人称的“私”[7]，通过对比可以看出三个译本不同程度上选择了显化主语的方式来增强行文的流畅性与可读性，印证了日译汉的翻译文本更倾向于显化主语的观点。但从三个译本的数据比较来看，郑民钦第一人称主语的使用频率显著少于其他两个译本，在人称翻译方面体现出更遵从译出语文体风格的倾向，而吴译本的第一人称主语使用更多，更倾向于补足原文中缺少的主语使译文更加明晰，起到了关照读者群体阅读习惯的作用。

4.2 叙事话语转变

申丹（2002）提出的翻译的“假象等值”概念，指出一种翻译存在的文体问题。即小说的翻译虽然与原文看似相同，但文学价值与文学意义却在翻译过程中消失殆尽。申丹认为小说的翻译不应该仅仅局限于内容的传达，更应该重视原文的文体价值。在文学的翻译实践中，译者无意识地转变叙事视角的行为是一种重构叙事结构的行为，例如间接引语转变为直接引语。

谷崎润一郎是日本著名的文学文体学家，一生创作的作品风格多变，一生秉承着“为了艺术而创作”的文学理念，创作出了文体风格多彩的一系列作品。例如本文的研究对象《春琴抄》以长句为特点，还有用关西方言写成的《细雪》《卍》等，这些文体的因素成了谷崎润一郎文学作品中的独特文学价值。而《春琴抄》是谷崎润一郎模仿日本古典物语的叙事结构创作而成，因而它也是研究其回归日本传统文学创作历程不容忽视的一部作品。

谷崎润一郎在《春琴抄后语》中言及自己在创作《春琴抄》时有意模仿古典小说的物语风格，认为自己在早期作品中对人物的对话进行直接引用的手法太过刺眼，提出如果像古典小说中一样将叙事声音融于文章之中不仅会消解这种不自然，而且还能让人物对话与小说的节奏吻合。谷崎润一郎曾说：“例如那些在对话文和描写文之间夹杂着的‘他说道’‘我说’，本来是不加为妙的地方，如今看来实在是不仅刺眼还影响阅读。”（谷崎润一郎 1974）。这一点可以通过谷崎润一郎在《春琴抄》中引入虚构架空的《鵙屋春琴传》来避免大量使用直接引用的手法得到验证。

在翻译层面，译者对句子结构的改写会对文章整体的叙事结构产生影响，句子是叙事的重要载体，帮助创造译文中独特的叙事效果（王林 2014）。谷崎创作的《春琴抄》以自由间接引语为特点，这种叙事结构可以拉近读者距离，提高故事真实性，自由间接引语与直接引语明显区别于有无引号转述人物话语。本研究以引号为检索模式进行统计，得到结果如表6所示。

表 6. 三个译本的直接引语数量以左单引号为例

译本	引号数量	显著性检验
吴树文	227	LL=102.61 sig.=0.000+
郑民钦	212	LL=102.69 sig.=0.000+
曹曼	170	LL=82.73 sig.=0.000+

通过统计数据可以得知：吴、郑译本更倾向于将自由间接引语转变为直接引语。曹译本则更倾向于更多地保留原文的叙事特点，但相比原文《春琴抄》共有 86 个直接引语，依然使用了大量的直接引语。

例（4）

佐助かと云えば何であのような丁稚風情にと頭から否定した。

吴：若问。“是不是佐助”，就矢口否定：“我怎么会同这种学徒去风流呢？”

郑：问她：“是不是佐助？”她矢口否认道：“什么啊，我能跟那号学徒吗？！”

曹：问她是不是佐助，她表示对学徒一点兴趣都没有。

如例（4）所示，可以观察到吴、郑译本都倾向于将原文的自由间接引语转换为直接引语，这一翻译策略的采取无疑导致了文章篇幅的较大幅度的提升，曹译本的引号使用虽然同样显著大于译出语，但倾向于保留原句的叙事口吻，这也导致了文章篇幅较其他译本要少，与前文形式参数层面显示的曹译本篇幅更小的数据相吻合，相对符合了谷崎润一郎本人对小说中的对话应该如何处理的观点，最大限度上保留了原文的叙事色彩，而吴、郑译本则倾向于对原文的“再叙事”，一定程度上破坏了原文的叙事结构，但译本的可读性增强。

5. 研究结果与讨论

结果发现在形式参数方面：1）吴译本（1991）作为较早的译本，词汇变化度低于其他两个译本，但四字格使用最为频繁，在句子处理上更善于进行重组，改变句子的叙事结构，通过 TF-IDF 特征词的提取发现：吴译本偏好文言虚词，成为区别于其他两个译本的最大特点，同时该译本在三个译本中属于较为经典的版本，文体文采出色。郑译本（2007）四字格使用频次稍低于吴译本，在人称翻译上更倾向于显化，更倾向于用简短的句片段实现对译出语的句子重组。曹译本（2017）词汇变化度最高，但四字格使用频次较低，更倾向于遵循原文叙事文体特征，较大程度上保留了作者的创作风格，但译文口语化倾向较大。2）在翻译共性方面：受限于日语语言习惯，译者在翻译过程中不约而同地选择了显化第一人称主语来提高译文的可读性；在叙事结构方面：译者不约而同地都选择了对原文的自由间接引语进行重组，采用了直接引语的方式关照目的语读者的阅读体验，但一定程度上破坏了原文的叙事结构，译者对叙事话语的重组会导致译本增幅与减少。

6. 结语

本文基于语料库翻译文体学理论，利用 R 语言对《春琴抄》的吴树文译本、郑民钦译本、曹曼译本进行了形式参数以及主语显化和叙事视角的考察。尝试引入 TF-IDF 特征词的研究方法，拓宽了语料库翻译文体学的研究途径，尝试了文本挖掘技术在语料库翻译研究中的应用。此外还利用自建的平行语料库回溯译出语文体特征，定量与定性研究相结合对三个译本的文体特征进行了分析、总结。

但受计算机分词和自动赋码技术水平、相关分析软件的制约，数据的准确性还有待提高。在未来的研究中将引入机器学习等文本挖掘技术对翻译的文体进行新的尝试。

注释：

[1] NLPIL-ICTCLAS 系北京理工大学教授张华平博士制作的分词系统，该分词系统具有较高的精确度，被学界广泛利用。

[2] 可以从北外语料库语言学工具分享网站中获取，http://corpus.bfsu.edu.cn/TOOLS.htm（检索时间：2022.3）。

[3] Tmxmall 对齐工具是一款便捷的在线平行语料对齐工具，具有多种导出方式、生成关键词等特色功能。

[4] 具体的计算方式可以查看 quanteda 包的解释，https://quanteda.io/reference/textstat_lexdiv.html（检索时间：2022.3）。

[5] 根据研究的需要可以下载不同的集成词典，笔者使用的是搜狗词库的《成语大全词典》，导入用户词典后成语的识别度明显提高。

[6] 日语语言的主语省略与英汉语言相比，更为普遍，译者如果不对这些地方进行显化处理，会导致译文缺少成分可读性变弱。

[7] 此处抽取的成分包括写成假名形式的わたし。

[8] 本文在执笔过程中得到了黄立波教授、刘君博士与匿名评审专家的意见，在此一并表示衷心的感谢。

参考文献：

[1] 谷崎润一郎 . 春琴抄 [M]. 吴树文，译 . 上海：上海译文出版社，1991：35-131.

[2] 谷崎润一郎 . 春琴抄 [M]. 郑民钦，译 . 北京：北京燕山出版社，2007：1-48.

[3] 谷崎润一郎 . 春琴抄 [M]. 曹曼，译 . 天津：天津人民出版社，2017：1-86.

[4] 胡开宝 . 数字人文视域下翻译研究的进展与前景 [J]. 中国翻译，2018（06）：24-26.

[5] 胡显耀 . 基于语料库的汉语翻译语体特征多维分析 [J]. 外语教学与研究，2010（06）：451-458，481.

[6] 黄立波 . 翻译研究的文体学视角探索 [J]. 外语教学，2009（05）：104-108.

[7] 黄立波 . 翻译研究中的文体观：研究综述 [J]. 燕山大学学报（哲学社会科学版），2014（1）：49-55.

[8] 柯飞 . 翻译中的隐和显 [J]. 外语教学与研究，2005（04）：303-307.

[9] 雷茜，张德禄 . 现代文体学研究方法的新发展 [J]. 现代外语，2016（02）：9.

[10] 李大鹏，张帅 . 四字结构在文学作品翻译中的运用——以《喜福会》程乃珊（2006）译本为例 [J]. 郑州航空工业管理学院学报（社会科学版），2015（6）：147-149.

[11] 卢卫中，夏云 . 语料库文体学：文学文体学研究的新途径 [J]. 外国语（上海外国语大学学报），2010（1）：47-53.

[12] 毛文伟 . 基于中日对译语料库的汉日翻译文本特殊性研究——以小说文本为例 [J]. 日语学习与研究，2014（04）：99-106.

[13] 牛桂玲，田晓芳 .《麦田里的守望者》两译本对比研究——基于语料库视角 [J]. 郑州航空工业管理学院学报（社会科学版），2016（02）：131-135.

[14] 秦洪武 . 英译汉翻译语言的结构容量：基于多译本语料库的研究 [J]. 外国语（上海外国语大学学报）2010（04）：73-80.

[15] 申丹 . 论文学文体学在翻译学科建设中的重要性 [J]. 中国翻译，2002（01）：10-14.

[16] 申丹 . 叙述学与小说文体学研究 [M]. 北京：北京大学出版社，1998：73-99.

[17] 王峰，刘雪芹 . 融合共生互动——语料库翻译文体学理论参照体系 [J]. 西安外国语大学学报，2017（1）：105-109.

[18] 王克非 . 语料库翻译学——新研究范式 [J]. 中国外语，2006（03）：8-9.

[19] 王林 . 句子上的叙事：谈自由间接引语的翻译处理 [J]. 外语教学与研究，2014（2）：294-302.

[20] 肖忠华 . 英汉翻译中的汉语译文语料库研究（第 1 版）[M]. 上海：上海交通大学出版社，2012：67-73.

[21] 杨柳，朱安博 . 基于语料库的《温莎的风流娘儿们 / 妇人》三译本对比研究 [J]. 外国语，2013（3）：77-85.

[22] 谷崎潤一郎 . 谷崎潤一郎全集 21[M]. 東京：中央公論社，1974：21.

[23] Benoit, K., K. Watanabe, H. Wang, P. Nulty, Obeng A, S. Müller, A. Matsuo. Quanteda: An R package for the quantitative analysis of textual data[J]. *Journal of Open Source Software*, 2018(30): 774.

[24] Oakes M.P., JI M. *Quantitative Methods in Corpus-Based Trans-lation Studies: A Practical Guide to Descriptive Translation Re-search*[M]. Amsterdam, Philadelphia: John Benjamins Pub Co, 2012: 115-147.

作者简介

王子睿，广西大学外国语学院硕士研究生。研究方向：语料库与文本挖掘。

蒋敬诚，广西大学外国语学院副教授，硕士研究生导师。研究方向：日本文学翻译。

《射雕英雄传》英译本译者风格对比
——一项基于语料库的研究

A Corpus-based Contrastive Study on Translator's Styles ——Focusing on the English Translations of *Legends of the Condor Heroes*

何乐芸
HE Leyun

摘要：

2018 年，英文版《射雕英雄传》第一卷 *A Hero Born* 一经出版就在英国热销，引起海外"金庸热"。该研究基于自建平行语料库，对比《射雕英雄传》译者郝玉青与张菁的译者风格。研究发现，来自不同文化背景的两位译者在译本中呈现着不同的翻译风格特征，郝玉青语言风格简练，译文流畅，主要采用直译和省译的翻译策略，注重读者的阅读体验，尽管由于语言及文化身份有异，产生了一些误译。而张菁则更加忠实原文句式，主要采用异化与增译的翻译策略，力求做到形式与意义对等。

关键词：

《射雕英雄传》；语料库；译者风格对比

Abstract:

In 2018, the first volume of *Legends of the Condor Heroes* (*A Hero Born*) translated by Anna Holmwood has become the bestselling Chinese fantasy phenomenon in Britain. This study employs a self-built parallel corpus to compare features of translator's styles between Anna Holmwood and Zhang Jing. It has been found that these two translators from different backgrounds demonstrate their own styles in their translations. Holmwood tends to adopt the translation strategy of literal translation and omission to accommodate the target readership, emphasizing a succinct style and fluency. Though some mistranslations were caused in the target texts due to cultural misunderstandings. Zhang Jing focuses more on the faithful transfer of the cultural factors between source and target texts through the translation strategies of foreignization and addition to achieve equivalence at stylistic and meaning level.

Key words:

Legends of the Condor Heroes; corpus; Contrast of translators' style

1. 引言

2018 年，英文版《射雕英雄传》（以下简称《射雕》）卷一 *A Hero Born*（《英雄诞生》，2018）在英国热销，出版首月就加印到第 7 版。译者郝玉青（Anna Holmwood）对此功不可没。在接下来的三年里，郝玉青与张菁分别推出卷二 *A Bond Undone*（《未竟之约》，2019），卷三 *A Snake Lies Waiting*（《蛰伏之蛇》，2020）以及卷四 *A Heart Divided*（《心灵困境》，2021），再次掀起海外的“金庸热”潮。

英文版《射雕》共分为四卷，其中卷一、卷三由郝玉青翻译，卷二、卷四由张菁翻译。虽然各司其职，但两位译者非常注重整套书行文风格上的统一。在张菁动笔翻译第二卷之前，郝玉青已经完成第一卷的翻译，设定了英译本的文风主基调。张菁在受访时也表示，自己在翻译前熟悉了郝玉青的译文，理解她在翻译产出时做出的翻译策略与思考判断，了解出场人物的语气与人物设定。虽然张菁努力协调自己的翻译风格，以与郝玉青的翻译风格保持一致，但不可否认两位译者仍在各自译本中呈现各自的翻译风格。

基于这一背景，本研究自建小型平行语料库，采取定量和定性相结合的研究方法，从语言和文化两个层面出发，探讨两个译本的异同。在语言特征层面上，以标准类符形符比、平均词长句长等数据为考察对象，对郝玉青与张菁的译本进行对比分析；在文化层面上，则分析两个译本如何处理包括诗词、武侠文化等在内的文化专有项，以期对比郝玉青与张菁两位译者风格的迥异之处。

图 1.《射雕英雄传》中文版

图 2.《射雕英雄传》英文版

2. 文献综述

国内关于《射雕》英译本的研究主要集中两个方面：一是微观层面的翻译策略研究。一些学者通过研究武侠文化翻译过程，以分析译者的翻译风格，比如张汩（2020），郭洁、刘磊和王志磊（2019）以及韩淑芹（2020）。二是宏观层面的译介研究。一些学者把《射雕》英译本作为成功案例从译介学角度研究了中国武侠小说走向世界的译介模式，如叶铖铖和邓高胜（2019），岳川杰（2019）。

整体来看，国内对《射雕》英译本的研究较多，但多数以个案研究为主，不同译本的对比研究较少。此外，多数研究以定性分析为主，基于语料库的研究较少，因此本研究采取自建小型平行语料库的方式，运用定量和定性分析相结合的研究方法，从语言和文化两个层面出发，以《射雕英雄传》郝玉青卷三译本和张菁卷四译本为例，对比分析两位译者不同的翻译风格。

3. 研究方法

本研究主要运用 Python 作为数据处理工具，定量分析自建《射雕》卷三、卷四英译本平行语料库，辅之以举例定性说明。《射雕》卷三与卷四英译本平行语料库的创建主要包含三个步骤：语料收集、语料处理、语料对齐。

首先是语料收集。《射雕英雄传》自问世以来共有 3 个版本——旧版（118 回）、修订版（40 回）和新修版（40 回），《射雕》英译本对应的应为新修版。经查阅互联网资源，本研究获取了花城出版社与广州出版社于 2003 年出版的《射雕》新修版以及英国麦克莱霍斯出版社于 2020 年出版的 *A Snake Lies Waiting* 以及 2021 年出版的 *A Heart Divided* 的 Epub 版本。

在语料处理上，作者使用 Calibre 将获取的《射雕》原文及英译本的 Epub 版本转换为 TXT 格式。由于英译本对应的是中文原文的第二十回至第四十回，因此剔除中文原文除从第二十回至第四十回的其他内容，并清除原文及译文转换中出现的多余空格、空行、乱码，统一全角半角标点，补充未识别出的字词句，修改识别错误的字词句等。

在语料对齐方面，使用 CAT 工具——雪人翻译软件，将译文与原文对齐。对齐时遇到漏译、错译，或是翻译比较出彩的地方等在备注栏标注，方便后续分析。而后统一整理到 Excel 表格中，手动进行细节调整。

4. 讨论

4.1 语言层面

在语言层面上，词汇选择是译者言语模式风格的一个重要体现。本文将通过英译本的形符、类符、类符 / 形符比、标准化的类符 / 形符比、平均词长等，从宏观层面揭示两个译本的译者风格异同。

4.1.1 形符、类符、标准化的类符 / 形符比以及英汉词、字数比例

在语料库统计中，每一个在语料库中首次单独出现的词形称为类符，形符是指语料库中出现的所有词。类符形符比值高表示文本词汇种类丰富，反之则表示词汇种类变化小。标准化类符 / 形符比被研究者采用，因为它可以解决因为功能词数量影响类符 / 形符比的现象。原文与译文文字量比例也是译者风格的一般标记，如果将该比例设为中间值，那么超过此比例越多，可以认为是越接近过量翻译；低于此比例越多，则可认为是越接近欠量翻译。据王克非（2003：415）考察，汉译英文学翻译中，常见英汉词、字数比例范围为 1∶1.25–1.5。

表 1.《射雕英雄传》郝玉青与张菁译本的标准化类符 / 形符比与英汉词字数比例（自建）

项目	郝玉青卷三译本	张菁卷四译本
类符数	9,520	13,514
形符数	171,397	237,304
标准化类符 / 形符比	0.377	0.368
英汉词、字数比例	0.694	0.705

表 1 显示郝玉青和张菁两个译本在词汇使用方面的风格特征。考虑到卷四原著篇幅较长的因素，因此形符数不计入分析范围内。卷三和卷四译本的 STTR 值分别为 0.377 和 0.368，相差只有 0.009，两者差距不大，说明卷三与卷四译本的词汇变化均不大，用词多样性接近。有意思的是，数据表明郝玉青与张菁两个译本的英汉词、

字数比例均低于正常范围内，这说明在翻译中，译者有意识性地采用省译的翻译策略，使得译文或多或少出现一些文化流失现象。

如由郝玉青翻译的第二十四回《密室疗伤》：

> 黄蓉凑耳到小孔之上，听得清清楚楚，原来她是在唱哄小孩睡觉的儿歌："摇摇摇，摇到外婆桥，外婆叫我好宝宝……"
>
> She placed her ear to the hole; now, she could hear. The girl was singing a lullaby.

原文中，黄蓉进入密室后透过墙上的小孔听到傻姑在唱一首童谣，"摇摇摇，摇到外婆桥，外婆叫我好宝宝……"，被童谣触动的黄蓉不禁想起了早逝的母亲，但在翻译过程中，郝玉青并没有将傻姑唱的内容翻译出来，选择省译的翻译策略，一方面，译者可能是觉得这一句歌词就算忽略不译，也不会影响后续剧情发展；另一方面，虽然在此处采用省译策略却不影响读者阅读感受，但还是不可避免地牺牲了原文。

又如由张菁翻译的第二十九回《黑沼隐女》某个段落：

> 瑛姑此时也在回忆往事，脸上一阵喜一阵悲，顷刻之间，心中经历了数十年的恩恩怨怨，猛然抬头，说道："你师妹给裘铁掌击中，不知是他掌下留力，还是你这小子出手从中阻挡，总算没立时毙命，但无论如何，挨不过三天……嗯，她的伤天下只一人救得！"
>
> Madam Ying had also retreated into her past-rapturous moments, heartsore encounters . . . Conflicting emotions bubbled in her chest. Joy and sorrow flitted across her features. Suddenly, she snapped out of her reverie and looked Guo Jing in the eye. "Only one person in this world can treat her injury."

译者在此采用省译策略，除了最后一句"她的伤天下只一人救得"，瑛姑所说的其他话都被译者略去不译。但非常有意思的是，原文中只写了瑛姑在"回忆往事"，对于熟悉原著情节的读者来说，并不难猜到瑛姑想起了她和老顽童周伯通的旧事，但对于目标语读者来说，由于前文中没有提及这段往事，所以无法像原文读者一样心领神会。而译者在此并没有做模糊处理，相反张菁直接将"往事"发生的内容直接挑明，无论是"rapturous moments"抑或是"heartsore encounters"，均点明了瑛姑与周伯通之间的爱恨纠葛，也为下文的段皇爷重提旧事做了铺垫。作者在此运用了增译与省译的翻译策略，以满足目标语读者的阅读需求。

但在描述人物神态的时候，笔者发现郝玉青偏向采用省译手法，而张菁则更贴近原文。如第二十五回《荒村野店》：

> 此话说罢，心中怦怦乱跳，双眼望着她一头柔丝，生怕她这个千娇百媚的脑袋竟会微微一动。
>
> The blood was pumping so violently through his body that he could barely look at her.

在原文中，黄药师有意撮合陆冠英与程瑶迦，而这对年轻男女也倾慕对方，只是程瑶迦过于羞涩，难以启齿。于是陆冠英跟程瑶迦说道："小姐，你若是嫌弃陆某，那就摇摇头"。而在接下来的内容里，金庸用了不少笔墨描绘陆冠英的反应，"心怦怦跳""望着一头柔丝""生怕千娇百媚的脑袋微微一动"，一个陷于爱河的年轻人形象立马跃然纸上。但在翻译这段时，郝玉青采取省译的翻译策略，对这些将陆冠英心理体现得淋漓尽致的词语一笔带过。究其原因，笔者认为这是因为英文是静态性的语言，若将本句中的所有动词都译出的话，反而不符合英语的用法，不符合西方读者的审美与认知，因此她选择省译了对于目标语读者来说较为陌生的内容。

而在张菁翻译的第三十七回《从天而降》中：

> 料想不久黄蓉便会从"羊梯"上峰，霎时之间不禁热血如沸，面颊通红，正自出神，忽听身后格格一声轻笑。
>
> Enchanted, Guo Jing could feel that the prospect of being in Lotus's company was causing his body temperature to rise, his blood to bubble in anticipation, and his cheeks to flush red. A giggle sounded from behind him, soft, almost inaudible, but it hit Guo Jing like a thunderbolt.

张菁将金庸笔下郭靖对即将见到久别重逢的黄蓉的迫切心情，比如"causing his body temperature to rise, his blood to bubble in anticipation（热血沸腾）"和"his cheeks to flush red（面颊通红）"无一遗漏地全部翻译出来，一来更贴近原文；二来也使读者更加深入阅读体验，与人物产生互动。可以看得出来，对比郝玉青的译文版本，张菁的译文注重解析原文，较少选择省译原文内容。

4.1.2 平均词长

平均词长在一定程度上可以反映出译者偏好使用的词长，同时体现译本用词的复杂程度。一般而言，平均词长较长则表明文本中的长词较多，文本更复杂深奥；反之则文本越浅显易懂。

表 2. 郝玉青与张菁译本的平均词长

项目	郝玉青卷三译本	张菁卷四译本
平均词长	3.663	3.725

从表 2 来看，两个译本的平均词长为 3.663 和 3.725，且两者差距不大，说明两个译本的用词复杂程度接近，译者所使用的词长具有较高的统一性，变化很小。武侠小说翻译需要避免文化“水土不服”问题，用词也要更加精炼恰当，这不仅需要译者有良好的语言能力，更要有较高的文学素养。

4.1.3 句数、平均句长与句长标准差

平均句长在整体上反映了句子结构的复杂与否。从宏观上说，平均句长越短，整个语料文本的句子结构越简单；反之，则越复杂。句长标准差反映了句子间句长的浮动情况，句长标准差的值越大，则说明文本中句子长短变化程度越大。

表 3. 郝玉青与张菁译本的句数、平均句长与句长标准差

项目	郝玉青卷三译本	张菁卷四译本
句数	13,227	16,620
平均句长	12.958	14.278
句长标准差	8.786	11.193

从表 3 可知，张菁译本的平均句长（14.278 个单词）长于郝玉青译本的平均句长（12.958 个单词），这说明张菁译本句法结构更加复杂，也更加忠实于原文在表达上具有句子较长的特征。而郝玉青的平均句长更短，这可能因为她更习惯将原文中长句进行拆分翻译。译者有意将长句拆分翻译的做法，说明其在语言长度的使用上受到了英语原创文本的影响。此外，从表 3 的句长标准差可以得知，张菁译本的句长标准差为 11.193，高于郝玉青译本的 8.786，这说明张菁句子长短变化更大，结构更加多样化。为更彰显二人平均句长的对比，笔者特意截取了两人在武打场面上的处理。金庸的武打场面灵活、多变而具观赏性，仅凭一个长句，就能将武打场面描写得出神入化。在武打场面上的处理上，郝张两人都认为“最难的是如何让外国人领悟到武侠小说中的那种畅快淋漓的感觉”。张菁在采访时表示，“（我们）在翻译时，会刻意运用影视的元素与手法，利用英语的句式特点去塑造电影感，强调场面的视觉性与节奏感”。（徐雪英、张菁 2020）但在各自译本里所呈现的是，郝玉青在处理武打场面的长句时，倾向在其译文里使用简单的英文短句，还会在句子顺序上做一些调整；而张菁则更趋向遵循原文句子顺序，译文的平均句子长度也比

郝玉青更长。如郝玉青翻译的第二十七回《轩辕台前》：

哪知头顶刚与敌人肚腹相接，立觉相触处柔若无物，宛似撞入了一堆棉花之中，心知不妙，急忙后缩，敌人的肚腹竟也跟随过来，鲁有脚用力挣扎，裘千仞那肚皮却有极大吸力，牢牢将他脑袋吸住，惊惶之中只觉脑门渐渐发烫，同时双手也似落入了一只熔炉之中，既痛且热。

But, as his forehead connected with Qiu's abdomen, he felt no resistance. It was as if he had run headlong into a bale of cotton. He pulled back, alarmed. To his horror, he seemed to have drawn Qiu Qianren closer to him. Surefoot Lu writhed and squirmed. He could not extract himself. Qiu's stomach, somehow, was sucking him in, all while producing a fierce heat. Lu felt as if he had been plunged into a fiery furnace. His scalp sizzled, his hands were scorched. The pain was excruciating.

原文句子较长，描绘了鲁有脚在受到裘千仞一掌铁砂掌后的内心活动。在翻译此句时，郝玉青连续用了好几个短句，比如“He pulled back, alarmed”，“Surefoot Lu writhed and squirmed”，“He could not extract himself”以及“The pain was excruciating”，节奏明快，仿佛电影中不断切换的镜头，让读者更加置身其境。郝玉青在采访中曾提及“最困难的部分是如何让这些武功招数‘打’得流畅”，在翻译此句时，她为了照顾目标语读者的感受，没有完全遵从原文的表达，而是进行了拆分，采用多个短句更增添了译文的戏剧性，这种手法能够让语言更加简洁明快有力，还能展现动态、速度及紧张之感。

又如张菁翻译的第三十五回《铁枪庙中》：

灵智上人自恃掌力造诣深厚，兼之手上有毒，当即挥掌拍出，陡觉胸口气窒，臂膀酸麻，手掌软软垂下，腕上关节已给震脱，毒掌功夫竟半点没能使上。

The lama thrust out a palm in reply, assuming that his great strength and the poison on his skin would make his attacker think twice, and yet, moments later, he felt his breath catch in his lungs, his arm racked with pain and his hand flopping uselessly as his wrist was knocked out of joint.

原文句子描述了灵智上人在面对报仇心切的郭靖的反应，同样为长句翻译，张菁的处理跟原文亦步亦趋，除了开头调换了下句子位置之外，并没有尝试对原文句子做出更大的改动，并且连用三个排比，句式结构更为复杂，在形式上也与原文更加对等。

4.2 文化层面

在文化层面上，与文化现象有关的翻译最能体现译者的风格，笔者选取原文中较有代表性的两类文化翻译，包括诗词和武学文化，以进一步探索郝玉青和张菁不同的译者风格。

4.2.1 诗词

《射雕》一文中出现了许多古诗词，郝玉青和张菁这两个来自不同文化背景的译者在对诗词的意象、形式、典故及情感抒发等的处理方式上值得关注。郝玉青深受西方思维和价值观的影响，而张菁则称“金庸的影响像空气一样存在在她的生活中”。如郝玉青所翻译的第二十三回《大闹禁宫》里的诗词《风入松》：

一春长费买花钱，日日醉湖边。玉骢惯识西湖路，骄嘶过、沽酒楼前。红杏香中箫鼓，绿杨影里秋千。

暖风十里丽人天。花压鬓云偏。画船载取春归去，馀情寄、湖水湖烟。明日重扶残醉，来寻陌上花钿。

Wind Enters Pines

Spring money wasted on blossoming bosoms and drunken days by the lake. Riding my white colt, I look up and see a tavern door. Apricot scent layered with drums, a swing in the poplar's shade.

Maidens caressed by the warm breeze, petals pressing on their hair. Boats painted in the setting sun. What feelings that linger must be left for morrow's fun, when looking for new jeweled flowers drunken we will return.

这首《风入松》作者为南宋词人俞国宝，词风香艳绮丽。原词第一句表达作者对西湖的无比留恋，“买花钱”旧指狎妓费用，在这里郝玉青处理为“money wasted on blossoming bosoms（买花的钱）”。第二句意为“玉骢马熟识逛西湖的路，昂首嘶鸣走过酒楼楼前”，原词的主语看似“玉骢马”，实为词人自己，而郝玉青在英译时直接点明主人公。“红杏”以下四句是游乐图的主体。在下联四句的翻译中，郝玉青将“绿杨”翻译为“poplar（杨树）”。在古代，“杨”一般指代“柳”，因此此处的“绿杨”应为“绿柳”，这可以看出译者文化背景与对源语的理解偏差。在这首词里，郝玉青主要运用直译的翻译策略，但受译者个人文化背景所限，一些文化误解无法避免。又如张菁所翻译的第三十七回《从天而降》中的诗词节选：

将军金甲夜不脱，半夜军行戈相拨，风头如刀面如割。
马毛带雪汗气蒸，五花连钱旋作冰，幕中草檄砚水凝。

The general keeps his armour on all the time. The soldiers' dagger-axes clank in the night march. The wind like a razor cuts and slashes the face.

The steed's mane weighed by snow, their sweat turns to steam. The warhorse's coat hardens into ice, hiding the clipped pattern. Inside the tent the writing ink freezes on the inkstone.

这首诗节选自盛唐岑参的《走马川行奉送封大夫出师西征》，诗人善于抓住典型的环境和细节来描写唐军将士勇武无敌的飒爽英姿。上联描写了将军重任在肩，夜不脱甲；大军衔枚疾走"戈相拨"，军容整肃严明；边境严寒，"风头如刀面如割"。张菁在翻译的时候并没有漏掉这些细节，特别是在翻译第二句的时候，她用了"clank"这个词，将金属刀戈碰撞的声音写了出来，更加让人身临其境。

在下联中，作者通过战马在寒风中奔驰，蒸腾的汗水立刻在马毛上凝结成冰的景象，以及军幕中起草檄文的砚水冻结的细节，充分渲染了天气的严寒，环境的艰苦和临战的紧张气氛。译者在翻译时也如实传达原文意境与作者情感，"weighed by snow"，"coat hardens into ice"，"freezes on the inkstone"等的细节都一一翻译出来，不做任何加减。

4.2.2 武侠文化

《射雕》作为武侠小说，自然与武学文化密不可分。金庸在武功打斗尤其是在武功招数的描写上会融入中国古代的成语故事、历史典故等等，这对译者来说是一个不小的难点，如郝玉青翻译的第二十八回《铁掌峰顶》：

武学中有言道："四两拨千斤"，这一按力道虽轻，却是打狗棒法中一招"压肩狗背"的精妙招数，力道恰到好处，竟将钢杖压在台上，笑道："你用钢杖，我用竹棒，咱俩过过招玩儿。"

This move from the Dog-Beating repertoire was called Crush the Dog's Spine. "Let's play!" Lotus said with a chuckle.

原文中这一段是写黄蓉意图与简长老比试一番，金庸将黄蓉这一招数"压肩狗背"形容为"四两拨千斤"，但郝玉青采用省译和归化策略，省译了对目标语读者来说相对陌生的内容。她没有将这一俗语翻译出来，目标语读者也就无法得知黄蓉这一招数的巧妙之处，也许是为了让行文更加流畅，照顾读者的阅读感受，但此举一定程度上牺牲了原文的意思。而相比于郝玉青，张菁在翻译过程中更忠实原文意思，如下（摘自第二十九回《黑沼隐女》）：

洪七公的武学本是纯阳至刚一路，但刚到极处，自然而然的刚中有柔，原是易经中老阳生少阴的道理，而“亢龙有悔”“履霜冰至”这些掌法之中，刚劲柔劲混而为一，已不可分辨。

Count Seven Hong's martial foundation was pure yang, as expressed by the supreme firmness of his strength, yet, like the saying from I'Ching – "From the aged yang, a youthful yin springs" —at the very extreme of this firm state was a strand of suppleness. In each of the eighteen Dragon-Subduing Palms, the two divergent forces coexisted and intermingled to a point at which they were indistinguishable.

原文中这一段是描写洪七公的武功，说他的招数“纯阳至刚”但又“刚中有柔”，并且还引用了《易经》里的“老阳生少阴”的道理。张菁在翻译的时候并没有选择忽略这句话，而是采用异化的翻译策略将其一一翻译出来。

5. 结论

本研究运用语料库研究方法，从语言和文化层面分析《射雕英雄传》郝玉青与张菁译本的译者风格。然而本文仅从有限的角度进行分析，举例不够充分，对郝玉清译本的译者主体性的分析尚不够全面、细致，仅仅是基于自建语料库进行翻译风格比较研究的一个尝试。

通过上述分析可以发现，首先，在语言层面上，郝玉青所翻译的卷三译本与张菁所翻译的卷四译本的STTR值差距不大，说明卷三与卷四译本的词汇变化均不大，用词多样性接近，但都低于汉英翻译的正常值，说明二者的译本一定程度上导致原文信息的流失。此外，郝玉青译本的句数、平均句长与句长标准差均低于张菁译本，说明她的句子结构更简单，以目标语读者为第一考量，力求译文通俗易懂，而张菁则更加忠实原文句式，力求实现形式与意义对等。

其次，在文化层面上，两位译者采取了不同处理方法。在诗词翻译中，郝玉青在翻译诗歌时主要采用直译和省译的翻译策略，降低阅读难度，从而提高目标语读者的阅读体验，但由于语言及文化身份有异，产生了一些误译。而张菁更加忠实原文，力求翻译出诗词的意象、形式、典故及情感抒发，在武侠文化上也是如此。

综上所述，郝玉青在翻译《射雕》卷三时力求译文通俗易懂，大部分采用直译或归化的翻译策略，译文更倾向于考虑目标语读者的阅读习惯。而张菁更倾向采取异化的翻译策略。《射雕英雄传》英译本在西方的成功推广和传播，离不开两位译者的功劳，她们为中国文化的外译提供了参考。

参考文献：

[1] 郭洁，刘磊，王志伟 . 基于 LancsBox 的郝玉青译者风格分析——以《射雕英雄传》英译本为例 [J]. 宿州学院学报，2019（04）：52-57.

[2] 韩淑芹 . 副文本视域下的译者主体性差异研究——基于《鹿鼎记》与《射雕英雄传》英译本的描写性对比分析 [J]. 解放军外国语学院学报，2020（06）：133-140+158.

[3] 金庸 . 射雕英雄传新修版 [M]. 广州：广州出版社，花城出版社，2003.

[4] 徐雪英，张菁 . 从金庸《射雕英雄传》英译看中国文化如何走向世界 [J]. 浙江学刊，2020（03）：42-53.

[5] 王克非 . 英汉 / 汉英语句对应的语料库考察 [J]. 外语教学与研究，2003（06）：410-416+481.

[6] 叶铖铖，邓高胜 . 论纽马克翻译理论视角下《射雕英雄传》武功招式的研究 [J]. 外国语言与文化，2019（01）：115-124.

[7] 岳川杰 . 从语用翻译角度看《射雕英雄传》英译本走红海外 [J]. 兰州教育学院学报，2019（03）：153-154.

[8] 张汨，郝玉青 . 译者惯习形成及其对翻译行为的影响研究——以《射雕英雄传》（卷一）英译本为例 [J]. 外国语言文学，2020（03）：305-314.

[9] Baker, M. Towards a Methodology for Investigating the Style of a Literary Translator. *Target*, 2000(2): 241-266.

[10] Holmwood, A. *Legends of the Condor Heroes: A Snake Lies Waiting*. London: MacLehose Press, 2020.

[11] Jing, Z. *Legends of the Condor Heroes: A Heart Divided*. London: MacLehose Press, 2021.

作者简介

何乐芸，北京外国语大学高级翻译学院硕士研究生。研究方向：口译理论与实践，语料库翻译学，口译语料库研究。

翻译版权、译者治生与职业化

——严复贡献的另一方面*

Translation Copyright, Translators' Livelihood and Professionalism: Another Aspects of Yan Fu's Contribution

马旭燕
MA Xuyan

摘要：

翻译版权关乎译者劳动的社会性认可，严复在维护翻译权益、探索译者职业化方面做出了积极努力与贡献。本文聚焦严复的翻译出版活动，采用溯源翻译批评的方法，基于严复的书信往来，探讨严复从计划自费出版到译书牟利但未成功，再到成功争取版权利益的过程。严复联合出版方与翻译盗版做斗争，推动晚清版权立法，订立了现存最早的出版合同。翻译应得权益的维护关乎译者基本的治生需求，翻译生产的可持续发展，需要译者自身主动争取与维护。

关键词：

严复；翻译；版税；治生；职业化

Abstract:

Translation copyright relates to the socialized recognition of translators' labor. Yan Fu strived and made a positive contribution to protecting translational interests and exploring translators' professionalism. The paper focuses on Yan Fu's publishing activities, and based on his correspondence, discusses the process from Yan Fu's plan of self-supporting publication through the unsuccessful profit-making translation, and to the successful acquirement of translation copyrights with the method of genetic translation criticism.Yan Fu struggled

* 基金项目：教育部人文社会科学研究项目“中英早期外交中访华使团翻译研究”（17XJC740004），四川外国语大学研究生重点创新项目“清末民初翻译稿酬演变与译者治生”（SISU2021YZ001）的阶段性成果。

against translation works' piracy together with the publishers, promoted the copyright legalization in Late Qing period, and signed the earliest publishing contract in existence. The protection of the deserved translation profits is of significance to both translators' basic demand on livelihood and on the sustainable development of translational production. Its protection relies on the proactive endeavor by translators themselves.

Key words:

Yan Fu; translation; copyright royalty; livelihood; professionalism

1. 研究缘起

本研究源于对翻译侵权、译者治生与职业化的思考。随着译者主体性研究的深入，虽然译者的地位在理论层面得到认可，但现实社会中译者的权益并没有得到充分保障，翻译侵权案例时有报道。侵权案例中侵害的是翻译版权，它位于出版学与翻译学的交叉之处，如图 1 所示。虽然翻译版权长期隶属于出版学的研究范畴，但它作为出版研究中的一个细小分支，并没有引起充分重视。从翻译学的视角看，虽然翻译版权以及与之相关的报酬关乎译者生存与翻译生产的可持续发展，但翻译学界更多的探讨集中于译者需要具备的翻译能力、职业资质与责任，对译者权益的研究相对不足，突出表现之一即是对译者治生的忽视。治生，即谋取生计，关涉的是人类生存物质资料获取这一基本课题，虽然历史学界与中文界关于古代治生思想与士绅文人治生的研究成果丰硕，但翻译学界对译者治生的探讨为数不多。以"翻译治生"为主题的研究几近空白，有限的关联研究多以"版权""权益"为关键词展开（肖维青 2009；何维克 2010；杨敏、贾蕃 2019）。此外，职业化是翻译行业的一种发展趋势，"（译者职业化）指的是译者以翻译为专门职业，翻译报酬几乎成为全部收入来源，并具备完成多种翻译任务的能力。"（韩子满 2008：36）职业化研究吸引了翻译学界的兴趣，但现有成果几乎全部集中于当代问题的探讨，罕有对历史上职业化萌芽与趋势的关注。

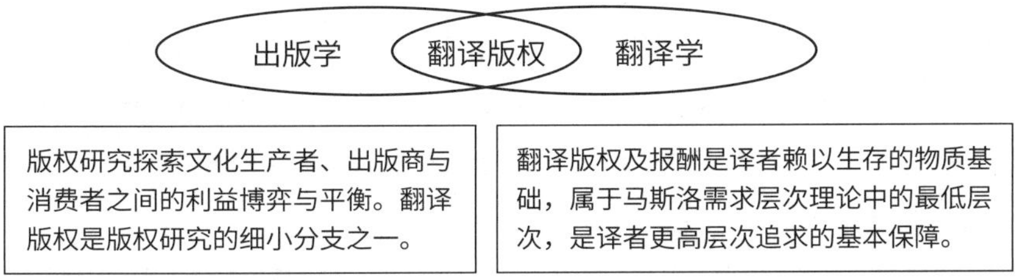

图 1. "翻译版权"的学科位置

翻译史上是否有译者积极争取应得权益并尝试翻译的职业化发展呢？严复是

杰出的翻译家，严复翻译研究的成果丰硕，但多数研究围绕两个方面——严复译著与严复翻译思想的探讨。这两个方面是严复的突出贡献，其重要性不言而喻，但除此之外，严复在争取翻译版权、维护译者应得权益方面也积极努力。关于严复的职业理想，虽然他像传统士人一样终其一生以经世治国为目标与"职业"，但在仕途受挫的情况下有过以译为业的念头与尝试，于人生一些阶段进行了译者职业化的探索，是这方面的先行者。严复在这一方面的努力长期为学界所忽略。王宏志（2021：87）提倡"作为文化现象的译者研究"，认为译者研究除了对译者不同语言转换活动的探讨外，还应包括译者的其他文化活动。翻译出版活动是与译者密切相关的文化活动，因此本文聚焦于严复的翻译出版活动。研究方法上，文章采用"genetic criticism"的方法，该方法源于法国，汉语中被称为"发生学批评"或"溯源批评主义"（Cordingley & Montine 2015；陶源 2019；Nenues *et al.* 2020；管兴忠、李佳 2021），"（它）通过研究译者的手稿、草稿、信件、札记等探究译者的翻译行为和翻译过程，以此管窥文本的来源、进化和发展"（陶源 2019：86）。具体而言，本研究通过研究严复的家书，与张元济、廉泉、汪康年等出版人的通信，溯源探讨严复以译为业的心路历程与不懈努力。

2. 翻译初心：自费救世

严复翻译《天演论》时，并没有牟利的想法，甚至打算自费出版、捐款维新。他在给吴汝纶的信中称："如可灾祸梨枣，公诸海内，则将备二百金为这。郑桥有言：'吾以救世也。'"（严复 1897/1986：522）吴汝纶对严复的这一目的也非常清楚："本执事忠愤所发，特借赫胥黎之书，用为主文谲谏之资。"（吴汝纶 1897：1560）《天演论》自序也再次印证翻译救世的目的："（此书）所论，与吾古人有甚合者。且于自强保种之事，反复三致意焉。夏日如年，聊为逐译。有以多符空言，无裨实政相稽者，则固不佞所不恤也。"（严复 1896a/1986：1321）翻译是为了自强保种、讽谏规劝，与时政无关的，不在严复的考察范围之内。此外，严复阅读梁启超等创办的《时务报》，大为赞赏，捐款资助。"寄上汇票百元，到时乞与察人，付据。区区不足道，聊表不佞乐于观成此事之心云尔。"（严复 1896b/1986：505）严复捐款是为了"观成此事"，不仅如此，他随后还创办《国闻报》，与《时务报》一起引领维新变法的南北舆论，积极救世。

严复为何愿意自费出版呢？严复英国留学回来后先后供职于福州船政学堂、北洋水师学堂 20 余年之久，对北洋的种种腐败现象耳闻目睹，虽有一套治国理念，但始终没有得到重用。甲午战争爆发后，身在水师学堂的严复密切关注战争进程，每一次的战场溃败无不给他最强烈的刺激。战争中严复的昔日同窗邓世昌、黄建勋等壮烈殉国，水师学堂毕业的 200 多名门徒伤亡过半，亡国灭种危急关头，严复“觉一时心中有物，格格欲吐”。（严复 1896c/1986：514）

翻译之所以能起到救世的作用，是因为翻译表面的两种语言文字转换背后隐藏着重大的历史文化功能。“翻译的意义在于对文化史和思想史的强劲塑形作用，亦即在文化交流中通过对新知的引介，激发对原有认知模式的重新思考并促使知识谱系的扩容和思想变化。”（王晓路 2021：263）《天演论》批判中国的循环复古史观，推崇进化论，为维新派的变法救亡准备了思想上、理论上的武器，为近代社会的“西学东渐”打开了崭新的局面，推动向西方学习从以自然科学为主到以人文社会科学的全面学习，由此引起中国近代思想史上的一次重大飞跃。

事实证明，《天演论》的翻译取得了巨大成功，影响深远。《天演论》先后出现 30 多个版本，除各种木刻、石刻本外，商务印书馆铅印本到 1921 年已印刷了 20 版，印本之多、重印率之高，为中国近代翻译史与出版史上所罕见。“物竞天择、适者生存”多次成为清末民初学堂考试的作文题目，许多人能把《天演论》全文背诵，鲁迅、胡适、毛泽东等都曾表示受到《天演论》的影响。严复翻译救世的目的基本实现。

图 2. 严复和《天演论》

3. 翻译治生：译书言利

严复追求翻译救世，希望脱离海军，专职翻译。他并不相信单凭海军就能挽救大清危亡。早在 1888 年前后时任中国海关总税务司的英国人赫德深对严复有一番言语，严复印象深刻，并在数十年后的《〈海军大事记〉弁言》中再次转述提及：“顾三十二年前，曾与总税务司赫德谈言，赫告予曰：‘海军之于人国，譬犹树之有花，必其根干枝条，坚实繁茂，而与风日水土有相得之宜，而后花见焉；由花而实，树之年寿亦以弥长。今之贵国海军，其不满于吾子之意者众矣。然必当于根本求之，徒苟于海军，未见其益也。’”（严复 1918：352-353）对于水师学堂的教职工作，严复表示“北洋当差，味同嚼蜡”（严复 1895/1986：731）。严复认为真正有助于国富民强的是西方人文社会科学，他给长子严璩的家信中说：“我近来不与外事，得有时日多看西书，觉世间惟有此种是真实事业，必通之而后有以知天地之所以位、万物之所以化育，而治国明民之道，皆舍之莫由。”（严复 1894/1986：780）

从严复对以上三种不同工作的态度对比，可以看出严复的选择倾向。《天演论》的成功让严复以译为业的念头更加强烈，但这要以满足基本治生需求为前提。如果翻译无法使译者获得柴米油盐等养家糊口的基本生存资料，翻译可以一时但无法一世，不具备可持续性。于是，严复开始译书言利。

3.1 初试未果

严复翻译《劝学篇》，即《群学肄言》第一篇时表达了译书牟利的想法。严复1898年给《时务报》经理汪康年的信中写道:“兹承五月廿六日华缄，以拙译斯宾氏《劝学篇》中废可惜，属（嘱）将原书寄沪，当令名手赓续成之，以公海内，具征悲闵宏度……抑窃有进者：《劝学篇》不比寻常记论之书，颇为难译；大抵欲达所见，则其人于算学、格致、天文、地理、动植、官骸诸学，非常所从事者不可。今其书求得时姑寄去；如一时难得译手，则鄙人愿终其业。《时务报》能月筹鹰洋五十元见寄者，则当按期寄呈，至少一千五百字也。商之。”（严复 1898/1986：507）从信中可知，汪康年有《劝学篇》全书翻译之意，让严复将英语原著寄到上海，“令名手赓续成之”，严复直言不讳地称此书翻译对译者的知识背景要求较高，如果一时找不到合适的译者，严复愿意继续翻译，但需要“月筹鹰洋五十元见寄”。

严复希望义利兼顾，直言索价，这种行为能为当时社会接受吗？这要结合中国传统的义利观来考察。“君子喻于义，小人喻于利”，孔子通过义利之别区分君子与小人，奠定了中国古代义利观的基本格局。士农工商，逐利的商贾为士大夫统治下的最低阶层。到了明清之际这种观念发展成为“存天理、灭人欲”，圣人之道之所以不能顺畅地广为接受，是因为人们喜爱讲求功利。总之，经过漫长的封建教化，追求道义、讳言财利、贬抑商贾植根于士大夫的灵魂深处，成为他们定式化的文化心态。

19 世纪晚期占统治地位的官方文化仍然是儒家文化，这就使得严复公开言利的行为难以为当时一些人士接受。汪康年的回复我们不得而知，但严复在接下来给汪康年的信中说：“‘五十饼’前言直与足下戏耳；使公竟诺之，则仆食言矣。”（严复 1898/1986：508）这封回信颇值得玩味，之前索要“鹰洋五十元”或许并非“与足下戏耳”，严复是真实索要，但这有背文人士大夫讳言财利的传统价值观，汪康年可能没有爽快答应，严复以此为借口，试图摆脱尴尬窘境。之后《劝学篇》发表于严复自办的《国闻汇编》旬刊中。

社会变革时期的严复具有双重性。一方面，他具有浓厚的士大夫情结，怀有传统士人“以天下为己任”“治国平天下”的抱负，后来从事翻译，也是为了托译言志、翻译救国。虽然严复由于父亲早逝、家境贫寒而入学洋务学堂，但这并非当时读书人的“正途”，严复认为非科举出身是自己仕途不顺、未受重用的原因，对此深为遗憾，并从1885年到1893年耗费8年之久，前后4次参加科举考试。但是另一方面，士人情结如此深厚的严复却违背当时士子重义轻利的传统，公开言利。严复为何会有这样的转变呢？继续考察严复的其他翻译出版活动，答案会渐趋明晰。

3.2 再次试探

严复1899年给张元济的一封书信揭示他再次谋求翻译治生、以译为业的探索。百日维新失败后，严复、张元济虽然侥幸逃过了杀头之罪，但张元济“革职永不叙用”，严复也有另谋生路的打算。张元济受到举荐，在南洋公学译书院获得工作。严复信中首先对张元济找到工作表示祝贺：“南洋公学将有译书之局，俾公得安研期间，不觉为之狂喜。大者则谓译书为当今第一急务，喜提倡有人，小者则为吾兄庆一枝之借，取过目前，且不用销耗精神于无用之地也。”（严复 1899/1986：525）严复对好友张元济寻得译书院的工作“狂喜”，并将其与先前工作对比，认为翻译工作不会把精力耗费在“无用之地”。

接着严复信中略为述及他事之后，笔锋一转，请张元济协助他南洋公学译书院觅职。首先，严复坦言以译为业的愿望与规划。“弟近灰心仕进，颇有南飞之思；欲一志译书……此后正可不问他事，专心译书以饷一世人。”（严复 1899/1986：525）其次，严复表明自身才能足以胜任翻译工作。“弟于此事，实有可以自信之处。”（严复 1899/1986：525）再次，严复开门见山、直言不讳地提出翻译报酬上的需求。“如能月以四百金见饷，则仆可扫弃一切，专以译事为生事矣。四百金看似骇人，然银价日微，不过往者之三百。”（严复 1899/1986：525）至于高价索要的原因，严复解释，“此非贪得，盖不如是，不能捐置一切也。”（严复 1899/1986：525）严复认为没有如此价位的薪酬回报，他无法抛弃其他外务，专事翻译。类似观点严复在谈到译才难得问题时，再次提及。“复知所知，（译才）亦不能尽一手之指，而皆有差事，月入或二百金，或百余金不等，使之为译，自不能下于此数矣。”（严复 1899/1986：527）严复之前，翻译多为外国传教士或者中西译者合作翻译，译才极为稀缺并且这些翻译人才都有其他工作，欲使他们转而安心从事翻译，报酬不能低于他们先前工作的薪水，这种说法切于实际，合乎情理。

之后的事态表明，南洋公学因经费问题没有维持长久，严复并没有在译书院觅得翻译之职。但是严复试图以译为业、翻译治生的努力并未止歇。

4. 翻译权益：版权争取

版权，又名著作权，指著译者对著译作品所享受的权利，包括署名权、发表权等精神权利，以及因他人传播、使用作品而获得的经济权利。中国古代虽有版权意识，但并未形成版权立法的制度保护，始终处于自发、零星的个别化、局部化状态。而且古代版权保护中的财产权保护主要针对官刻、家刻、坊刻等刻印出版方，不针对著译者。对后者的保护很大程度上仅限于精神权利，如保护作品的完整性、维护著译者的学术声誉等，很少涉及经济权利。毕竟士大夫文人重誉轻利，治生途径主要是科举功名，其次是游幕授徒，再次才是卖文为生。卖文博食往往是读书人迫不得已的最后选择。但是到了清末民初，政治黑暗、买官卖官，仕途晋升的通道越来越狭窄，对科举制度的批判越来越激烈，直至科举废除。科举废除意味着科举取士的道路被阻断，传统士人必须另谋生路，不得不注重自身经济权利。严复对版权利益的争取就是在这一背景下展开的。

4.1 稿费 + 版税

《原富》全书 2 卷 5 部，严复前后耗费 5 年之久才翻译完成。严复拟在天津创办译书局，如若创办成功，《原富》或许可以由新办译书局出版。创办译书局需要资金支持，严复为此拜会时任直隶总督的裕禄，“昨晤寿帅，先陈明大旨；而帅则谓月费七八百金，恐经费之难出，去俟汪君牧出京后细商筹法，为此迟迟。”（严复 1899/1986: 530）风雨飘摇中的清政府经费紧张，无力批准严复创办译书局的申请。

张元济代表南洋公学译书院，愿意两千金购买严复的译稿。严复给张元济的回信表示：“承许以两千金购稿，感谢至不可言……但刻下北洋亦有开设译局之事……此部开列在前，估价乃三千二百两。”（严复 1899/1986：534）严复似乎对“两千金”不太满意，认为此书售价应该更高。可惜的是，“北洋译局一事，交主出纳者议，悠缓延宕，殆无成期。”（严复 1900/1986：536）严复只得将《原富》交由张元济，但继续向张元济议价。“仆尚有鄙情奉商左右者，则意味，既经公学购印，则成书后自成公学之产，销售利益应悉归公学得之；但念译书颇费苦心，不知他日出售，能否于书价之中坐抽几分，以留著书者永远之利益。此于鄙人所关尚浅，而于后此译人所劝者大，亦郭槐千金市骨之意也。”（严复 1900/1986: 538）严复希望书价抽成，即再拿版税，并通过古代君王千金买得千里马骨头的典故，劝告张元济以此吸引翻译人才，调动全社会的翻译积极性。关于版权保护期限，严复提出国外“或五十年、三十年”，而自己“得二十年足矣”。（严复 1901/1986：544）对于版税率，“二成分利，如嫌过多，十年之后，尚可递减；如前十年二成，后十年一成，亦无不可。”（严复 1901/1986：544）此外严复基于版税商谈过程中遇到的实际问题，要求立一“字据”。虽然严复最先与南洋公学何梅翁协商同意版税抽取，但何梅翁不幸去世，张元济接任，字据可“以免以后人事变迁时多出一番唇舌，而非强其所必不可”（严复 1901/1986：544）。这种版税字据成为后来出版合同的雏形。《原富》由此成为“我国第一部既拿稿费，同时再拿版税的书”（汪家熔 2009：179）。

严复为何努力追求翻译的高报酬呢？第一，这是严复基于辛苦译书的切身体会，寻求应得的物质补偿。严复翻译之时，译介进化论等所需要的物理学、动物学、植物学等知识体系尚未在晚清建构起来，当时的官方知识体系依旧以四书五经为代表，严复需要引入的是一种全新的知识体系，并且汉语古文与英语在词法、句法、文体方面差异巨大，严复多次表达翻译之难。“鄙人于译书一道，虽自负于并世诸公未遑多让，然每逢义理精深、文字奥衍，辄徘徊踯躅，有与之搏力不敢暇之概。”（严复 1900/1986：537）艰难的翻译事业需要有一定的经济报偿才能调动译者的翻译积极性与可持续性。

第二，严复可能受到所译原作的影响。《原富》译自亚当 · 斯密的《国民财富的性质和原因的研究》，该著作被称为西方经济学界的“圣经”，它强调个人利益追求在社会经济活动中的动力作用，自利性个体通过社会分工可以实现社会福利的最大化，“看不见的手”对资源配置起到重要作用。严复选择该著作来翻译，说明译者与原作者产生共鸣，视域融合。而且这种融合不仅局限于文本层面，还包括文本背后思想观念的深层次融合。

第三，满足基本的个人利益需求一定程度上是人的天性使然，具有内在必然性，中国本土也有追求财利的思想。即使在重利轻义价值观占统治地位的整个封建社会时期，功利论作为一种地下暗流始终流淌，未曾消亡。这从民间信奉财神爷，相信鬼神贪图钱财可以看出。对于严复，“复匏系一官，家无儋石，果费二三年精力，勉成一书之后，能以坐收千金，于家事岂曰小补？”（严复 1899/1986：532）严复希望按劳取酬以供养全家，这种诉求是合理的。当然，历史具有复杂性，严复这种行为背后也还有其他原因。例如，近代中国民族资本主义获得发展，外界环境刺激人们追求个人经济利益。严复早年丧父、家庭贫困等个人经历影响严复追求义利兼顾。

4.2 版权印花

一方面《天演论》《原富》出版发行，广受欢迎，另一方面政治腐败、仕途不顺，这使得严复专职翻译、以译为业的愿望更加强烈。“又《群学》初次校完……复自揣不能更为人役，若于此可资生计，即弃万事从之，姑以此刻为试探而已。”（严复 1902/1986：262-263）但是严复要通过翻译来治生，需要在不知版权为何物的晚清社会实现版权保护，可谓困难重重；严复为此不懈努力。

严复自制版权印花，以此监督译书出版数量，提取相应版税。图 2 是严复自制的版权印花，由三个同心圆环组成，从里向外，同心圆内依次为一只飞燕、“侯官严氏版权所有”与“KNOW THYSELF”字样。《社会通诠》经由文明书局出版时，在严复印章上加盖文明书局蓝色图章。之后经由商务印书馆出版时设计图 3 印花，在严复版权印花三个同心圆环的基础上添加第四个圆环，印有“上海商务印书馆 COMMERCIAL PRESS SHANGHAI”字样，并在四角加印“翻印必究”四个大字。严复在译书出版之前，向出版机构提供合同约定的印花数量，防止出版商多印少报。

图 3. 严复自制版权印花

图 4. 严复与商务印书馆合制版权印花

但是，版权印花虽然可以约束合法出版商，却无法阻止不法出版商的书籍盗版。严译书籍有多么风行，盗版就有多么严重。1903 年 5 月，《群学肄言》正式出版发行，不久就被史学斋盗印。7 月 11 日，文明书局廉泉[1]致信严复，告知除《群学肄言》外，《原富》也被史学斋盗印，廉泉联名严复，向《原富》在南洋公学的出资人盛宣怀发送电文：“上海盛公保鉴，史学斋翻印《原富》《群学》，请转电浙抚提办，同保版权。严（复）、廉泉切恳。”（廉泉 1903a/2004：373-374）对于该致电，盛宣怀很快回电，同意联手保护、打击盗版。结果史学斋翻印书片被销毁，与史学斋的盗版斗争初获成功。廉泉写信感谢盛宣怀，并称“此足惩一警百，并为苦心编译者劝矣”（鄧昉 2017：291）。

虽然与一家盗版商的斗争获得成功，但“惩一警百”的效果并没有实现，盗版屡禁不止。《群学肄言》出版不到半年时间，“各地托人密查翻版，今已购得五种。”（廉泉 1903b/2004：378）事后盛宣怀写信给廉泉称：“《群学》一案，弟因从前未定罚章，仅饬销毁板片，以示薄惩。今读抄示管学大臣批语，极为明切，而未言如何惩办，恐市侩无畏心，仍无益也。”（鄧昉 2017：297）盗版猖獗，未定罚章，缺乏制度保障的版权保护终难持久。后来严复与文明书局因私印、销数不实等问题发生误会，廉泉表示愿意废约，并称“官府不能保护版权，安能禁吾废约？”（廉泉 1903b/2004：378）

盗版问题阻碍了严复以译为业的计划，严复对此也非常无奈。“复在北，岁入殆近万金，一旦不居舍去，今所以复活与所以俯畜者，方仗毛椎，凯幸戋戋之译利，固已菲矣。乃遇公德劣窳之民，不识板（版）权为何等物事。每一书出，翻印者狎聚蜂起必使无所得利而后已。何命之衰耶！则无怪仆之举动为黠者所窃笑而以为颠也。”（严复 1904/2004：251）打击盗版的道路任重而道远。

4.3 上书学部

严复与南洋公学译书院、文明书局之间保护版权的种种努力尚属于译者与出版机构之间的个体行为，版权的真正维护还需要国家层面的支持。为此严复上书管学大臣张百熙，陈述版权保护的利害得失。这篇《与管学大臣论版权书》内涵丰富，分析如下。第一，严复略为陈述上书背景。京师大学堂许可地方行省官书局自行印刷教科书，结果被误会为许可翻印教科书，一些出版商以此为撤销损毁版权的依据。

第二，严复从经济层面论证，鉴于翻译之难，物质利益上的奖励可以免去译者的后顾之忧，使译者安心翻译。严复从正反两个方面指出版权是为了恢复译者翻译过程中的精神耗损。翻译之难不仅在于它敝精劳神，而且对译者素质要求较高，没有足够的知识储备才学修养无法窥探原书的奥秘。因此真正的译者往往推掉其他事务，专心翻译，竭尽多年的思考探索，才能完成一本译著。译者耗费的精气需要恢复，只耗费不恢复精气必定衰竭。如果剥夺翻译版权，那么只有书商得利，长此以往，辛苦的翻译事业无人来做。

第三，严复从国家社会长远利益的高度论证，版权保护对于兴盛教育、广开民智意义重大。没有版权认可与保护，译（著）者因为权利无法得到保障而放弃翻译（创作）工作，新出书籍必然减少，这不利于发展教育，开启民智也随之成为无源之水、无本之木。尤其是在晚清当时社会条件下，“译书为强国第一要义”（梁启超 1897），对译者权益的保护是翻译强国的前提与基础。

第四，严复从论争背后价值观念的层面指出，译（著）者的脑力劳动应该得到认可与保护。当时社会深受儒家重义轻利、舍己为群思想的影响，认为文字工作是高雅的事情，译者应该怀抱服务于士林学界之心而不图回报。严复批驳说这种偏狭的理解有悖于知恩图报的道理，既然国家希望借助翻译输入外来文明，那么为什么要拒绝承认翻译的辛劳而剥夺译者微小的版权之利呢？这是施恩与回报之间的不平衡。圣贤之人有益于社会，社会反而有损贤者，让人痛心。

总之，严复将译者的版权私利与国家社会的公利联系起来，译者通过自身的翻译活动兴盛教育、开启民智，国家社会就应该保护译者版权，鼓励译者更多、更好地翻译新书。这篇《与管学大臣论版权书》后被全文登载于《大公报》。同时《大公报》还登载了廉泉递交管学大臣的呈文，廉泉代表出版机构，要求保护出版社的专利版权。商务印书馆也在同年出版了周仪君翻译的《版权考》。译者与出版机构的共同努力，客观上促进了清政府对版权问题的重视，推动了晚清的版权相关立法。1906 年清政府颁布《大清印刷物专律》，1907 年颁布《大清报律》，1910 年颁布《大清著作权律》，这一系列法律的颁布有利于保护译者、作者及出版商的相关权益。

4.4 版税合同

《群学肄言》出版之时严复即与文明书局签有合同，可惜这份合同没有保留下来。但半年之后《社会通诠》出版时，严复与商务印书馆签订的合同完整保存下来。

> 一、所译书名《社会通诠》，系英人甄克斯 E.Jenks 原著。书名 *The Short History of Politics*。
>
> 二、此书经严几道手译，系稿主；经商务印书馆印行，系印主。
>
> 三、此书出版发售，每部收净利墨洋五角。其市中定价随时高下，纸、装不同，批发折扣悉由印主之事，与稿主无涉。
>
> 四、此书另页须粘稿主印花。如无印花，察系印主私印者，罚洋两千五百元，此约作废，听凭稿主收回版权。
>
> 五、此书版权系稿、印两主公共产业。若此约作废，版权系稿主所有。
>
> ……
>
> 稿主严几道
> 二十九年十月日立合约
> 印主商务印书馆
> （张元济 1903：4-5）

该合同是现今所见、保存完整的最早版权合同，它以著译者而非出版商为权利本位。第一，版权归属方面，合同第五条明确规定，“此书版权系稿、印两主公共产业”。译著版权归严复与商务印书馆共同所有，严复作为版权所有者之一得到合同的明确规定。并且“若此约作废，版权系稿主所有”，译者的版权居于首位。这不同于某些翻译合同，版权完全归属出版方，译者与出版社是一种纯粹的雇佣关系。第二，合同规定了明确的翻译报酬支付金额，将版权与译者的经济利益相联系。稿酬的合同化及之后的合法化为知识分子带来一种全新的治生方式，为译者的经济独立、人格独立提供了物质保障，促进翻译及其他脑力劳动从社会分工中分离出来并向职业化发展。第三，“每部收净利墨洋五角”，译者的经济报酬与译书销量挂钩，益处有二。首先，它有助于译者慎重选择符合社会需求、民众需要的作品来翻译。其次，它促进译者在翻译过程中字斟句酌，对翻译质量积极负责，推动译者、出版方、读者三方共赢。

按照此合同规定的版税计算方法，严复通过翻译来治生的计划基本实现。严复之后翻译的所有作品，以及之前译作再版发行，全部交由商务印书馆。中华民国成立后，严复较少担任外界职务，收入减少，但是根据严复书信，1911 年前后，严复在商务印书馆的存款为 5,000 余元（严复 1911/1986：557），1919 年达 2 万元左右（严复 1919/1986：783），后来严复入股商务印书馆，成为股东，1921 年达 500 股（严复 1921/1986：792）。严复晚年的生活，主要靠他通过翻译得到的版税和股息。严复成功争取翻译版权，维护了自身的合法权益，是近代译者职业化的积极探索者。

5. 结语

诚然，严复的个案具有特殊性。严复与张元济、廉泉等并非纯粹的商业关系，还有朋友同人关系。严复之所以与出版方协商时具有较高的话语权，这与《天演论》盛行给他带来的社会威望有关，也与他作为英语语言文化专家的身份以及晚清翻译人才供不应求有关。即使如此，严复的种种实际努力不应忽视。他在文人重义轻利价值观占统治地位的晚清社会勇于公开声明并不懈地维护翻译劳动应得利益，主动与出版机构磋商合作，签署了近代最早的出版合同。民间力量不足以保护版权时，他上书学部，助推晚清版权立法。

经济权利关乎翻译生产的可持续发展，翻译治生是译者职业化难以逾越的核心课题，翻译权益的争取与维护任重而道远。严复启示我们，译者核心利益的维护不能坐等外界赐予，需要翻译界自身努力争取，否则译者只能异业治生，寄食于其他组织机构，翻译的职业化只能是未完成的职业化。

注释：

[1] 廉泉岳父吴宝三和吴汝纶是堂兄弟，严复或许出于感谢吴汝纶知遇之恩的原因，未将《群学肄言》首先交给张元济主持的商务印书馆，而是交给了廉泉出资创办的文明书局。

参考文献：

[1] 鄧昉．廉泉致盛宣懷手札 [J]. 历史文献，2017（0）：280-298.

[2] 管兴忠，李佳．他山之石可以攻玉：从文本发生学到翻译发生学 [J]. 外国语（上海外国语大学学报），2021（6）：103-112.

[3] 韩子满．教师职业化与译者职业化——翻译本科专业教学师资建设中的一对矛盾 [J]. 外语界，2008（2）：34-39.

[4] 何维克．浅谈译者必备的维权意识和相关法律常识 [J]. 译苑新谭，2010（0）：386-396.

[5] 廉泉．廉泉与严复书（二）[G] // 孙应祥，皮后锋．《严复集》补编．福州：福建人民出版社，1903a/2004.

[6] 廉泉．廉泉与严复书（四）[G] // 孙应祥，皮后锋．《严复集》补编．福州：福建人民出版社，1903b/2004.

[7] 梁启超．论译书 [N]. 时务报，1897-04-21.

[8] 陶源．溯源翻译研究：翻译过程研究的新范式 [J]. 外语学刊，2019（2）：86-91.

[9] 汪家熔．中国出版通史清代卷（下）[M]. 北京：中国古籍出版社，2009.

[10] 王宏志．作为文化现象的译者：译者研究的一个切入点 [J]. 长江学术，2021（1）：87-96.

[11] 王晓路．论翻译的历史文化功能: 认知模式与知识谱系 [J]. 外语教学与研究, 2021(2): 263-272+320.

[12] 吴汝纶．吴汝纶致严复书（二）[G] // 王栻．严复集（五）．北京：中华书局，1897/1986.

[13] 肖维青．译者权益与翻译出版合同 [J]. 上海翻译，2009（2）：78-80.

[14] 严复．与长子严璩书（一）[G] // 王栻．严复集（三）．北京：中华书局，1894/1986.

[15] 严复．与四弟观澜书（三）[G] // 王栻．严复集（三）．北京：中华书局，1895/1986.

[16] 严复．天演论自序 [G] // 王栻．严复集（五）．北京：中华书局，1896a/1986.

[17] 严复．与汪康年书（一）[G] // 王栻．严复集（三）．北京：中华书局，1896b/1986.

[18] 严复．与梁启超书（一）[G] // 王栻．严复集（三）．北京：中华书局，1896c/1986.

[19] 严复．与吴汝纶书（一）[G] // 王栻．严复集（三）．北京：中华书局，1897/1986.

[20] 严复．与汪康年书（三）[G] // 王栻．严复集（三）．北京：中华书局，1898/1986.

[21] 严复．与张元济书（一）（二）（三）（五）（六）[G] // 王栻．严复集（三）．北京：中华书局，1899/1986.

[22] 严复 . 与张元济书（七）（八）[G] // 王栻 . 严复集（三）. 北京：中华书局，1900/1986.

[23] 严复 . 与张元济书（十一）[G] // 王栻 . 严复集（三）. 北京：中华书局，1901/1986.

[24] 严复 . 与夏曾佑书（一）[G] // 孙应祥、皮后锋 .《严复集》补编 . 福州：福建人民出版社，1902/2004.

[25] 严复 . 与熊季廉书（二十五）[G] // 孙应祥、皮后锋 .《严复集》补编 . 福州：福建人民出版社，1904/2004.

[26] 严复 . 与张元济书（十九）[G] // 王栻 . 严复集（三）. 北京：中华书局，1911/1986.

[27] 严复 .《海军大事记》弁言 [G] // 王栻 . 严复集（二）. 北京：中华书局，1918/1986.

[28] 严复 . 与长子严璩书（五）[G] // 王栻 . 严复集（三）. 北京：中华书局，1919/1986.

[29] 严复 . 与长子严璩书（十三）[G] // 王栻 . 严复集（三）. 北京：中华书局，1921/1986.

[30] 杨敏，贾蕃 . 中国译者在版权引进中的处境及身份认同 [C] // AEIC Academic Exchange Information Center(China). *Proceedings of 2nd International Conference on Humanities Education and Social Sciences(ICHESS 2019)*. AEIC Academic Exchange Information Center (China)：International Conference on Humanities and Social Science Research，2019.

[31] 张元济 . 商务印书馆就出版严译《社会通诠》与严复所议立之合约 [Z] // 张人凤、宋丽荣 . 张元济论出版 . 北京：商务印书馆，1903/2011.

[32] Cordingley, A. & C. Montini. Genetic translation studies: An emerging discipline[J]. *Linguistica Antwerpensia*,2015 (14):1-18.

[33] Neunes, A., et al.*Genetic Translation Studies: Conflict and Collaboration in Liminal Spaces*[M]. London: Bloomsbury Publishing, 2020.

作者简介

马旭燕，四川外国语大学博士研究生。研究方向：翻译史、翻译—经济跨学科研究。

严复翻译的译者主体性刍议 *

A Tentative Discussion on the Translator Subjectivity of Yan Fu's Translations

徐雪英

XU Xueying

摘要：

本文探讨了晚清翻译大家严复先生译者主体性的表现形式、来源和外延。严复翻译的译者主体性体现在其独特的严氏翻译风格和呈现形式上。严复丰富的学习、人生经历和所处的社会环境成为其译者主体性的主要来源，塑造了译者的学术素养、跨文化理解力和价值观。他独具慧眼，选择最能够改造清末社会意识形态的社会、法律、政治方面的译本加以系统性引介。严复的翻译活动不仅彰显译者主体性，不再扮演隐形人角色，而且积极参与并推动社会改良，扩大了译作的社会影响力，拓展了译者主体性的外延。

关键词：

严复；翻译；译者主体性

Abstract:

The paper explores the expressions, sources and extensions of the translator subjectivity of Yan Fu, a great translator of the late Qing Dynasty. The translator subjectivity of Yan Fu's translations is reflected in his unique translation style and presentation. His abundant study and life experiences, as well as the social environment he lived in were the main sources of his translator subjectivity, shaping his academic literacy, cross-cultural understanding and values. With a discerning eye for text selection, Yan Fu systematically introduced and translated the social, legal, and political texts that were most likely to transform the ideology of late Qing society. Yan Fu not only revealed the translator subjectivity with his translation activities, which made translators visible, but also actively participated in and promoted

* 基金项目：本文系全国翻译专业学位研究生教育研究重点委托项目“《翻译概论》‘学研结合’教学模式探索”（项目编号：TIJZWWT202001）、浙江省高等学校课程思政教学研究项目“理解中国、沟通世界——中国国际话语权构建视域下的翻译类课程思政建设研究”的阶段性研究成果。

social improvement, expanding the social impact of his translations and the extension of the translator subjectivity.

Key words:

Yan Fu; translation; translator subjectivity

严复（1854—1921）不仅是晚清翻译第一人，同时也是新思想运动的先驱。他通过翻译，较为系统地介绍西方经济学、社会学、法学等方面的重要学术著作思想，对于社会改良、高等教育发展与改革，以及“开民智、新民德”教育理念的普及都作出了卓越的贡献[1]。他所倡导的“信、达、雅”翻译原则为后世所遵从，翻译风格也呈现出非常强烈的个人和时代烙印。“严复的西学译介，通过创造性阐释而形成一套独特的话语表达方式（主要包括文本特征、翻译方略、意识形态三大要素）”（林继红 2018），译本内容用符合读者和时代意识形态的语言重新组织和表述。“严氏话语系统并非偶然，它植根于晚清社会的历史与文化语境及其所带来的翻译形塑……凸显了译者的身份认同与文化取向”（林继红 2018）。很少有一个译者像严复那样处于一个大动荡、大变革的时期，同时又影响整个社会的思想变革。通过对严复翻译思想和翻译风格形成背景的研究，有助于我们一窥译者所处社会环境和译者的互动是如何塑造译者主体性，为译者自主性表现、来源与外延等问题研究提供了绝好的历史实验场景。

译者主体性和主体意识的研究总体上是围绕译者的翻译策略或翻译困境展开的。译者一方面要正视翻译规范，另一方面也必须对文本做必要操控，翻译规范和译者的主体意识构成了复杂的互动关系（孙艺风 2003）。译者作为翻译的主体，他可以选择忠诚于原作成为一个隐者，或者选择叛逆彰显自己的特质，关于这个译者策略如何选择的问题，许钧（2003a）提出翻译“创造性叛逆”的策略，即在“忠诚”和“叛逆”两者之间寻找翻译的主体性，翻译活动不再被视为孤立的语言转换活动，而是主体间的对话，伽达默尔的阐释理论和哈贝马斯的交往理论提供了相应的理论基础（许钧 2003b）。

总体而言，目前关于译者主体性研究主要讨论了译者的主体意识所呈现出来的对于文本的操控、语言表述等行为，却忽视了译者主体性的来源问题，即译者以何种形式操控文本，这种行为方式和特征受哪些因素影响。此外，也忽视了翻译活动本身可能会改变译者的主体意识，严复对于东西方社会、文化和制度差异的系统化认识实际上是通过翻译活动完成的，因为在他之前没有人从事这样的系统化比较工作。译者的意识形态本身也是译者所在文化语境、社会意识形态，甚至是翻译活动本身的产物。而这种来自译者、读者和社会之间的互动对于译者的影响在研究中涉及较少。

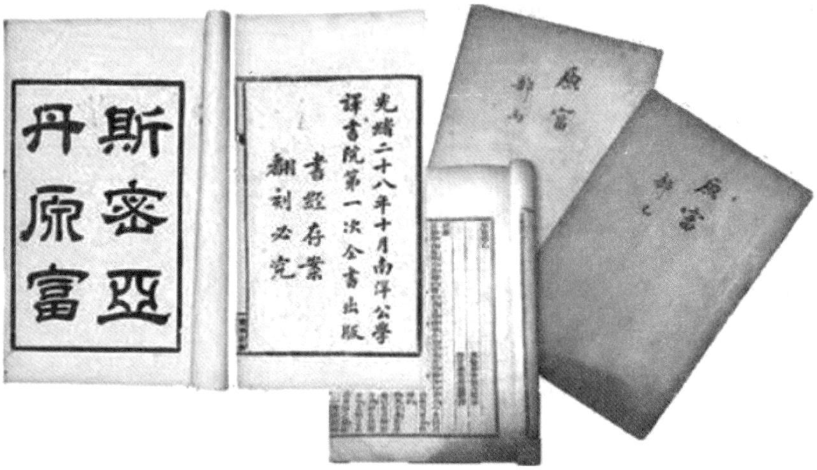

图 1. 严复译《原富》

1. 严复译者主体性表现：理论与风格[2]

译者主体性体现了译者对于原著的理解，以及如何用本国语言表达原著，采取什么样的原则加以表达等，严复结合中国翻译传统和语言表达的传统标准，确立了“信、达、雅”翻译原则，并基于此原则进行译本的个性化呈现。

1.1 严复翻译理论的内涵：“信、达、雅”与译者主体性

严复在 1898 年出版的《天演论》译例言中首次提出了“信、达、雅”的翻译原则：“译事三难：信、达、雅。求其信已大难矣，顾信矣不达，虽译犹不译也，则达尚焉……时有所颠到附益，不斤斤于字比句次，而意义则不倍本文。”罗新璋先生评价严复的《译例言》“客观上起到继往开来的作用，一方面，集汉唐译经论说之大成，另一方面，开近代翻译学说之先河”（罗新璋 1984）。

为了达到“信”字，严复注重概念的准确表达，对于“物竞”“天择”等概念的提出显得极为慎重，往往“一名之立，旬月踟躇”[3]。严复认为“达”是为信服务的，正如钱钟书先生所言，“译文达而不信者有之矣，未有不达而能信者也”（汪荣祖 2015），“为达即所以为信也”[4]。严复引用孔子的观点，“辞达而已。又曰：言之无文，行之不远”，因此认为信、达、雅需要同时达到，这是翻译所需要追求的标准，“故信、达而外，求其尔雅”[5]，即“雅”的功用就是为了“行远”流布，为了“求

达”，三者关系是三位一体互为服务。当代翻译家许钧教授尊严氏为我国近代“译学”之父，“严复的信达雅三难说……表现出了译者主体意识的觉醒和对译事的自觉追求并提出明确的标准来规范自己的实践……他提出的信达雅，以‘信’为翻译之本，兼达兼雅，三位一体，正是他对翻译之道探索的积极成果”[6]（许钧 1998）。

而至于具体什么是“达”“雅”，这是相对主观的美学标准，严复甚至认为用汉以前的文字更能表达英文的原文，“用汉以前字法、句法，则为达易；用近世利俗文字，则求达难。”[7]严复的翻译中非常明显的一个特色是，完全用了中国士大夫所熟悉的句式和结构，语言较之原文更为简洁流畅，有桐城派古文风格，铿锵有力，从而实现了“雅”的目的。严复选择意译是考虑到中英两种语言文法极不相同，故必须将原文“神理融会于心”之后再用译文的语法来表达，必要时可颠倒原来的字句与段落。由于严复用文言翻译，势必简洁，不宜冗赘，英文中的许多助语，自然略去。这样，经过增饰打扮，译文看起来像是中国人所写的作品。常为人称道引用的是《天演论》第一段译文：

> 赫胥黎独处一室之中，在英伦之南，背山而面野。槛外诸境，历历如在几下……怒生之草，交加之藤，势如争长相雄，各据一抔壤土，夏与畏日争，冬与严霜争。[8]

如《群学肄言》中备受推崇的译文：

> “望舒东睇，一碧无烟，独立湖塘，延赏水月，见自彼月……受月光映发、而为此也。徘徊数武，是光景者乃若随人”[9]……

经过删减改造之后，使得译文不仅前后连贯，逻辑清晰，更能“达”意。但严复不过是据实刻画，并未为“达”而有失于“信”。严译的文笔对于打动士大夫阶层，方便西方思想传播有其时代意义。桐城派吴汝纶为《天演论》作序，得到“其书乃駸駸与晚周诸子相上下”的高度评价。

1.2 译者主体性的凸显：严复在译本中地位的显性化

由于读者和译者所处文化、语言习惯和原著的不同，就产生了译者对于文本的操控，这种译者主体性通常是隐含在译本中，不违背作者意愿和表达为宗旨。而严译一大特色就是译者不仅按照自己的理解和意图做了大量删减，而且还放了很多的按语，以至于和原作者对于读者产生同等重要的影响，甚至让读者有一种是严复所撰写的错觉，译者在翻译活动中的作用完全显性化了。

晚清的翻译具有极强的实用理性，译著大多与政治相关，和这种实用主义相反，严复的翻译会通思想，对近代中国社会转型产生了深远的影响。严复1895年始译《天演论》，到1914年完成《中国教育议》，在大约20年里，共翻译了11部著作，涉及西方政治、社会、经济、逻辑、法律等诸多领域经典作品。严复翻译的一个突出特点是“托译言志”[10]，通过翻译对原作内容进行调整、删减以及评论，表达作者极力想要彰显的社会变革思想和价值取向。正如商务印书馆在重印《严译名著丛刊》前言时指出，他翻译是“用来表达自己的政治主张和社会思想，严复的译作在很大程度上可以视为自己的著述”。严复的翻译会通思想因融汇中国传统文化思想，而具有辩证逻辑特征（张德让 2010），而这种翻译会通顺应了特定的历史语境，从而能产生一定的社会效应（张景华 2013）。

这一特征在严复的第一本译著《天演论》中表现得尤为淋漓尽致。严复只选取了赫胥黎著作的演讲稿和导言部分，但为弥补翻译只能复述原作而不能表达自己见解的局限，严复写下了大量按语，在译述过程中，他引入斯宾塞的一些思想，也对达尔文进化论思想做了介绍，考虑到中国读者对这些思想非常陌生，他又针对中国社会现实而进行了发挥，按语字数达全书的三分之一多[11]，于是整个作品成了夹叙夹议的再创作，而不是一部严格的译著。翻译《天演论》过程中，严复让斯宾塞批判赫胥黎，又让赫胥黎补充和批判斯宾塞，让他们互相批判，其结果正是严复所需要的。这的确是一种大胆的创造，他的翻译不仅有选择，而且把《进化论与伦理学》改造为《天演论》。

严复加按语的主要原因是为了“集思广益”，在翻译过程中如果遇到原文和其他人的学术观点有不一致的，就“谫陋所知，列入后案，以资参考”。梁启超对严复翻译的《原富》一书介绍中对严译按语的评价是肯定的，认为“大率以最新之学理，补正斯密所不逮也。其启发学者之思想力别择力，所益实非浅鲜。至其审定各种名词，按诸古义，达诸今理，往往精当不易”。[12]关于严复的这种做法一直有争议，因为这显然是对原著的一种侵犯，但严复之所以采取这种翻译策略，主要还是因为严复的翻译本来就不是纯粹的翻译活动，而是意在通过翻译推动社会变革。他用“物竞天择，适者生存”八个字概括了生物进化的规律，传达中国只有通过革新顺应天演规律，才能富强自保的理念。

2. 译者主体性的来源：严复个体的经历和所处的时代背景[13]

严译风格的独特性是晚清时期旧学和新学交融的产物，也是中西方文化、社会和军事冲突的产物，所谓的译者主体性和严复个体经历和所处时代密切相关。良好的旧学训练使得他熟悉士大夫和上层知识分子的话语系统，融汇东西文化的求学经历也使得他的翻译文笔流畅，“执事博涉，兼能文章……美具难并，钟于一手”，所译文字广为接受。福建船政学堂和英国格林威治皇家海军学院新学系统训练，使得他有机会作为晚清海军的高级将领，对国内外局势有异于常人的理解。

2.1 求学和为官经历

严复自幼先后师从叔父严熞昌及宿儒黄昌彝学习，打下了良好的国学基础。1867 年，他 14 岁，投考沈葆桢办的福州马尾船政学堂。入该学堂驾驶科学习，学习英文、数学、物理、化学、地质、天文、航海术等，1871 年 5 月毕业，考列优等。1877 年 25 岁时，奉派赴英留学，考入英国格林威治皇家海军学院学习，在英国求学期间除学习重学、格致学（含电学）、化学、炮弹、画海道图等专业课程外，严复对于社会科学相关书籍也多有涉猎。他英语水平卓越，对西方科技和社会发展往往有独到的理解，深得清政府驻英国总领事郭嵩焘的赏识，“又陵才分，吾甚爱之”“宗光才质甚美，颖悟好学，论事有识”，洋监督斯穆塞格评价“严宗光于管驾官应知学问以外，更能探本溯源”[14]。而事实上，鉴于郭嵩焘和严复在英国交往时期，郭嵩焘对中西方制度理解比严复更为深刻，严复更多的是受到了郭嵩焘的影响，而并非他一开始就天赋异禀。严复在郭的安排下有机会参与各种外事活动，学习西方社会、政治、文化知识，锻炼语言能力，并逐步接受郭嵩焘学习西方有本末之分的思想，能跳出洋务思想的局限去追求西方富强之本，关注“中西学术政制之异同”，这为严复后来弃政从译奠定了思想基础（房奕 2003）。随着参与更多的外事活动以及英语能力的提升，严复显示出初步的翻译兴趣。光绪四年十一月初九，严复将其翻译的蒲日耳游历日记以及《泰晤士报》上有关郭离任的内容寄给郭嵩焘，郭在日记中对严复的翻译才华予以高度评价。

1879 年 9 月严复学成归国，回母校福州船政学堂任教习，改名复，字几道。1880 年李鸿章在天津办北洋水师学堂，调严复任教习。此后的二十年，严复一直任职北洋水师，培养晚清海军人才，后又奉李鸿章之命办俄文馆，任总办，协助张元济等在北京创办通艺学堂，提倡西学，培养人才。但严复的仕途不顺，曾 4 次回福建参加乡试，均落第，直到宣统元年才被“朝旨赐文科进士出身”“授海军协都统”，严复时年已五十。严复在北洋水师学堂目睹海军内部的腐败，觉得“北洋当差，味同嚼蜡”，教务之余大量阅读中西书籍，对西方的社会、经济和政治制度做了进一步的思考。1880 年至 1881 年间，严复初到北洋水师之时，初读英国哲学家斯宾塞（Herbert Spencer）所著《群学肄言》（*The Study of Sociology*），大为钦服，“辄叹得未曾有，生平好为独任偏至之论，及此始悟其非”。严复认为此书“实兼《大学》

《中庸》精义而出之以翔实，以格致诚正为治平根本矣”[15]。

2.2 清末时局与严复自身思想变革

虽然英国留学期间，严复已经受到郭嵩焘对于洋务运动批评思想的影响[16]，但真正让严复对洋务运动“中学为体、西学为用”思想的全面批判的是中日甲午战争的失败。1894年中日甲午战争的爆发和中国惨败，重塑了严复的世界观，对于他开启翻译事业影响深远。北洋水师全军覆没，福州船政学堂同期诸多好友如刘步蟾、邓汝昌等皆壮烈殉国，北洋水师学堂所培植的学生也伤亡过半。战争失败的消息传来后，对严复造成了非常大的思想冲击，在短短3个月内（1895年二月初至五月初），他连续在天津《直报》上发表了5篇文章：《论世变之亟》《原强》《辟韩》《原强续篇》和《救亡决论》。倡导变法维新，提倡“新学”，提出“鼓民力、开民智、新民德”的救世方略。他随后转入一生中最为重要的翻译工作阶段。严复对于西学的评价是：“西人笃实，不尚夸张……其学绝驯实，不可顿悟，必层累阶级，而后有以通其微。”[17]并认为“中学有中学的体用，西学有西学的体用，分之则并立，合之则另伤”。如果不改变制度和观念，对于西方国家器物层面的革新和仿效，无法让一个古老民族真正摆脱衰落的命运。“欲通知外国事，自不容不以西学为要图。此理不明，丧心而已。救亡之道在此，自强之谋亦在此。早一日变计，早一日转机。[18]”严复谕长子璩书中提到“多看西书，觉世间惟有此种是真实事业，必通之而后有以知天地之所以位、万物之所以育化，而治国明民之道。[19]”

1897年12月《天演论》的出版引起轰动[20]，成为维新派的精神领袖，“物竞天择”一时成为社会流行语。1897年，严复得到光绪帝召见，询问对变法的意见。同年严复于北京通艺学堂演讲“西学门径功用”，随后一发不可收拾地进行翻译。从1896年到1908年，12年间笔耕不辍，先后翻译包括赫胥黎的《进化论与伦理学》在内的8部代表性译著。严复成为中国近代思想史上“最早系统地介绍西方资本主义经济、政治理论和学术思想，宣传资本主义‘西学’‘新学’，以与封建主义的‘中学八旧学’相抗衡的首要代表人物”。[21]

3. 译者主体性与严复翻译作品选择[22]

对于原作的选择和理解是译者主体性的一个重要维度。早在英国留学期间，严复就感叹“西洋学术精深，而苦穷年莫能殚其业”（孙应祥 2014），文献浩如烟海，那么通过选择什么样的作品来达到译者希望表达的价值观念，推动社会革新呢？他所选择的这些作品大都是西方某一领域有影响力的代表作，在严复看来，拯救中国需要从重塑理念开始，这些影响西方世界的重要作品所包含的国家、民主、个人权利、自由等理念，正是当时的中国所欠缺的。严复翻译涉及西方哲学、法学、经济学、逻辑学等领域名著主要有 8 种，共翻译约 190 万字，翻译活动也深化了严复对于东西方差异的认识，严复许多针砭时弊的观点很大程度上是吸收了这些译作的观点或是在此基础上发挥的，因此翻译活动本身也成为译者主体性的重要来源。

赫胥黎为英国著名生物学家，达尔文主义的主要代表，为捍卫科学探索的权利，加入了教会与科学界的论战。1893 年，赫胥黎在牛津大学做了“进化论与伦理学”的演讲，并在此基础上出版了论文集《进化论与伦理学》，《天演论》主要翻译的是这本论文集的前半部，阐释进化论的原理，同时又认为社会伦理关系不同于自然法则，因为人类具有高于动物的先天“本性”，人类社会的进展不应该模仿宇宙的过程，而应该在同它斗争中不断走向完善。严复通过翻译此书，传达了“物竞天择”“适者生存”的道理，为推动晚清社会变革寻找到了重要的思想武器。

《原富》（《国富论》），[英] 亚当 · 斯密著，这部作品主要阐述了自利个体通过分工达成社会福利最大化的思想，倡导自由市场和“看不见的手”对资源的配置，强调了政府需要提供相应的法律、教育、军队等公共产品。这部作品传达的信息是，只有政府为民众提供了足够的自由保障，“任民竞争”，才能把个体创造力发挥出来，经济和科技才能发展，才能国富民强。严复选择亚当 · 斯密的《原富》，除了它是经济学的开山之作外，另一个原因是“因其书所驳斥者，多吾国自古以来言利理财之家病痛”[23]。通过翻译，严复试图以西方古典经济自由主义思想作为武器，改变国人对待农业与商业的态度。严复认为农商二者并重，但随着工业的近代化发展，“重农”思想已失去其存在的基础。他支持自由贸易，反对官商垄断，认为国家对经济活动的干预应降到最低限度（冯英 2002）。

《法意》（《论法的精神》），[法] 孟德斯鸠著，是法国著名启蒙思想家、哲学家孟德斯鸠的最后一部作品，是对国家、社会、政治、法律等一系列问题思考和研究的总结。他指出一切被赋予权力的人都容易滥用权力，并提出了“以权力制约权力”的划时代构想。他所提倡的“三权分立”思想成为现代国家制度构建的理论基础。这部作品的翻译为中国思想界引介了现代国家制度构建理论，为晚清国家制度变革指明了方向，也是严复主张君主立宪制的重要理论依据。严复在《〈法意〉按语》中回忆“初游欧时，尝入法廷，观其听狱，归邸数日，如有所失。尝语湘阴郭先生，谓英国与诸欧之所以富强，公理日伸，其端在此一事。先生深以为然，见谓卓识”。从中可以窥见早年游学英国的经历，使得严复深刻意识到司法制度的完备对于社会发展的重要性，并深得郭嵩焘的赞同。这也是严复后来选择这部作品的一个重要缘由。

《穆勒名学》（《逻辑体系》），[英]穆勒著。这部作品是19世纪西方经验主义思想的一部经典的逻辑著作，原著分为名与辞、演绎推理、归纳推理、归纳方法、诡辩、伦理科学的逻辑6个部分。穆勒指出，归纳与概括不同，概括是把同一命题的细节综合起来，而归纳则是由已知推论未知。严复在翻译《天演论》等西方著作之后，意识到"求诚正名"的重要性，因而把目光投向哲学认识的工具学和方法论，深知逻辑对于文明发展的重要性。1900年"开名学会，讲演名学，一时风靡，学者闻所未闻"，此后两年，他专注翻译此书。

《群学肄言》(《社会学原理》)，[英]斯宾塞著。这是一部普及性的社会学读物，旨在向社会各界宣传社会学也可以像自然科学一样成为科学，其中第十六章论述了他一贯主张的社会渐进改良的力量，强调妥协，反对激进主义。严复非常重视此书翻译，"吾译此书真前无古人，后绝来者"；严复希望通过宣传此书的改良思想，补救《天演论》立论过猛之弊。严复在"译余赘语"中指出，《群学肄言》与中国传统经学宝典《大学》《中庸》有相通之处："窃以为其书实兼《大学》《中庸》精义，而出之以翔实，以格致诚正为治平根本矣。每持一义，必使之无过不及之差，于近世新旧两家学者，尤为对病之药。"[24]当时严复已经了解sociology被日本学界译为社会学，而他使用"群"代替"社会"的翻译是他在中华文化元典中找到的最能对应sociology一词的比较结果（柴孙乐子 & 韩江洪 2017）。严复立足于找到中西文化的共通之处，通过对西方文化的认识、取舍，以及与中华文化的融合，实现中国传统经学的自我更新，以求超胜西学（王长斌、戚庆雨 2020）。

《群己权界论》（《论自由》），[英]穆勒著。这是一部表达自由主义思想的最重要的作品，是自由主义理论体系最后完成的标志。全书的中心议题有三：一是思想和言论自由；二是个性自由；三是社会对个人自由的控制。严复的本意是在中国传播自由的理念，但现实中人们纷纷谈论自由，其内涵却各不相同，"喜新者又恣肆泛滥，荡然不得其义之所归"，鉴于这种情况，严复费尽心思地将书名改为《群己权界论》[25]。可见，晚清翻译语境的要素直接影响了严复选译《群己权界论》的过程和译作的最终面貌，严复选译这部穆勒的《论自由》正是对这种历史文化记忆氛围所进行的反思，倾向于从科学或学理的角度对自由思想进行阐发（闫亮亮 2018）。

《社会通诠》（《政治简史》），[英]甄克思著。该书是政治进化史通俗读物，将社会演化划分为三个阶段：蛮夷社会、宗法社会和国家社会。其中宗法社会以血缘为基础，判断一个人的归属只关心其种族而不关心其户籍，通常对于外族人比较排挤，“统于所尊”；而国家社会刚好相反，即是根据户籍所在来定归属，不排外，人们享有自由和法律规定之权利。严复认为，中国传统社会就是宗法社会，这种社会制度是导致中国积贫积弱的制度来源。在严复撰写的《读新译甄克思〈社会通诠〉》（1904 年 4 月 20 日起在《大公报》连载 4 期）一文中，他强调了宗法社会与排外思想之间的关系，并将排外思想的源头归之于民族主义，而排外既无法使中国的经济获得发展的动力，也难以真正与列国竞逐（干春松 2014）。

《名学浅说》（《逻辑学精要》），[英] 耶芳斯著。这是一部逻辑学的介绍性读物，严复虽曾发心续译《穆勒名学》，但“人事卒卒，又老来精神茶短，惮用脑力，而穆勒书精深博大，非澄心渺虑，无以将事，所以尚未逮也”[26]，恰好 1908 年民国奇女子吕碧城慕名向严复求教名学，借此因缘翻译了这部《名学浅说》。

4. 译者主体性外延的拓展：严复翻译活动的社会影响

严复除了作为译者直接影响读者以外，还积极投身于学术传播和办学等社会活动，使得译者主体性的外延进一步拓展，扩大了译作的社会影响力，以及社会对于译本价值的认知。

4.1 影响社会变革思想

严复的《天演论》给历史上占统治地位的“天道观”以毁灭性打击，为人们观察和解释社会以及人生问题提供了全新的视角，进而取而代之成为新的世界观和方法论，开辟了中国近代思想史上的进化论时代。西方殖民主义者的炮火驱散了天朝大国的虚幻梦境，在外患濒临、民族危机日深的情势下，《天演论》所激发的“合群保种”意识增强了国人对中华民族这个大群体及国家领土主权的认同感，这样，中国的民族主义除了传统的种族血统意识和文化道德观念等因素外，又增添了国家领土主权这一新内容。这种注重国家领土主权的民族主义（nationalism of sovereignty）就是现代民族主义，它是近代中国救亡运动的原动力（皮后锋 1990）[27]。梁启超认为，19 世纪之后政治制度道德之发达，风俗习惯之变迁，宗教之移易，全都依靠进化论，而且认识到数千年的历史事实上是进化之历史。康有为对此也给予了高度关注，称严复为“中国西学第一人”。《天演论》的出版很快成为维新派的重要思想武器，严复也成为维新派的精神导师，对于近代中国社会改良运动产生了积极影响。

严复选择翻译《社会通诠》是与政治文化潮流的一种互动，是对晚清现实政治和国家民族命运的关注，目的在于挽救《天演论》用药过猛之弊。《社会通诠》出版后，

《东方杂志》创刊号及第 2 期上连续做了介绍，均对“民族主义”提出了明确的批评。1904 年 4 月 20 日，《大公报》刊发了相关介绍性文章，对宗法社会与专制政体关系、宗法与排外关系等做了剖析，也提出了相应的批评。严译《社会通诠》中所表达的主张虽一度遭到革命党人的批评，但历史发展的方向并没有超出其预见的范围（王宪明 2005）。

4.2 影响近代学科构建

“严译”迭出的时代，正好是中国传统的学术和教育体系向现代转型的嬗递期，是中国近代学科构建的关键期。严复的学术活动与此学科转型构建有重要关联（郭卫东 2015）。严复不仅为近代中国经济学、政治学、社会学、法学、生物学、逻辑学等翻译了专门的译作，并推广介绍，而且还亲自参与了将西学系统性引入中国传统教育机构的工作，并基于他深厚的西学功底，参与设计了相关课程体系。1898 年，中国第一所国立大学——京师大学堂成立，同年严复以“西学门径功用”为题发表了著名演讲，全面提出了构建中国新学科谱系的问题。1902 年，严复出任京师大学堂译书局总纂，修订了译书局章程，对西方教育体制和学术派的认识更加清晰缜密。此外，严复还曾担任安徽安庆高等学堂监督、复旦公学第二任校长，致力于西方学科体系在中国的引介和推广。

5. 总结

严复早年的留学经历使得他学贯中西，融通文理，对于西方科学技术发展、社会制度变革有深刻认识，对于西方社会科学方面著作涉猎广泛，是晚清中国“翻译第一人”和“西学第一人”[28]。无论是翻译文本的选择还是翻译风格的选择，严译的一个最大特色就是“托译言志”、翻译会通思想，通过系统性地翻译和介绍西方世界有影响力的学术著作，借他们的观点来表达作者改良政治和社会的观点，实现翻译者的政治和社会改良意图。这超出了通常翻译活动本身的意义，也恰恰体现了翻译在应对清末华夏巨变中所承载的特殊使命和功能。严复的翻译和思想进一步推动了西方个人自由权力思想、宪政思想和社会改良思想的传播，对中国近代文化转型、制度转向和社会转型产生了深远的影响（张景华、熊辛格 2015）。

传统的译者主体性更强调译者对于原著、译本和读者解读等主体意识或者主观层面的主体性，而从严复的翻译实践来看，译者主体性不仅仅与译者的学习工作，以及所处的时代有关，甚至翻译活动本身也影响了译者的价值观和作品选择。严复早期良好的国学训练和青年时期现代科学的留学训练，以及他对于西方文化和社会制度良好的洞察能力，都使他具备了成为一名伟大译者的可能性；此外，严复所处的地位和晚清的时局变化，对于严复价值理念的重塑产生了重要影响，译者主体性来源具有其客观的面向。翻译活动本身也进一步深化了严复对于东西方制度和文化差异的认识，为严复提出自己的社会改良观点成为可能。严复围绕翻译活动开展的大量讲学和办学活动，提高了译本对于社会思想的影响力，使得译者主体性的外延得到了进一步扩展。

注释：

[1] 自甲午至戊戌五年间，变法主要思想有三：（1）康有为的主张立宪变法；（2）严复的西学引鉴，主张自由启蒙之拯救；（3）张之洞的综合中体西用，以应时变的主张。于是，近代中国历史上出现激进主义、自由主义、保守主义三大文化思潮端倪：（1）激进主义从政治救亡的角度建构了“政治话语诠释系统”；（2）自由主义从文化变革的角度建构了“启蒙话语诠释系统”；（3）保守主义建构了“返本开新”话语诠释系统。（林继红 2018）

[2] 专门论述严复的专著很多，可进一步参见高惠群、乌传衮《翻译家严复传论》，上海外语教育出版社，1992 年 10 月；沈苏儒《论信达雅——严复翻译理论研究》，商务印书馆，1998 年 12 月。

[3] 《天演论》译例言。

[4] 同上。

[5] 同上。

[6] 许钧在为纪念严复《天演论·详例言》刊行一百周年而写的“在继承中发展”，发表于《中国翻译》1998 年第 2 期。

[7] 《天演论》译例言，《严复全集》卷一，福建教育出版社，2014 年，第 78 页。

[8] 《天演论》导言一察变，《严复全集》卷一，福建教育出版社，2014 年，第 82 页。

[9] 《群学肄言》物蔽第五，《严复全集》卷三，福建教育出版社，2014 年，第 61-62 页。

[10] 关于严复思想的研究可进一步参考董小燕，《严复思想研究》，浙江大学出版社，2006 年 11 月。

[11] 严复在《天演论》之后翻译的作品中，如《原富》《法意》等作品中增加了不少按语，翻译风格一以贯之。

[12] 梁启超“绍介新著《原富》”，朱修春《严复学术档案》，武汉大学出版社，2015 年，第 22 页。

[13] 较为详细的生平介绍请参见林耀华“严复生平事略”，《从书斋到田野》，中央民族大学出版社，2000 年版，也转载于朱修春《严复学术档案》，武汉大学出版社，2015 年，第 101-117 页。另一篇介绍严复生平的是柯劭忞所纂的《清史稿》中的《严复传》，转载于朱修春《严复学术档案》，武汉大学出版社，2015 年，第 96-97 页。

[14] 参见孙应祥《严复年谱》，福建人民出版社，2014 年 2 月，第 43-44 页。

[15] 《群学肄言・译余赘语》，《严复全集》卷三，福建教育出版社，2014 年。

[16] 在 19 世纪 70 年代，国人向西方学习还处于器物层面这一阶段时，郭嵩焘能认识到“西洋立国有本有末”，预见到中国必须从制度乃至观念层面学习西方，其思想已远远超出其同时代人，成为资产阶级改良派的先声。他的这一思想也深刻影响了严复，促进了他对于中国社会制度改良的观念，为他后来转向通过系统性翻译介绍引进西方思想埋下伏笔。

[17] 《与长子严璩书》，王栻主编：《严复集》第三册，中华书局，1986 年，第 779-780 页。

[18] 王栻：《严复集第（1）册》[M]. 北京：中华书局，1985 年，第 50 页。

[19] 《与长子严璩书》，王栻主编：《严复集》第三册，中华书局，1986 年，第 779-780 页。

[20] 至 1921 年，《天演论》已由上海商务印书馆印行了二十版，可见其受欢迎程度。

[21] 参见任继愈《中国哲学史》第四册，人民出版社，2010 年版。

[22] 转载于李泽厚“论严复”，《中国近代思想史论》，人民出版社，1979 年，转载于朱修春主编：《严复学术档案》，武汉大学出版社，2015 年，第 196-232 页。

[23] 王栻：《严复集第（3）册》[M]. 北京：中华书局，1985 年，第 533 页。

[24] 斯宾塞著 . 严复译《群学肄言》[M]. 上海：商务印书馆，1931。

[25] 关于严复个人自由思想的讨论参见：黄克武，严复理想社会中的个人自由与个人尊严 // 朱修春，严复学术档案，武汉：武汉大学出版社，2015 年，第 256-295 页；董小燕，严复思想研究（第四章），杭州：浙江大学出版社，2006。

[26] 参见《名学浅说・译者自序》，汪征鲁，方宝川，马勇主编：《严复全集》卷五，福建教育出版社，2014 年，第 10 页。

[27] 皮后锋，《严复评传》，南京大学出版社，1990 年，第 390 页。

[28] 梁启超称赞严复“于西学中学皆为我国第一流人物”。见：梁启超，绍介新著《原富》// 朱修春，严复学术档案， 武汉：武汉大学出版社，2015 年，第 22 页。

参考文献：

[1] 柴孙乐子，韩江洪 . 严复中西文化会通研究——以严译《群学肄言》为透析视角 [J]. 文教资料，2017（31）：16-18.

[2] 房奕 . 良将·国士·窃火者——留英期间严复郭嵩焘交往研究 [J]. 船山学刊, 2003(02): 47-50.

[3] 冯英 . 析严复的经济自由主义思想 [J]. 黑龙江社会科学，2002（5）：50-53.

[4] 干春松 . 民族主义与现代中国的政治秩序——章太炎与严复围绕《社会通诠》的争论 [J]. 开放时代，2014（6）：84-98，6-7.

[5] 郭卫东 . 融通古今中西：严复与中国近代学科的构建 [C] // 朱修春 . 严复学术档案 . 武汉：武汉大学出版社，2015：355.

[6] 韩江洪 . 从《群学肄言》中的"仁"看严复会通式翻译策略 [J]. 中国翻译，2016（3）：87-91.

[7] 李秀丽 . 严复的自由主义经济思想 [J]. 山西财经大学学报，2005（5）：21-24.

[8] 林继红 . 传统与现实之间：严复译介话语思想考 [J]. 福州大学学报（哲学社会科学版）2018（4）：67-72.

[9] 罗新璋 . 我国自成体系的翻译理论 [C] // 罗新璋翻译论集 . 北京：商务印书馆，1984：1-19.

[10] 皮后锋 . 严复评传 [M]. 南京：南京大学出版社，1990.

[11] 孙艺风 . 翻译规范与主体意识 [J]. 中国翻译，2003（3）：5-11.

[12] 孙应祥 . 严复年谱 [M]. 福州：福建人民出版社，2014.

[13] 王长斌，戚庆雨 . 群学肇基：严复与《群学肄言》[J]. 中国民族博览，2020（2）：95-96.

[14] 王宪明 . 语言、翻译与政治：严复译《社会通诠》研究 [M]. 北京：北京大学出版社，2005.

[15] 王宪明 . 严译名著与中国文化的现代化——以严复译《群学肄言》为例的考察 [J]. 福州大学学报（哲学社会科学版），2008（2）：24-30，11.

[16] 汪荣祖 . 严复的翻译 [C] // 严复学术档案 . 朱修春 . 武汉：武汉大学出版社，2015：239.

[17] 许钧 ."创造性叛逆"和翻译主体性的确立 [J]. 中国翻译，2003（1）：8-13.

[18] 许钧 . 翻译的主体间性与视界融合 [J]. 外语教学与研究，2003（4）：290-295.

[19] 熊乡江 . 郭嵩焘与严复中西文化观之比较 [J]. 求索，2006（5）：155-157.

[20] 闫亮亮 . 严复选译《群己权界论》的文化记忆 [J]. 中国翻译，2018（5）：80-86.

[21] 张德让 . 翻译会通研究——从徐光启到严复 [D]. 上海：华东师范大学，2010.

[22] 张景华 . 论严复的译名思想与翻译会通 [J]. 湖南科技大学学报，2013（5）：68-70.

[23] 张景华，熊辛格 . 论严复翻译会通思想的特征及贡献——以《社会通诠》为例 [J]. 云梦学刊，2015（1）：52-56.

作者简介

徐雪英，教育学博士，浙江大学外国语学院副教授，浙江大学翻译学研究所副所长，中华译学馆副秘书长，浙江省翻译家协会副秘书长。研究方向：翻译理论与实践，教育史。

中译外研究

文化记忆与马家窑文化翻译 *

Cultural Memory and the Translation of Majiayao Culture

米亚宁　曹依民　魏秀萍

MI Yaning　CAO Yimin　WEI Xiuping

摘要：

甘青马家窑文化是华夏文明迈入新时代的重要里程碑之一。马家窑文化遗址是瑞典考古学家安特生于 1924 年在甘肃临洮马家窑村发现的，标志着马家窑文化记忆的生发。然而，到目前为止，马家窑文化记忆及记忆研究还基本停留在国内层面，甚至甘肃省内。马家窑文化记忆在激发中华民族文化自信、文化自觉等方面的作用还有待挖掘。本文通过研究马家窑文化的记忆之场、记忆现状等，指出马家窑文化记忆在翻译方面的不足，论述了翻译缺乏的原因，进而提出了马家窑文化术语的翻译路径，并举例说明了其术语整理与翻译的整体思路，期冀能为马家窑文化记忆贡献一定的力量。

关键词：

文化记忆；马家窑文化；彩陶术语；翻译

Abstract:

Majiayao Culture in Gansu and Qinghai provinces was one of the highlights when the Chinese civilization entered a new era. Its ruins was discovered by Swedish archaeologist Johan Gunnar Andersson in Majiayao Village, Lintao County, Gansu Province in 1924, which symbolizes the start of its cultural memory. However, its cultural memory and memory studies have stayed at home or even in Gansu Province and the value of Majiayao Culture in building up the cultural awareness and cultural confidence of the Chinese nation has yet to be

* 基金项目：本文是 2021 年度国家社会科学基金项目“文化记忆与黄河彩陶文化术语翻译研究：术语整理与双语词典编纂”（项目号：21BYY067）、甘肃省教育厅 2021 年度高校科研创新基金项目“文化记忆视角下马家窑文化彩陶术语翻译研究”（项目号：2021B-329）、兰州文理学院一般课题“新文科背景下甘肃高校外语教师国际传播教学能力提升路径研究”（项目号：1999）的阶段性成果。

redefined. With this in view, the paper studied the memory sites and memory backgrounds of Majiayao Culture, and foundout what's left undone and why in cultural memory by way of translation studies and translation practice. Then translation approaches were suggested with illustration on term collection and translation, in an attempt to facilitate the Cultural Memory of Majiayao Culture.

Key words:

Cultural memory; Majiayao Culture; terms of painted pottery; translation

1. 引言

近年来，国家越来越重视传统文化的保护、记忆、传承和对外交流。早在 2014 年的中央文艺工作座谈会上，习近平总书记就提出“文艺工作者要讲好中国故事、传播好中国声音……要向世界宣传推介我国优秀文化艺术，让国外民众在审美过程中感受魅力，加深对中华文化的认识和理解”。此后，中共中央于 2017 年发布的《关于实施中华优秀传统文化传承发展工程的意见》，中央宣传部 2021 年印发的《中华优秀传统文化传承发展工程“十四五”重点项目规划》等都是贯彻落实习近平“文化自信”思想的具体部署 [1]。这也表明中国政府越来越重视传统文化的传承和创新，注重文化对外交流时的表达方式、传播方式和传播效果。

翻译是保存、保护、传承中国传统文化的重要举措。翻译既是对中国优秀传统思想的传承，又是中国经典文化的对外传播（龙晓翔 2019：87），中国经典文化对外传播已成为近年来翻译界的重要研究内容。1995 年，中国政府启动了“大中化文库”重大翻译工程，之后，各种对外出版翻译工程陆续实施 [2]。借助这些翻译项目，中国文化不但走向了海外，中国学者在翻译时对中国文化的阐发和研究也促进了国人了解自身文化的自觉与文化自信。

翻译更是人类远古文化交流与记忆的重要方式。中国史前文化优秀成果的翻译是这场文化外译活动的一个重要部分。黄河流域马家窑彩陶文化是人类史前文明的象征，是了解人类文明史演进过程中必不可少的一块文化高地，是我们今天激发文化自觉、文化自信和文化创新的精神动力和源泉。

2. 马家窑文化记忆现状

文化记忆是 20 世纪 80 年代以来西方学界掀起的有关特定民族、社会、宗教和家庭记忆的一个研究热潮，主要是针对神话中的历史、绝对过去的事件的记忆技术状况和对不同研究传统的整合努力的研究。

文化记忆最早是哈布瓦赫在有关集体记忆的研究中提出并论述的。哈布瓦赫探讨了个人记忆、家庭和朋友中介层面的集体记忆以及整个社会和文明层面的集体记忆。他认为个人记忆是受社会—文化语境框架决定并激发的，而集体记忆是“由群体希望成为的模样或者希望做的事情构成的”（马塞尔等 2021：181）。集体记忆的主要制作者是家庭、社会阶级和宗教共同体（马塞尔等 2021：179）。在哈布瓦赫研究的基础上，扬·阿斯曼进一步形成了文化记忆的理论。他区分了个体记忆、交往记忆和文化记忆，认为个体记忆是内在神经—精神层面的，是内在自我的认同；交往记忆（集体记忆）是社会层面的，是社会自我的认同；而文化记忆则属文化层面，是文化的认同。文化记忆涉及世界起源和与部族早期历史有关的传统，是高度正式化、体制化的，涉及叙事、歌谣、舞蹈、仪式、面具、象征符号等形式的存在。当社区聚集起来搞庆祝活动时，这些信息还需要付诸实践。这就是我们称之为“文化记忆”的东西（阿斯曼 2021：141）。文化记忆是关于“我们的”记忆，而不是关于过去的知识（阿斯曼 2021：142）。知识是普遍主义的，倾向于归纳和标准化；而记忆，即便是文化记忆，也是地方性、自我中心主义的，因特定群体及其价值观念而异（阿斯曼 2021：142）。

从人类学和符号学出发定义文化概念，则文化记忆一词足以总括“社会记忆”“物质或媒介记忆”和“心灵或认知记忆”（埃尔 2021：5），这就使文化记忆研究成为一种社会学、媒介学和心理学等跨学科的研究领域。

文化记忆研究既包括文化记忆理论指导下的记忆内容和过程的研究，也包括具体的记忆实践。从文化记忆理论研究层面来说，文化记忆就是要通过研究不同的记忆之场所承载的文化记忆从而研究过去发生的事件或过去的事件被记忆的历史、研究文化记忆发生的过程（从个体记忆到群体记忆，再到全社会记忆；从个体记忆到交往记忆（集体记忆）再到文化记忆）、研究文化记忆与社会体制等之间的关系（文化记忆与社会学）、研究记忆与心理、心态之间的关系（文化记忆与心理学、神经学等）、研究文化记忆与口述史等、研究文化记忆与传媒（文字、摄影等）等等。因此文化记忆是一个极具跨学科意识的研究领域。然而，文化记忆也不是与其他学科毫无区别。其构想研究主题和研究对象的特殊方式是其与其他学科的区别点（埃尔 2021：3）。

就文化记忆理论指导下的记忆实践层面而言，文化记忆就是要通过建构各种记忆之场来记忆某种文化，从而让这种文化成为塑造文化认同的一种方式，让过去为当下产生积极的影响。“文化记忆”就像一个填满了传统“记忆图案”的大型仓库，提供了各种可能性来连接现在和古老的过去（哈特 2021：108）。文化记忆是把过去呼唤回来生产意义。通过记忆之场，一个民族（或部族）与早期历史有关的传统或人类起源方面的知识能够得到积极的记忆，从而形成民族或更高层面的认同。

马家窑文化始于1924年安特生在临洮马家窑村遗址的发现，当时命名为甘肃仰韶文化。20世纪40年代夏鼐在甘肃考古时，将其重新命名为马家窑文化，之后马家窑文化记忆实践就开始了。1996年，王志安牵头民间彩陶文化爱好者成立了民间“甘肃省马家窑文化研究会”，并在北京、上海、山东、天津等地开办展览，设立传播窗口，并与国内外专家、学者进行广泛的学术交流，创办了《马家窑文化源流》会刊，在国内考古学术圈逐渐宣传马家窑文化。2004年，王志安举办“马家窑文化发现命名80周年纪念活动”，建成了甘肃省马家窑文化研究会彩陶博物馆，借此将马家窑文化从书本推广到社会，走向民间大众。之后，临洮县县政府自2017年开始，每年举办一次马家窑文化节，邀请国内外专家参加，就马家窑文化的发掘、研究、传承、保护及在全省全国乃至全世界的记忆（传播）问题进行研讨，为马家窑文化的记忆做出了贡献。2012年，CCTV—9《特别时段》以考古纪录片的形式，面向民众播出《神秘的中国彩陶》系列，包括《发现之旅》《生死之谜》《纹饰密码（上）》《纹饰密码（下）》《制造之谜》《陶绘疑踪》，全面展示了中国彩陶的发现、命名、发掘、研究及保护的全过程。2019年，大型纪录片《马家窑，中国之前的中国》开始拍摄，为21世纪的观众进一步揭秘黄河流域的远古文明的线索。之后，国际层面的马家窑文化记忆逐渐开启。2022年5月14日，荷兰代尔夫特市举办“马家窑回声”彩陶展览，展品是多国艺术家于2019年在中国甘肃马家窑采风时用当地陶土创作的60件陶瓷艺术，从而推动世界对马家窑文化的了解，促进了中西文明的交融。以上记忆活动搭建了马家窑文化的记忆之场。除此之外，甘肃省博物馆、中国国家博物馆都专设马家窑文化展览区，成为马家窑文化的固定记忆之场。

学术领域对马家窑文化的记忆形成了另一个重要的记忆之场。笔者从各个博物馆、大学图书馆及中国知网上搜索到近百部有关马家窑文化的著作、700多篇学位论文及期刊文章。对马家窑文化彩陶纹饰、陶器器型、马家窑时代社会、马家窑文化性质及围绕该文化的中西交流、马家窑文化遗址的地貌环境等等都进行了全面系统、深入的研究。

然而，到目前为止，马家窑文化的国际认知度、认可度尚不够高，还需继续努力将这一支文化推广到全世界，这就需要翻译的介入。

3. 马家窑文化记忆与翻译

“翻译与文化记忆是共生的关系”（罗选民 2014：41），马家窑文化记忆离不开翻译，翻译也是文化记忆的主要方式之一。通过翻译可以促进马家窑文化在国际层面的传播与记忆，促进人类对自身原初文化之认同，这正是文化记忆的初衷。笔者通过文献检索，发现马家窑文化记忆的翻译亟待加强。

首先，自 2010 年开始的中华学术外译项目所涉及的马家窑文化或彩陶文化相关的项目非常少，现统计如下表：

表 1. 历年中华学术外译项目中马家窑文化相关的立项项目统计表

序号	年份	项目名称
1	2013	中国少数民族人类起源神话研究
2	2014	中国史前神格人面岩画
3	2015	中国陶瓷史
4	2016	中华文明探源的神话学研究
		中国民间故事史
5	2018	中国绘画史
		中国舞蹈
6	2019	“文明”前的文明：中华史前审美意识研究
		开天辟地：中国创世神话考述
		中华古代文明的起源
		新疆史前晚期社会的考古学研究
7	2021	中国文明起源新探
		中华文明的起源
		文化人类学与非物质文化遗产
		黄河与中华文明
		记忆的纹理
		中国史前考古学史研究（1895—1949）

其中，中华学术外译项目涉及史前文化（马家窑文化）外译的著作约有 17 部，内容侧重中国神话传说、岩画、绘画史、舞蹈史、史前审美、文明起源等研究，均涉及马家窑文化的纹饰等，但并无专门研究马家窑文化的著作。

除了中华学术外译项目，笔者也检索到少量关于马家窑文化研究的一些英文著作和翻文，如英文著作马家窑陶器生产、丧葬习俗研究（洪林玉 2011），博物馆文本翻译说明及实践报告（赵云 2020；牛佩霞 2019；刘淑苗 2019；黄晓宏 2012）等。这些书目或文章还不足以系统地用英语介绍马家窑文化。

因此，马家窑文化记忆需要进行系统的翻译，尤其需要整理马家窑文化的术语并勾画翻译路径。

4. 马家窑文化术语整理与翻译

马家窑文化彩陶术语的整理是马家窑文化翻译的关键。笔者根据马家窑文化的考古学文化特点及其涉及多学科、多领域且类别庞杂的内容特征，将马家窑文化术语按照科学性原则，梳理为四级术语：1）根据术语的上下位关系；2）术语代表的文化发生的时间先后顺序；3）无法确定时间时则按照术语名称字母顺序。如术语“马家窑文化”是一级术语，其二级术语有三个：“马家窑文化类型”“马厂文化类型”“半山文化类型”（学界对马家窑文化类型有不同的划分方法，一般分为以上三种类型）。“马家窑文化类型”又有多个文化遗址，如“临洮马家窑文化遗址”，是三级术语。其遗址出土的彩陶器物（名称）与彩陶相关的民间故事是四级术语。彩陶器物术语包括术语名称和术语三个下位概念，包括彩陶工艺、器型、纹饰。传说又分为女娲相关传说、伏羲相关传说、大禹相关传说等下位术语，具体术语体系如下图：

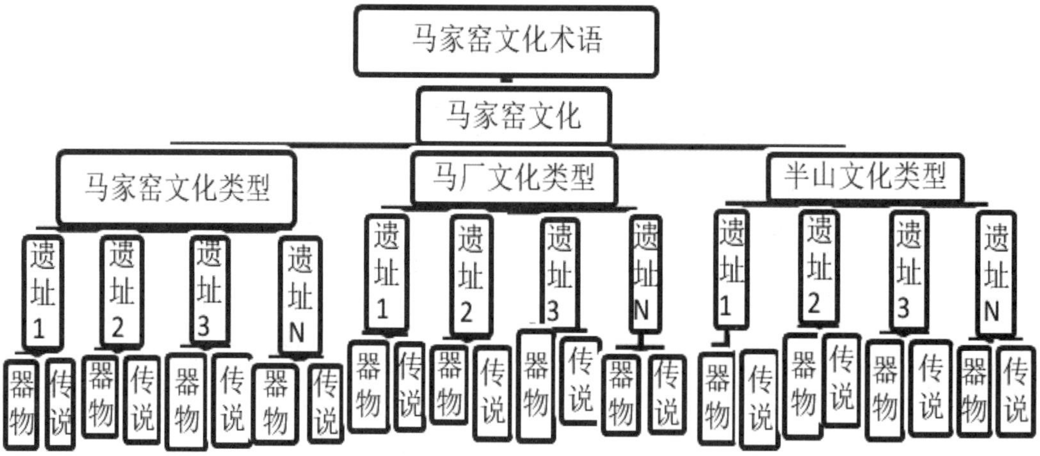

图 1. 马家窑文化术语梳理流程图

术语具体写作时，主要参照术语本身的概念和知识本体论的相关内容。“术语”是指称专业概念的词和词组，而概念是从客体中经过概念化的提炼而形成的（维斯特 2011：8）。冯志伟认为除了像维斯特那样从概念出发来研究术语之外，我们还可以从知识本体的角度来研究术语，从而建立我们自己的术语理论（维斯特 2011：11）。笔者结合文化记忆的视角和知识论、本体论的出发点，结合马家窑文化考古文化的特点，将每个术语具体写作为术语名称、术语内涵和术语符号三部分，术语内涵又包括术语下位概念和术语本体内容阐释等，且主要以考古学专家所解读的术语内涵为主。

下面以“马家窑文化类型”下“彩陶”类型术语举例说明具体的术语写作方法。

例（1）：

中文术语：舞蹈纹彩陶盆

中文阐释：舞蹈彩陶盆是新石器时代马家窑文化代表纹饰器物（除流失在日本的还不确定之外，目前发现的四件均属马家窑文化）。该纹饰器物呈橙红色，上腹部弧形，下腹内收成小平底。口沿及外壁以黑线条做简单装饰。内壁饰三组舞蹈图，图案上下均饰弦纹，组与组之间以平行竖线和叶纹相间隔。舞蹈图每组均为五人（也有每组九人或十一人），舞者手拉手，面均朝向右前方，步调一致，似踩着节拍翩翩起舞。人物头上都有发辫状饰物，身下也有飘动的斜向饰物，头饰与下部饰物分别向左右两边飘起。每组最外侧两人的外侧手臂均是画作两根线条，似表现臂膀在不断频繁地摆动。有学者认为该纹饰是氏族成员狩猎归来的舞蹈庆功会；也有学者认为氏族成员装扮成氏族图腾兽在跳图腾舞蹈，舞者的饰物，是人们为象征某种动物而戴的头饰和尾饰；更有学者认为这是祈求人口生殖繁盛和作物丰收的礼仪舞；还有学者认为这是“喻人以鸟”的舞蹈祭祀活动，说明舞蹈纹是因太阳崇拜而创造的祭祀舞蹈——祭鸟（日）舞蹈，该器物是史前先民的一种陶制祭器（蓝凡 2022：77）。该纹饰是我们见到的历史上最早的用人体的“手舞足蹈”来表达的太阳崇拜，也是舞蹈用以表达原始宗教信仰的最形象化见证（蓝凡 2022：81）。

图 2. 舞蹈纹彩陶盆图案（蓝凡 2022：75）

英语术语：Dance Motif Pottery Pot (Pottery Pot with Dance Motif)

英语阐释：A Dance Motif Pottery Pot is a typical pottery ware of Majiayao Culture in the late Neolithic Age (All the four pieces found so far belong to Majiayao Culture except for the one smuggled to Japan). The pot of this style is orange-red in color, with an arced upper abdomen which narrows down into a small flat bottom. The mouth and the exterior are adorned with simple black lines, while the interior depicts three groups of dancers with parallel vertical lines and leaves in between. The patterns are outlined with ripple lines on the top and at the bottom. Each group usually has five dancers (or nine or eleven in some cases), all looking at right front, apparantly dancing hand in hand to the same beat, causing the braids and costume ribbons to fly left and right. The outer arms of the head and tail in each group are sketched with two lines, indicating frequent and continuous swings. Some scholars hold that the dances are in honor of the successful hunting; some claim that it's a totem dancing by the clan members dressed up as totem beasts, as the decorations are symbolic of the head and tail of some kind of totem animal; Some even go so far as to assert that it was a ritual praying for fertility of the population and good harvest. Still others think it's a sacrificial ceremony by dressing like birds to show sun worship with birds as offerings. Thus, the vessel is for sacrificial ritual (Lan Fan2022：77). This pattern is believed to be the earliest "hand and feet dancing" in human history to express sun worship, also a solid visual evidence of dance to express primitive religious beliefs (Lan Fan 2022：81).

术语"舞蹈纹彩陶盆"的名称来源于考古学界的统一称呼，术语内涵阐释主要由几部分构成：舞蹈纹彩陶盆的性质，器型、纹饰的主要内容，专家学者对该器物所代表文化的解读，器物的主要影响力等。

术语翻译时主要采用直译 + 意译的方式，以目标读者的接受度为主要依归。

例（2）：

术语：裸体浮雕彩陶壶

术语阐释：裸体浮雕彩陶壶又称"彩陶堆塑人形壶"，是新石器时代马家窑文化代表器物。侈口、短颈、鼓腹、平底，泥质红陶。器身施有红色陶衣，上塑裸体人像，以黑彩绘纹饰。人像站立，头位于壶的颈部，五官俱备，身躯和四肢位于壶的腹部。双手置腹前，乳头用黑彩加以点绘，在人像下腹处夸张地塑造出两性生殖器的形象。此外，在壶的颈部背面绘有长发，长发下绘出一只大蛙，在人像两腿的外侧也绘着蛙纹。后背由蛙形纹饰进行装饰，表明设计者意于人蛙相融，寓意人类能够像蛙一样具有超强的繁殖能力。壶体下部围绕壶的一周有一圈水波纹，说明这件器物与水有关。特殊的图案装饰表明它不是生活用具，而是礼器或专门制作的葬具。一般认为这是一个集男、女为一体的两性人，是一种男女同体的崇拜物，与远古时期的萨满有关。在萨满教信仰中，两性人往往是天与地、神与人的中介，具备沟通天地、人神的能力，可以将人的祈求、愿望转达给神，也可以将神的意志传达给人。此外，关于人像也有单一女性或男性的不同说法，分别寓意女性崇拜、生殖崇拜或父权制度下男性崇拜的象征。该器物因融浮雕和绘画的艺术手法于一身，被誉为稀世艺术珍品（来自中国国家博物馆网页）。

图 3. 裸体浮雕彩陶壶图案（来自中国国家博物馆网页）

英文术语：Pottery Vessel with Human Body Embossment

英文阐释：Also known as Pottery Jug with Relief Figure, it is a representative ware of Majiayao Culture in the Neolithic Age. It's made of reddish clay with a lavish mouth, a short neck, a bulgy belly, and a flat bottom. The outside of it is a naked human in relief with black emblazonry. The figure stands straight with the head near the top and the limbs and trunk on the belly. The facial features are prominent, the hands on the stomach, and the nipples are highlighted in black. On the groin, genitals of both sexes are conspicuous. In the back, the upper part is long hair with a big frog below, whose motifs stretch into the legs of the human. It seems to indicate a wish that the human will be as fertile as the frog. Around the lower part of the jug is a ripple, suggesting water. The unusual pattern and decoration show that it's not for daily use, but for ritual or funeral. It is generally believed to be a bisexual person, a hermaphrodite idol, related with Shaman belief in ancient times. In Shamanism, a bisexual person is a spirit speaker between the heaven and the earth, and between God and human beings. It can convey human beings' wish to gods and gods' will to human beings. Another version is that the relievo is either a man or woman, symbolic of female worship, reproduction worship or male worship under the patriarchal system. The vessel is regarded as a precious art treasure of the world for its combination of embossment with painting (Cited from the web page of the National Museum of China).

该术语整理时同样包括该器物的性质，器型、纹饰的主要内容以及专家学者对该器物所代表的文化内涵的解读。术语翻译同样采用意译的方式，参考汉英语言的特点，增加语法和词汇衔接，并且考虑译入语读者的接受倾向，适当删减部分高难度的内容以降低认知加工难度。

例（3）：

中文术语：女娲抟黄土造人

中文阐释：女娲抟黄土造人是彩陶文化的雏形。女娲创造了人类，发明了火，并使用火、土与水创造了彩陶，开启了人类文明。传说女娲生于天水秦安县县城北面的风沟、长于风台、葬于风茔（《天水市志》下卷 2004：2228）。秦安大地湾彩陶是甘肃彩陶文化的最初发现地。女娲用黄土仿照自己和混沌天神的形象，捏了一个泥人，并牵引来天地的灵气混合在这坯黄土上，泥人就活了过来并拥有了和女娲一样的说话和思考能力。为了让神州大地遍布人类，女娲不停地捏制泥人。最后，她太累了，就扯来一根藤条在泥水里搅了一下，再甩出去，溅出去的泥点一落地，就变成了呱呱叫的小人。通过这个方法，神州大地很快便造出了芸芸众生（袁珂 1985：6-8）。中西方文化中有很多关于捏土造人的传说。如《圣经》中，上帝用地上的尘土造人；新西兰土著毛利人的传说中，神坦尼用红土造出了第一个女性（张静河 2019：71）；澳大利亚神话中主神拜阿米用手从地上挖出一把红土，捏成人的形状（里德 1988：8）；创始者庞德·杰尔用树皮和泥土造人（里德 1988：18）；非洲白尼罗河生活的希卢克人神话中创世者乔奥克用泥土造人（李娟 2019：6）；希腊神话中神普罗米修斯用土和水——也有人说是用他自己的眼泪——塑造了第一个人体，雅典娜向他注入灵魂和生命（吕凯 1992：144）；巴比伦神话中女神玛米（Mami）用伊亚所杀的一个神的血掺入黏土塑制人（吕凯 1992：89）；阿拉伯神话中阿兹里用泥土造人；南美奎什玛雅人的圣书上写到，造物者特帕赫古库马茨用泥土造人。

英文术语：Nüwa Creating Man with Clay

英文阐释：The ware belongs to the early stage of colored pottery culture. It is said that Nüwa created man and fire, and made pottery with fire, water and clay, whereby human civilization started. Legend has it that Nüwa was born at Fenggou, bred at Fengtai and buried at Fengying in the north of Qin'an County, Tianshui City (From The Annals of Tianshui City (Volume 2)

2004：2228). Dadiwan of Qin'an is where painted pottery was first found in Gansu. Nüwa kneaded a clay figurine after the images of herself and the God of Chaos. Then she brought anima of Heaven and Earth to it that then came to life, talking and thinking as Nüwa did. To leave no land uninhabited, Nüwa didn't stop making humans until she was exhausted. Then she chose a piece of rattan, stirred the mud with it and then swayed it in the air. The spots of mud from the sway turned into little humans talking away. In this way, the land was full of human beings (Yuan Ke 1985：6-8). There are many legends about creating human beings with clay in both eastern and western cultures, such as God created man with dust in Bible; Tane made the first woman with the red clay in Maori belief in New Zealand (Zhang Jinghe 2019：71); The Queen God kneaded a human being with a handful of mud that she scooped up from the ground (Reed 1988：8), and Pound Jeal made a human being with bark and clay in Australian legends (Reed 1988：18); Jo-Uk, the-Creator, also created human beings with clay in the legend of Shilluk living along the White Nile in Africa (Li Juan 2019：6); in the ancient Greek mythology Prometheus also kneadedthe first human body with clay and water (or his tears), to which God Athena brought life and soul (Luquet 1992：144); God Mami in Babylonian mythology kneaded a clay statue of human figure by adding clay to the blood of the God killed by Ea (Luquet 1992：89); Azulis created human beings with clay in Arabic mythology; so did Marco Kurz in the holy book of Maya in South Africa.

术语“女娲抟黄土造人”与彩陶制作密切相关，本研究将这一术语梳理在早期“马家窑文化类型”项下，术语内容主要以女娲捏土造人相关内容为主，并结合中西方有关捏土造人的传说，以说明彩陶与人类起源的密切性。

在整理以上三个术语的内涵时，基本按照术语的性质、术语的基本内容、国内外学者对于该术语内容的解读等进行。术语翻译基本采用意译的方式，重在通过翻译清楚地阐明术语的基本内容。

5. 结语

文章探讨了马家窑文化的记忆之场、记忆现状、目前记忆的不足，并指出马家窑文化记忆还需要通过翻译将其传播到全球范围，从而提升该文化的集体记忆。而对于考古学文化来说，术语整理与翻译是文化记忆的一种重要模式。本文探讨了马家窑文化术语体系模式，探讨了整理术语的具体方法，并以例证探讨了具体术语的整理和翻译思路，进而建立马家窑文化的术语语料库，希望能为中国史前文化外译、中华优秀传统文化对外交流提供一定的借鉴。

注释：

[1] 2017 年中央发布的《关于实施中华优秀传统文化传承发展工程的意见》中，再次规划“到 2025 年，中华优秀传统文化传承发展体系基本形成，研究阐发、教育普及、保护传承、创新发展、传播交流等方面协同推进并取得重要成果……”2021 年中宣部印发《中华优秀传统文化传承发展工程“十四五”重点项目规划》，注重在记忆、传承、创新、传播四个方面着力，指出“融通多媒体资源，主动设置议题，创新表达方式，注重转化利用，加大传播力度，增强传播效果，大力彰显中华文化魅力”。

[2] 如“中国图书对外推广计划”（2004）、“中国当代文学百部精品对外译介工程”（2006）等、“国剧海外传播工程”（2008）、“经典中国国际出版工程”（2009）、“中国文化著作翻译出版工程”（2009）、“中国文学海外传播”工程（2010）、“国家社科基金中华学术外译项目”（2010）、“丝路书香工程”（2014）和“中国文化网站《灿烂的中国文明》翻译工程”（2015）等系列。

参考文献：

[1] 阿斯特里特·埃尔（德）. 文化记忆研究导论 [C] // 阿斯特里特·埃尔（德）. 李恭忠，李霞，译 . 文化记忆研究指南 . 南京：南京大学出版社，2021.

[2] 迪特里希·哈特 . 文化记忆的发明 [C] // 阿斯特里特·埃尔（德）. 李恭忠，李霞，译 . 文化记忆研究指南 . 南京：南京大学出版社，2021.

[3] 2021 年考古学研究发展报告 [R/OL]. 中国社会科学网 . [2022-01-24]. https://www.163.com/dy/article/GUFRU05A051495OJ.html.

[4] 甘肃省天水市地方志编纂委员会 . 天水市志（下卷）[M]. 北京：方志出版社，2004.

[5] G. H. 吕凯(法)等, 编 . 世界神话百科全书 [M]. 徐汝舟, 等, 译 . 上海: 上海文艺出版社, 1992.

[6] 蓝凡 . 中国史前舞蹈纹彩陶盆的新考释 [J]. 民族艺术研究，2020（6）：75-87.

[7] 里德（A. W. Reed）（澳）等，编，澳洲土著神话传说 [M]. 史昆，选译 . 北京：中国民间文学出版社，1988.

[8] 李娟 . 非洲神话 [M]. 北京：中国华侨出版社，2019.

[9] 龙晓翔 . 大数据时代的“大翻译”——中国文化经典译介与传播的若干问题思考 [J]. 外国语（上海外国语大学学报），2019（2）：87-99.

[10] 罗选民 . 文化记忆与翻译研究 [J]. 中国外语，2014（3）：1-44.

[11] 欧根 · 维斯特（奥地利）. 普通术语学和术语词典编纂学导论（第三版）[M]. 邱碧华，译 . 北京：商务印书馆，2011.

[12] 让—克里斯托弗 · 马塞尔；劳伦特穆基 · 埃利 . 哈布瓦赫论“集体记忆”[C] // 阿斯特里特 · 埃尔（德）. 李恭忠，李霞，译 . 文化记忆研究指南 . 南京：南京大学出版社，2021.

[13] 扬 · 阿斯曼 . 文化记忆 [M] . 金寿福，黄晓晨，译 . 北京：北京大学出版社，2015.

[14] 扬 · 阿斯曼 . 交往记忆与文化记忆 [C] // 阿斯特里特 · 埃尔（德）. 李恭忠，李霞，译 . 文化记忆研究指南 . 南京：南京大学出版社，2021.

[15] 袁珂 . 中国古代神话 [M]. 北京：中华书局，1985.

[16] 张静河 . 毛利文化 [M]. 北京：商务印书馆，2019.

作者简介

米亚宁，兰州文理学院外语学院教授，兰州文理学院翻译与跨文化研究中心主任，清华大学外文系翻译学博士。研究方向：史前彩陶文化翻译研究、鲁迅文学翻译研究、公示语翻译研究、翻译理论与实践。

曹依民，西北师范大学外国语学院副教授，上海外国语大学英语学院博士。研究方向：翻译学；对比语言学。

魏秀萍，兰州文理学院新闻传播学院教授，武汉大学访问学者。在《电子科技大学学报》《哈尔滨工业大学学报》《武汉大学学报》等核刊发表论文数篇，主持及参与国家哲学社会科学项目、甘肃省教育厅项目等数项。研究方向：史前彩陶文化传播研究。

《幼学琼林》骆任廷译本之译评之争 *

Controversy on Translation Criticism of J. H. Stewart Lockhart's *A Manual of Chinese Quotations*

刘立壹
LIU Liyi

摘要：

19 世纪末，来华汉学家群体发生了一场围绕骆任廷《幼学琼林》英译本（1893）的激烈讨论，涉及音译、注释、底本、误译等一系列问题。本文聚焦于这一翻译批评事件的焦点问题，分析批评者之间就译本质量产生巨大争议的原因，总结此次译评事件的特点，进而揭示这一译评个案对当前翻译批评研究的启示意义。此次译评事件既反映出当时汉学领域已经形成了比较健全的译评机制，翻译批评和学术研究相互促进，也折射出在批评维度、批评者素养以及批评者和译者之间关系等诸多方面的值得反思之处。

关键词：

《幼学琼林》；译评；误译；骆任廷；翟理思

Abstract:

At the end of the 19th century, a group of sinologists in China had a heated discussion about *A Manual of Chinese Quotations*, the English translation of *You Xue Qiong Lin* by J. H. Stewart Lockhart (1893), which involved a series of issues such as transliteration, annotation, manuscripts and mistranslation. This article centers on the foci of this controversy concerning translation criticism, analyzes the reasons for the huge disputes among critics on the translation quality, summarizes the characteristics of this controversy, and then reveals the significance of the controversy for the study of translation criticism. This controversy reflects a sound translation criticism mechanism that had been established in the field of Sinology at the end of the 19th century, and the mutual promotion of translation criticism and academic research. It also reveals points worthy of reflection

* 基金项目：本文是国家社会科学基金项目"十九世纪英文汉学期刊对中国文化典籍的译介研究"（项目号：16BYY060）和山东省高等学校"青创科技计划"（项目号：2020RWC006）的阶段性成果。

in some aspects such as the relationship between the critic and the translator, the critical dimension, and the qualifications of the critic.

Key words:

A Manual of Chinese Quotations; translation criticism; mistranslation; J. H. Stewart Lockhart; Herbert Allen Giles

考察历史上的翻译批评事件，可以了解“翻译批评的价值和力量”，揭示“翻译批评对翻译理论与实践的建构力量”（刘云虹 2015：262），以及“翻译批评活动所隐含的批评精神、批评视野、批评标准和批评价值”，从多个层面展现“翻译批评的构建与导向力量”（许钧 2016：437）。加强翻译批评事件史的研究，通过对历史上重要翻译批评事件的发掘、考察与思考，可以丰富翻译批评理论，为翻译批评应对当前翻译实践中的各种挑战提供借鉴。19 世纪的英文汉学期刊刊载了诸多围绕中国文化典籍的翻译批评（以下简称“译评”）个案讨论文章。探讨这些译评的对象、焦点、特征对深化典籍翻译史书写、推动当前翻译批评研究也有着一定的历史启示意义。在刊载的诸多典籍译评事件中，围绕《幼学琼林》骆任廷英译本的大讨论就是其中颇具代表性的翻译批评事件。

骆任廷（J. H. Stewart Lockhart，1858—1937），英国殖民地行政官员，汉学家和收藏家。他于 1893 年出版《中国成语手册》（A Manual of Chinese Quotations）第一版，此书实际上是《幼学琼林》的完整英译本。《幼学琼林》，又名《成语考》《幼学故事琼林》《故事寻源》，是中国古代儿童启蒙经典。此书内容广博、包罗万象，有中国古代百科全书之称。骆任廷译本出版后，《中国评论》（*The China Review*）刊载了一系列翻译评论。评论中，对骆任廷译本高度赞美者有之，斥其为低劣译本者有之，译评者（以及译者）就此译本的音译、注释、误译等问题展开了激烈的讨论。此译评事件涉及了当时的一些主要来华汉学家，如翟理思（H. A. Giles，1845—1935）、庄延龄（E. H. Parker，1849—1926），甚至《中国评论》的编辑以及当时著名华人何启也参与其中。本文将在梳理这一译评事件始末的基础上，分析译评讨论的焦点，阐述译评争议产生的原因，进而探讨这一译评事件的特点、意义，及其对翻译批评研究的启示。从《幼学琼林》英译批评这一案例可以看到，19 世纪后期汉学领域的翻译批评客观上对于提高译本质量、推动学术繁荣发挥了积极的作用。

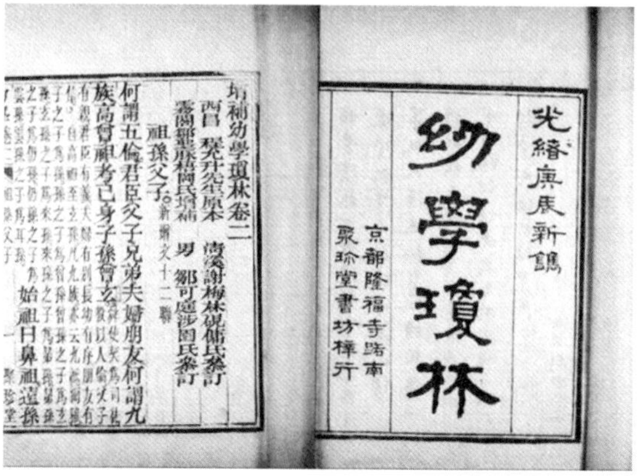

图 1.《幼学琼林》书影

1. 译评事件始末

骆任廷《幼学琼林》英译本 1893 年由别发洋行（Kelly & Walsh Ltd.）出版。出版不久，汉学家艾德（E. J. Eitel，1838—1908）即注意到此书，并在 1893 年的《中国评论》第 20 卷第 5 期上撰文给予热情洋溢的评价（Eitel 1893：333-334）。艾德大赞翻译此书之价值，称其大有利于汉学界。对于译本本身，艾德也是不吝赞美之词，称唯一不足是印刷者的排版问题。这次译评讨论由艾德 1893 年发其端，庄延龄 1894 承其绪，到翟理思 1895 年的初评以及 1896 年的终评，较有影响的华人何启、《中国评论》编辑以及英国外交官法磊斯（E. H. Fraser，1859—1922）也参与其中，历时 3 年才告结束。

艾德首评之后，庄延龄继而在 1894 年《中国评论》第 3 期撰文评论此译本。相较于艾德的评论，庄延龄的评论更为深入，在对骆译本持基本赞誉态度的基础上，又有所批评。他首先称此译著“没有留下多少空间给挑剔的评论者去展示智慧”，清晰地解释了“古奥的”原文，能采用北京音来音译，排版也很精美，印刷错误也不多（Parker 1894：205-206）。随后庄氏指出译本中各种问题：北京音多处不够准确；字词解释错误；印刷错误；字或句漏译；误译等问题。可以说，庄延龄对骆氏所译《幼学琼林》的译评准确而公正，这既和庄延龄的严谨态度有关，也和他之前曾译过《幼学琼林》有关。

庄延龄发表译评约一年之后，翟理思在 1895 年《中国评论》第 6 期发表了他对骆氏所译《幼学琼林》的译评（Giles 1895：405-413）。翟理思的这篇译评非常尖锐，引起了译者本人、译评者庄延龄及华人何启的强烈回应，把以《中国评论》为平台讨论骆任廷《幼学琼林》译本的译评推向高潮。翟理思在 1895 年的这篇译评中指出骆译本错误达 81 处，从底本到漏译误译。对于不足，翟理思不吝批评之词，但褒奖的话却几无一句。在译评最后，他用了非常严苛的语言总结道：翻译这本书，计划很好，但执行得很糟糕，译者对中国语言的知识欠缺，翻译一部完整准确、带有注释的《幼学琼林》译本仍是汉学界未竟之事业（Giles 1895：412）。这几乎完全否定了骆任廷译本。

实际上，《中国评论》的编辑在收到翟理思投稿的这篇译评之后，并没有马上刊载，而是把其发给当时的知名华人何启来评判。在收到何启的回复后，编辑还是没有刊发，又把翟理思的译评和何启的回复一并寄给了译者骆任廷。译者针对翟理思的尖锐译评，写了“致编辑的一封信”，捍卫自己的译文。最后，《中国评论》1895 年第 6 期同时刊出了翟理思译评、何启所反馈的对翟理思译评的意见，以及译者本人以“致编辑的一封信”的形式对翟理思译评的简短回应。何启称：“我仔细地审读了 [翟理思的] 全稿, 得出结论如下: 批评意见中, 约三分之一正确且很有价值, 三分之一是细枝末节或不完全正确，另三分之一完全错误”（Ho 1895：412）。也就是说，何启裁定翟理思的大部分批评意见都有问题。他站在了骆任廷的一边，肯定了骆译本的价值。

几个月后，译者骆任廷以“反评译评者”（*The Reviewer Reviewed*）为题在《中国评论》1896 年第 1 期上发表了长文，对翟理思的批评正式反击。骆任廷对翟理思译评中列出的 81 处问题，一一回应，无一处回避。骆任廷在回应的最后写道，翟理思对他的“攻击”是否公正，以及他的译本是否“完全没有价值”（entirely unworthy）（Lockhart 1896：485），都待读者决断。整体看，骆任廷的回复还是有理有据。和译者骆任廷的这封自我辩护的文章同期（1896 年 22 卷第 1 期）刊载的还有庄延龄和翟理思的短评。庄延龄的短评旨在维护骆任廷的译本。而翟理思的短评还是充满了火药味，挑战何启裁断的权威性（Ho et al. 1896：486）。

《中国评论》的编辑也在这一期（1896 年第 1 期）亮明了态度，从之前保持沉默开始加入纷争。之前的争论中，编辑只是对骆任廷默默支持，利用其权力把译本送给和骆任廷熟稔的何启审阅，便某种程度上已经表明了对骆氏的支持。到了 1896 年第 1 期，编辑则公开表明了态度，称最终判决（verdict）交给“一些胜任的欧洲学者”去做出，并认为“在最重要的一些地方”，骆任廷的译文是“最好的”（Ho et al. 1896：486 ）。编辑不再保持中立，开始加入反对翟理思的阵营。

翟理思这位执拗的译评者和汉学家并没有因为成为众矢之的而低头，而是充满斗志。他在 1896 年《中国评论》第 2 期继续发文为自己的评论辩护。这次辩护，可以说挑战了整个在华汉学圈。不同于以前，他这次把矛头指向了《中国评论》的编辑，指责编辑邀请庄延龄来反驳自己。而对于编辑所指定的本土学者何启，翟理思则称，“从未听说过”此人，并认为何启也不适合来充当裁决人，因为他还没有发表过任何学界认可的学术著作（Giles 1896：547）。

翟理思认为自己的评论推动了汉学的发展。他反对艾德对译本的高度赞誉，又称完全没有想到骆任廷对他的译评“如此愤怒”，还认为骆氏对他的译评应“欢欣鼓舞”才对（Giles 1896：548）。接着，对骆任廷的 81 条回应，翟理思对其中的约 40 条又再次给予了回应。

英国外交官法磊斯也于 1896 年《中国评论》第 2 期（和上述翟理思的文章同期）发文讨论了翟理思和骆任廷所争论的一些焦点问题（Fraser 1896：544-547）。法磊斯观点不像庄延龄、何启等人明显赞同骆译本，而是有些争议之处站在翟理思一边，有些则站到骆任廷一边。

2. 译评争论的焦点

由上可见，《幼学琼林》译本所引发的不仅是简单的对译本及译者的翻译评论，而是形成了多位评者和译者就译本翻译问题的大讨论。自骆任廷 1893 年出版译本到 1896 年，前后出现了长短译评近 10 篇，其间还有译者的自辩文。这些译评以及译者的自辩围绕译本的主要缺陷、主要问题展开。

译本主要缺点：音译或其他?

译文的主要缺点之争主要出现在翟理思和庄延龄这两位批评者之间。庄延龄在评论中虽指出译文的诸多问题，但他认为，译本最主要的缺陷是其中的音译问题，即词汇所标注的北京音有很多都是错误的。翟理思虽然也赞同骆译本中标音错误多，但他认为这并不是最主要的，音译的标音正确与否相对于文本和注释的翻译都是“完全次要的、附属的”（entirely secondary and subordinate）（Giles 1895：405）。在翟理思看来，音译并不重要，重要的是传达原句的意义。争论的焦点随后因翟理思提出 81 条批评意见，而从音译转向文本的翻译和注释问题。

译本注释：是详还是略?

译本的注释问题艾德提到过，但非常委婉，且只是指出少数句子的注释没有译出。但翟理思却认为，原文中大量句子的注释，都没有被翻译（Giles 1895：405）。在他看来，译本的注释应该非常详细，如果译文译错，读者还可通过注释弄清原文正确的意思。

翟理思批评骆译没有把原书中的大量注释译入到英文，认为这有悖于译者所拟定的翻译宗旨。骆任廷在前言中说：“只要语句有需要解释之处，文中都会给出”

（Giles 1895：406），但翟理思认为译本没有做到这一点，如“不凡之子，必异其生”（《老寿幼诞》）一句中，骆译文：An uncommon child is sure to have something strange about its birth，译文之后接着注释：“The expression an common child was applied to Chen Fan by Xue Qin. See *Book of the Later Han Dynasty*”（Lockhart 1893：150）。翟理思讥讽道，整个故事在原文的注释中都有介绍，但译者不仅没译，还让读者去参考《后汉书》（Giles 1895：406）。翟理思认为，对于《幼学琼林》这样一本书，译者应尽量增加对中国历史文化典故的注释。但诚心而论，骆氏译本虽没有涉典必译，但大多涉典注释都已译出。此处，批评者和译者之间似乎都赞同应采取厚重翻译的策略，但具体到厚重翻译到底应该有多“厚”，二人产生了分歧。

误译：是译者的误译还是评者的误评？

误译可算是《幼学琼林》英译批评个案中讨论最多、分歧最大的问题。庄延龄虽也指出约 10 处误译，但误译并非他批评的重点，也不是他所认为的译文的主要问题所在。而翟理思则认为，译文的误译问题非常凸显，他认为他所提出的 81 条批评意见基本就是译文的误译问题。这次译评事件从 1895 年开始主要就是围绕翟理思的这 81 条“误译”展开。

翟理思所谓的“误译”情形十分复杂，需仔细甄别。其中，真实的误译有 24 条，大体如何启所言，约占 81 条意见中的三分之一。如，“可丑者相如之妻，夤夜私奔，但识丝桐有意”（《夫妇》）讲的是司马相如和卓文君的典故，骆氏在注释的翻译中，把相如所弹奏的《凤求凰》译为：“The Hen Phoenix woes the Cock Phoenix”，翟理思指出译者把“cock”和“hen”的位置颠倒了。他还指出骆译把“三国”误译为“three dynasties”，而实际应译为“Three Kingdoms”。翟理思所指出的这些错误都很有见地，而这些误译的确反映出译者骆任廷在中国历史文化知识上的不足。

但问题在于，除却这 24 条真实的误译，剩下的意见涉及多个方面，不能以误译来统称之，或者说干脆就不是误译问题。正是翟理思把这些问题强归为误译，才引起了巨大的争议。这些错判的误译有以下几种情形。

首先，原文本身具有某种模糊性，而译评者从自己的阐释视角出发评判译文，从而把骆译对一些名物、典故的翻译判定为误译。如“汉张纲弹劾无私，直斥豺狼当道”（《文臣》）中的“豺狼”一词，翟理思认为译为“jackal”一词不可，因中国无“jackal”（指胡狼）。骆任廷反驳道：“为何不能用‘jackal’来翻译‘豺’？”（Lockhart 1896：478）客观上看，即使“jackal”独为欧洲所有（实际并非如此），译者以归化策略翻译也并非过错，所以这所涉及的还是译评者和译者的阐释视角不同所致。还如“虱”，骆译为“flea”，而翟理思认为应译为“lice”。骆任廷随后又引《说文》自辩。其他还有关于“桔槔”“步障”等名物的翻译。一些名物的本义有一定的模糊性，这就容易产生分歧和争议。

其次，译评者把译本中不够雅达的译文归为误译。如“好置田宅，谓之地癖”（《贫富》），骆译：He who is fond of purchasing land and houses is called “a land maniac”，翟理思认为译文有瑕疵，改写为：A fondness for purchasing land and houses is called the land craze（Giles 1895：411）。但其实骆译没有问题，翟译只是更为雅达一些。

再次，翟理思把存在争议的时态、拼写和语法问题归为误译。如翟理思认为译者本应使用过去时“ate”，却使用了“eat”，但译者征引字典来证明“eat”也可作为过去时使用。翟理思认为译者“supposititious”一词有误，应改之为“suppositious”，而译者又征引字典说明二者意思没有区别。以英语为母语的译评者和译者在时态、拼写和语法方面竟也存有争议，这的确令人惊讶。

这一翻译批评事件围绕译本的音译、注释以及误译这些焦点问题展开，译评者（包括译者）交相辩诘，产生了巨大的分歧。那么，译评分歧产生的主要根源是什么呢?

3. 译评争论的根源

翟理思与这一批评事件的其他汉学家之间，以及翟理思与译者之间的争论有着复杂的根源。骆任廷译本中的确有一些译错的情形（把译者自己承认译错以及自己不承认但实际译错的都囊括进来，大致占到翟理思所列八十一条中的三分之一），但如果只是一些翻译错误，评者指出，译者既然接受，也不会在当时的汉学圈产生如此强烈的争议，也不至于激起译者如此强烈的反驳。此次争议的产生当然和翟理思的好斗性格有一定关系（王绍祥 2004），但除此之外，还和他作为批评者的批评方法、策略，甚至素养，都有着密切的关系。

首先，忽略《幼学琼林》原文底本的多样性。评论者翟理思和译者骆任廷在相当一部分译文上的分歧是因为二人所使用的底本不同所致。《幼学琼林》底本众多，有的只有正文，有的附有注疏。骆任廷的翻译底本是康熙十三年（1674 年）禅山连元阁出版的《新增成语考》，除此底本外，骆任廷还参考了其他底本的注释，但未具体言明。《幼学琼林》作者为明末程登吉（也有人称作者为明代景泰年间的进士邱睿），后又经嘉庆年间邹圣脉增补、注释（民国后又有增补），版本众多。不同底本（注释本）会有不小的差异，如果批评者不了解这一点，以他自己所用的底本作为评判标准，就会导致误评，引发争论。

翟理思所列 81 条批评意见中，至少有 10 例属于底本问题。如“外甥称宅相，晋魏舒期报于母家”（《外戚》），骆译：“A sister's son is called Chai-hsiang (《宅相》): Wei Shu of the Chin dynasty hoped to return the kindness of his mother's family”，在译出正文之后又译出注释：“Wei Shu of the Jin dynasty was left an orphan when young and went to live with his maternal grandmother Ningshi. The old lady when building a house employed a geomancer, who prophesied that it would produce a famous man. Shu replied that Wei Shu would fulfil the prophecy regarding the house (宅相), which he ultimately did by becoming one of the highest officers of the Board of Revenue.”(Lockhart 1893：148）骆任廷的翻译底本提到了外祖母宁氏，而翟理思却据自己的底本称原书中“根本就没有提外祖母（maternal grandmother）”（Giles 1895：407），随后骆任廷引《晋书 · 魏舒传》驳之。翟理思错判的根源在于他不知原文可能存在多个不同的底本。

其次，时有误评。如“江淹梦笔生花，文思大进”（《文事》），讲的是南朝梁文学家江淹少年时梦到有人给他五色彩笔，从此他文思大进的故事。骆译：“Chieng Yen dreamt that his pen produced flowers when his literary powers greatly developed.”译文忠实而通顺，但翟理思认为应改为“Chieng Yen dreamt that his pen produced flowers and that his literary powers greatly developed.”（Giles 1895：411）如此一改，意思就变成江淹“文思大进”也是发生在梦中了，就大错特错了。还如翟理思未能正确理解“沐猴而冠，笑人见不恢宏”（《鸟兽》）中的“沐猴”即为猕猴，从而错误地评判了骆译。批评者出现批评错误，这大大削弱了译评的信服力。

再次，没有从大处着眼，常专务于细微之处。何启称，翟理思 81 条意见中，约三分之一都是些细枝末节的问题（Ho 1895：412），这一评价，大体允当，翟理思不少评论的确意义不大。如“弃文就武，曰安用毛锥”（《器用》）一句出自五代史弘肇语：“安朝廷定祸乱，直须大剑长枪，毛锥子安足用哉！”译者在称谓史弘肇并翻译他的这句话时，只以“弘肇”称之，没有加上姓氏“史”，翟理思即认为有错。还如译者在翻译“横渠讲《易》，每拥皋比”（《器用》）一句时，只按照原文译了张载的号“横渠”（Heng Chu），而没有加上姓，也被翟理思列为一误。此类不算问题的问题大约也有 10 处。

最后，排斥可能存在的其他翻译方法和策略，这也导致了争议。如“铁石心肠，秉性坚刚”（《身体》），骆译：“A heart of iron and stone maintaining a firm character”（Lockhart 1893：168），翟理思认为译者只译出“心”，而漏译了“肠”。翟理思强调一种直译的策略，但骆译也无错。再如“汉高斗胸而隆准”（《身体》），骆译：“Kao of the Han dynasty had a breast like a bushel measure and a high nose”，翟理思认为骆译“隆准”为“high nose”不好，应译为“prominent nose”（Giles 1895：407），实际两种译法都可接受。

评者未能考虑底本问题，也未能以开放的态度容纳不同的译法，常评论译文的一些细枝末节之处，再加上时有误评，导致了其评论信度大打折扣，这是《幼学琼林》译本评论演变为一场不小的论辩事件的主要原因。

4. 译评事件的特点

如果我们跳出争论，客观审视这场发生于 19 世纪末来华汉学家之间围绕《幼学琼林》骆任廷译本的讨论，会发现这批矢志于中国文化典籍外译和汉学研究的汉学家的翻译批评行为虽然打下了时代的烙印，但也呈现出一些超越时代的特点，颇可为今日翻译批评实践所借鉴。

首先，专业期刊为翻译批评提供了平台。《中国评论》作为当时的主流汉学期刊，是批评者发表译评、交流学术观点的重要平台。统揽这一期刊，即可一窥 19 世纪后半期包括《幼学琼林》英译批评个案在内的多个译评事件。《中国评论》对译评持欢迎的态度，常刊用翻译评论文章活跃期刊栏目，明显有以译评促汉学研究的意图。期刊编辑也时有参与，充当整个事件的组织者，引导评论方向，推进相关问题的讨论。

其次，评论角度的多样性。参与此次译评事件的译评者不总是专务挑错，也从译文的注释、音译、漏译、翻译策略，甚至排版印刷等多个角度评价译本，这反映出批评者比较宽阔的批判视野。

再次，翻译批评和学术研究互相促进。19 世纪的汉学家研究中国、翻译中国文化典籍，译本是学术成果的重要呈现形式，所以对译本进行的评论本身就是汉学研究的一部分。评论者认真阅读译本，提出意见，被评论者（译者）认真反思。意见相左或争议较大时，各方引经据典，互相辩驳。在评论和对评论的回应中，虽也有求疵之处，但总的批评的态度还是客观的。翻译批评和学术研究实现了有益的良性互动。参与翻译评论的各方为使得自己的评论更有说服力，钻研古籍，广征文献，形成了有利汉学研究的学术氛围。

最后，在华汉学家群体形成了一定的译评机制。这次译评讨论中，译本的评价原则问题、底本问题、误评问题，夹杂着译者、评论者、编辑之间的个人情感偏向，造成了非常激烈的辩驳。但在译评机制的调节下，辩驳并没有走向失控，而是走向正轨，保证了译评的监督、指导功能。

客观来看，在这场评论风波中，评论者和译者都是受益者。艾德指出的译本排版问题、庄延龄重点强调的音译问题，的确都是译本中存在的不足。虽然译者对翟理思所指出的大多数错误都拒绝接受，但也坦然承认部分译文有误。而译者在自我辩护，回应译评者的批评时，也指出了批评者的错误，翟理思这位骄傲的汉学家在证据面前有时也不得不承认自己有误，如“饮食贫难，曰半菽不饱”（《饮食》），骆译：“When one is hard pressed for food and drink it is said, my hunger cannot be satisfied with a mixture of half peas.”（Lockhart 1893：273）“半菽”指食物中掺杂一半的豆子，意指饮食粗劣，骆译准确达意，但翟理思却认为骆译有误，提出自己的译文：“a split pea”（一半豆子），在骆任廷举《史记》《汉书》原文反驳后，翟理思承认了误评。客观上看，译者和译评者都受益于译文的讨论。

5. 余论

自译者骆任廷于1893年出版其《幼学琼林》英译本第一版，译本历经最开始的艾德的极大赞誉，到翟理思对译本的彻底否定，译者本人的反驳自辩，庄延龄、何启以及《中国评论》编辑对译本价值的肯定，法磊斯的译评，最后翟理思于1896年对自己批评观点的捍卫，此次以《中国评论》为平台，多位在华汉学家参与的译评大讨论，历时三载，终于告一段落。

19世纪这场围绕《幼学琼林》骆任廷译本的大讨论颇值得反思。第一，评者和译者的关系问题。不少学者在谈到翻译的原则时，都强调翻译批评应该是“严肃的、科学的、与人为善的”（许钧 2012：29），应该“平等待人”“体现对译者的理解”（杨晓荣 2005：28），译评者翟理思虽然极富批评精神，但其态度却偏离了这一原则，遂引发了争议。在这次大讨论中，值得肯定的是庄延龄的译评。他也从误译、漏译等诸多方面批评骆译，但译者却能欣然接受，根本原因在于批评者抱着一种平等的、善意的态度。第二，翻译批评对译者的指导。译评者评论译本，既不应戴着“显微镜”（如翟理思），也不应戴着“望远镜”（如艾德）（刘云虹 2015：117）来审视译文，应持一种客观的立场，指疵或显美都不逾矩，才能真正实现“或者培植，或者删除，使翻译界略免于芜杂”的目的（陈福康 2011：254），批评才会真正实现对译者的指导作用。第三，批评的维度。译评者的批评维度应是多元的，译评可以挑错，但“指出不足仅仅是批评的最低层次”（刘云虹 2015：138），如果译评者仅仅囿于指出误译，那林纾所译的小说就一无是处。第四，批评者的素养。译者的素养不应仅仅局限在语言层面，而应扩展到对两种文化的深刻理解、批评的理论素养等方面。该次译评个案反映出译评者文化素养和理论素养的不足，缺乏翻译底本意识以及翻译策略多样化意识，从而导致了对译文的批评出现偏颇。

1903 年，译者骆任廷推出了《幼学琼林》英译本第二版，新版吸收了翟理思、庄延龄、法磊斯等人在前期译评中所提的意见，增加了英文索引，提供了参考书目。虽然译者在译评讨论中经历了被人批评的“窘迫时刻”，但再版译本的质量较第一版有了较大提升，这不得不归功于译评的作用。

参考文献：

[1] 陈福康 . 中国译学史 [M]. 上海：上海外语教育出版社，2011.

[2] 刘云虹 . 翻译批评研究 [M]. 南京：南京大学出版社，2015.

[3] 王绍祥 . 西方汉学界的“公敌”——英国汉学家翟理思（1845—1935）[D]. 福州：福建师范大学里历史学院，2004.

[4] 许钧 . 文学翻译批评研究（增订本）[M]. 南京：译林出版社，2012.

[5] 许钧 . 论翻译批评的介入性与导向性——兼评《翻译批评研究》[J]. 外语教学与研究，2016（3）：432-441.

[6] 杨晓荣 . 翻译批评导论 [M]. 北京：中国对外翻译出版公司，2005.

[7] Eitel, J. Notices of New Books[J]. *The China Review,* 1893(5): 333-334.

[8] Fraser, E. H. Some Moot Points in the Giles-Lockhart Controversy[J]. *The China Review,* 1896(2): 544-547.

[9] Giles, H. A. Lockhart's Manual of Chinese Quotations[J]. *The China Review,* 1895(6): 405-413.

[10] Giles, H. A. Mr. Lockhart's Manual of Chinese Quotations[J]. *The China Review,* 1896(2): 547-552.

[11] Ho, Kai. To the Editor, China Review[J]. *The China Review,* 1895(6): 412.

[12] Ho, Kai, J. H. S. Lockhart, E. H. Parker, & H.A. Giles. A Challenge—Giles v. Ho Kai[J]. *The China Review,* 1896(1): 486-487.

[13] Lockhart, J. H. S. *A Manual of Chinese Quotations Being a Translation of Cheng Yu Kao* (成语考) *with the Chinese Text, Notes, Explanations and English and Chinese Indices for Easy Reference*[M]. Hong Kong: Kelly & Walsh, 1893.

[14] Lockhart, J. H. S. To the Editor, China Review[J]. *The China Review*, 1895(6): 412-413.

[15] Lockhart, J. H. S. The Reviewer Reviewed, or Mr. Lockhart's Reply to Mr. Giles' Review of the Manual of Chinese Quotations[J]. *The China Review*, 1896(1): 476-485.

[16] Parker, E. H. A Manual of Chinese Quotations, by J. Stewart Lockhart. Kelly, Walsh & Co., (Ltd.) [J]. *The China Review*, 1894 (3): 205-207.

作者简介

刘立壹，博士，山东建筑大学外国语学院教授。研究方向：典籍翻译。

《射雕英雄传》在日本的译传与接受*

Translation and Reception of *Legends of the Condor Heroes* in Japan

刘 岩 林丰琳
LIU Yan LIN Fenglin

摘要：

金庸的武侠小说《射雕英雄传》深受东方读者的喜爱，在日本的影响也颇深。本文以《射雕英雄传》为对象，爬梳其在日本的译传与接受的谱系。从译传来看，主要有小说翻译和漫画翻译，译本经过出版社的官方推介，扩大了《射雕英雄传》在日本的影响。从接受来看，通过搜集在线日本读者评论，运用 CiteSpace 制作读者评论知识图谱，发现聚焦于《射雕英雄传》的故事情节、人物、武侠文化、中国元素和金庸作品等方面。通过厘清《射雕英雄传》在日本的译传与接受情况，不仅可以扩展中国武侠小说题材对外传播维度，进一步促进中国文学在海外的传播与接受。

关键词：

《射雕英雄传》；日译本；读者评论；知识图谱

Abstract:

Legends of the Condor Heroes is Jin Yong's martial arts novel. It is well loved by oriental readers and has been greatly influenced by Japanese readers. This paper attempts to trace the genealogy of Japanese translation and reception of *Legends of the Condor Heroes*. From the perspective of translation, there are mainly novel translation and cartoon translation. The translation through the official recommendation by the publishing house, expanded the influence of *Legends of the Condor Heroes* in Japan. From the perspective of reception, by collecting online Japanese readers comments and using CiteSpace to make knowledge graph of readers comments. It is found that readers comments focused on *Legends of the Condor Heroes*' story plot, characters, martial arts culture, Chinese elements and Jin Yong's literature. By analyzing the translation and reception of the novel in Japan, to expand the external

* 基金项目：本文是教育部中外语言交流合作中心 2022 年国际中文教育研究课题“日本国际中文教育资料中的中华元素与表述文本研究”的阶段性成果。

dissemination of Chinese martial arts novels, and promote the overseas dissemination and acceptance of Chinese literature.

Keywords:

Legends of the Condor Heroes; Japanese translation; readers' comments; knowledge graph

习近平总书记在中央政治局第三十次集体学习时指出："要更好推动中华文化走出去，以文载道、以文传声、以文化人，向世界阐释推介更多具有中国特色、体现中国精神、蕴藏中国智慧的优秀文化。"中国武侠小说是中国文学重要的组成部分，不仅蕴含娱乐性和思想性，更蕴含广博的中华传统文化（李云飞 2021），以武侠小说为载体的外译研究是中华文学在海外传播与影响研究的重要内容。《射雕英雄传》是金庸创作的长篇武侠小说，最开始在 1957—1959 年连载于《香港商报》，其后集结成册出版，并多次再版。随着《射雕英雄传》以日译本、漫画、影视等多模传方式在日本传播，在日本读者群中掀起了一股武侠热潮，可以说《射雕英雄传》成为中国武侠小说在日本译传的成功范例。

国内学者对金庸及其相关作品的外译研究，主要集中在英语世界的译介与传播，从关注的作品来讲，涉及《鹿鼎记》《射雕英雄传》《书剑恩仇录》《天龙八部》等，其中对《射雕英雄传》关注最多；从内容焦点来看，主要围绕金庸作品蕴含的传统文化、武侠文化、文化意蕴、侠义精神等内容展开；在翻译理论与策略方面，主要涉及接受美学、译介学、纽马克翻译理论等理论指导下的文化负载词、人称、武侠招式、故事情节改写等文本之内与副文本、译者主体性、出版社等文本之外的研究。除了英译研究以外，还涉及金庸及其作品在法国、韩国、新加坡等国家的研究，研究焦点与英译研究异曲同工，反映了国内学者以全球化视角考察中国武侠文学在海外的传播与接受研究。在金庸及其作品在日本的日译研究，与英译研究比较言之，成果较少。综合言之宏观研究较多，涉及金庸小说在日本的翻译与传播（李光贞 2020），以及金庸小说在日本受到广泛接受的原因分析（吴双 2016）等方面综合性考察，鲜见考察单部作品在日本的译介、传播、接受研究领域的论述。另外，从研究方法而言，在考察海外读者对金庸作品的接受研究中，主要以归纳分析、读者观点个案列举为主，缺乏运用 python 等软件读取、搜集海量数据，并借助 CiteSpace 等软件进行读者评论的可视化分析研究。

基于此，本文以金庸的代表作之一《射雕英雄传》为研究对象，追溯《射雕英雄传》在日本的译传与接受历程，考察日本如何在本土观念与中华武侠的文化交流碰撞中实现对金庸小说多元化的解构与阐释及日本读者的广泛接受，为中国武侠小说的对外译介传播研究提供一种以同质文化圈的“东方视角”来观照自身的学术镜鉴（张乃禹 2020）。

1. 《射雕英雄传》在日本的译传

对《射雕英雄传》日译本、译者、出版社、译本等进行搜集进行统计，可以了解《射雕英雄传》在日本的传播、接受情况，进而探析《射雕英雄传》在日本的主要传播途径、受众群体、接受情况等。

1.1 小说《射雕英雄传》日语译本

以“射雕英雄传”为关键词，在亚马逊日本和日本bookmeter网站搜集相关书本，梳理相关书籍信息，发现《射雕英雄传》小说译本出版时间有两版，分别是1999年、2005年。两版的日译本小说主要分为五卷，都是由金海南翻译，冈崎由美监制。《射雕英雄传》的五卷分别是《射雕英雄传（1）沙漠霸者成吉思汗》《射雕英雄传（2）江南有情》《射雕英雄传（3）桃花岛决斗》《射雕英雄传（4）云南大理皇帝》《射雕英雄传（5）撒马尔罕城攻防》，可以发现副标题都充分体现了故事内容的情节，如第五卷“撒马尔罕城攻防”，对应的是《射雕英雄传》“大军西征”之后的故事情节，是对故事情节的高度凝练。1999年《射雕英雄传》第1次印刷出版后约一个月左右，进行了第2次印刷；而2005年到2009年四年里相继印刷了四次，其再版速度可以看出《射雕英雄传》在日本的销售情况较好，《射雕英雄传》逐渐地走进了日本读者的文学场域并得到认可。

1.2 漫画《射雕英雄传》日语译本

《射雕英雄传》除了小说版本在日本传播之外，还有漫画译本在日本销售，漫画分成了19卷，2009年在日本陆陆续续出版，2010年出版了全19卷《射雕英雄传》漫画本。《射雕英雄传》漫画的作者是中国著名漫画家李志清，译者是土屋文子、冈崎由美。李志清是香港漫画家，笔名清儿，是香港漫画界历史武侠类首席大家，他创作了金庸的《射雕英雄传》漫画，此外还有金庸的《笑傲江湖》的漫画。与日本的漫画不同，李志清创作的《射雕英雄传》采用了独具中国特色的传统绘画艺术，即水墨绘画方式，将大漠孤烟、弯弓射雕的情景表现得淋漓尽致。2001年，内蒙古少儿出版社出版了他的《射雕英雄传》漫画。之后日本德间书店了解到《射雕英雄传》漫画在中国评价较高，于是与李志清签约并聘请了土屋文子、冈崎由美翻译了该漫画作品。

上述分析反映出德间书店不仅关注了金庸小说的日译，同时也注意到了金庸作品在中国的漫画改编现象，因此对《射雕英雄传》漫画进行了日译。这次漫画的外译与日本将小说漫改的方式不同，将中国人创作的漫画进行日译，一方面保留了漫画中的中国特色元素，另一方面在传达故事情节的同时更是将更多的中国文化元素传播了出去，同时它能更加生动形象地向读者传达《射雕英雄传》的故事，让故事情节映入眼帘，更加吸引读者的阅读。尤其对于《射雕英雄传》故事不太了解的初读者，漫画则相较简单易懂，漫画的描绘承载了故事情节的叙事功能，更具吸引力。这一方式不仅促进了《射雕英雄传》走出去，更为文化走出去拓宽了新途径。

1.3 出版社的推介

对《射雕英雄传》日译本出版宣传的研究可以观察文本在不同时期所表现的传播方式、宣传策略、宣传目的等。本节主要对不同时期出版的《射雕英雄传》日译本的封面以及亚马逊日本的宣传标语展开分析，探寻在不同时间段其宣传的策略、重心、目的等。

1.3.1 封面设计

封面搜集发现《射雕英雄传》有 1999 年版、2005 年版。通过观察两个版本的封面可以发现，两个时间段出版的书籍在配图上存在较大的差异，前期的封面以类似于漫画角色的《射雕英雄传》人物角色为封面，每一卷的故事都围绕封面的人物展开故事的描写。如第一卷人物是成吉思汗，第二卷人物是郭靖、黄蓉。刚开始主角还在成长，也因此第一卷的人物中心是成吉思汗，第二卷开始渐渐进入围绕主角之间的故事，于是封面变成了郭靖、黄蓉。封面由独具中国绘画特色的水墨画的漫画人物占据中心，在视觉上吸引读者的注意力，对早期《射雕英雄传》在日本的传播有着积极的促进作用。同时，封面的设计有强烈的中国国画特征的漫画人物，与日本本土漫画有着极大的反差，强烈的人文气息差异，一定程度上能更加吸引日本读者的关注。早期封面是以人物为核心，而 2005 年日译本的特点主要是简洁。后期的封面不似早期重视人物的宣传，更多的是突出书名，整体看起来较为简约。相对于 1999 年版的封面，在视觉上的冲击性有所减弱，经过早期的传播，形成了一定的资本积累，从而在宣传策略上改变了原本的突出重心。早期《射雕英雄传》在日本的关注并不高，宣传主要以人物漫画呈现为主，能更加具有视觉侵略效果（赵玉宏 2011）。后期在日本有了一定的读者基础，所以宣传更加注重传达《射雕英雄传》本身的内容。

1.3.2 出版社宣传

出版社的文字宣传是作品在不同时间段的宣传策略的另一重要体现。腰封是出版社宣传的重要途径之一，其次是商品上架后的书籍介绍。此处主要选择腰封和亚马逊日本对作品的宣传进行出版社宣传分析。

（1）出版社详情

从《射雕英雄传》日译本的出版社来看，出版社是德间书店。德间书店的出版品主要以娱乐方面为主，不难发现《射雕英雄传》属于通俗文学，但又不是普通的通俗文学，它具有娱乐性，但又不是供于娱乐的消遣品，而是思想上的娱乐。正因为其通俗大众性质，在普通读者中深受喜爱，且神奇的想象、迷人的故事，更具有高雅的格调、深邃的思想，更加吸引大众读者的注意。也正是其带着娱乐性质却有着引人深思的魅力，才能在中国成为经典巨作，从而引起日本德间书店的关注，将金庸的武侠小说翻译到日本。也正是20世纪90年代中期，德间书店通过市场调查，发现了金庸是当时在世界上作品销量最好的中国作家之一，于是一举买下了金庸武侠小说的全部著作权（吴伟明 2005），1996年，金庸亲自到日本和当时的德间书店社长德间康快签订了协议（李光贞 2020）。德间书店买下金庸小说著作权之后，聘请了精通中文的冈崎由美担任日文版监制。冈崎由美与金庸的武侠小说有着千丝万缕的关系，冈崎由美是日本有名的日本中国文学研究者，目前担任早稻田大学文学部中国语中国文学课程。她在中国武侠小说方面造诣颇深，擅长明清戏曲和中国小说领域研究。在监制《射雕英雄传》之前，她还担任了古龙武侠小说的日语版监制，随着古龙小说日译本在日本深受好评，德间书店继续聘请她担任《射雕英雄传》的监制。她在金庸小说日译本中不仅仅担任了监制的角色，她还翻译了《书剑恩仇录》《鹿鼎记》，在中国武侠小说日译方面占据了一席之地。

（2）出版社宣传策略

在亚马逊日本、bookmeter、日本二手书店等网站搜索相关书籍的腰封，发现有腰封的日译本主要是1999年出版的《射雕英雄传》。文字内容主要是对剧情的引入介绍，但值得注意的是腰封突出的文字。腰封上的“武侠小说的巅峰”“终于登场”“无比痛快”“超级享受”“超人气”的文字十分吸睛，可以发现最初出版社对《射雕英雄传》的认可度都较高，用这些词汇对外宣传能更加吸引读者的注意力。

此外还有德间书店在亚马逊日本上销售《射雕英雄传》的介绍，根据所搜集的宣传语发现内容主要是对书本内容的大致简介。“终于”“故事渐入佳境”“激战、奇思妙想的打斗、后事如何……！？”“金庸武侠小说的巅峰、终于登场！”等的词汇较为突出，其中标点符号的使用更能突出惊奇、期待的情感，短小精悍、醒目有力的文字更加地吸引、打动读者。

2. 《射雕英雄传》在日本的接受

书评是“对图书的介绍评论，多从思想观点、科学价值和实际意义等方面进行分析和评介，是揭示图书内容的基本形式之一”，且“对推动出版工作、繁荣学术研究，对推荐优秀图书、指导读者阅读等都有积极意义”（王绍平等 1990）。考察译本的书评是翻译副文本研究的一个重要方式。读者对文学作品的评论是基于读者个人的文学素养、文学阅读经验等的个性化表达，一定程度上更真实地反映了一部文学作品在一个国家的接受情况。本节主要考察《射雕英雄传》日译本的网络媒体书评，搜集与梳理亚马逊日本和日本 bookmeter 网站关于《射雕英雄传》的读者评论，运用 CiteSpace 可视化分析软件，直观地展示读者关注的焦点。

2.1 评论年份

对亚马逊日本和日本 bookmeter 网站的读者评论的发布时间进行整理，一定程度上能展现出《射雕英雄传》在日本的接受情况。第一阶段是 2001—2007 年，这一阶段呈现缓速波动增长的趋势。2001—2005 年读者阅读的主要是 1999 年版本的小说，2005 年出现第一个区间高峰点，读者发布评论有 13 条。此外，可以发现 2006 年的缺失。造成这一原因可能是 2005 年第二版日译本的出版，吸引了许多读者的购买，但读者评论总体是阅读后进行的评论，所以在 2006 年不能及时地造成评论的缺失。第二阶段是 2008—2013 年，发现 2009 年出现近 20 年来的最高峰，读者评论高达 21 条，通过读者评论的资料整理，出现这一情况的部分原因是 2005 年第二版小说的出版，读者在 2005—2008 年之间对《射雕英雄传》阅读的部分反馈。2005 年之后略微回落，但相对前一阶段呈现明显的增长。第三阶段是 2014—2021 年，可以发现渐渐进入了较稳定的波动增长区间。总体来看，从 2001—2021 年读者评论发布数量整体趋势为波动增长，到后期逐渐趋于稳定。

2.2 评价等级

星级评价一定程度上能反映出作品在国外的接受情况与受欢迎程度。根据亚马逊日本的星级总评分整理，发现部分书籍没有进行系统的星级评价，有星级评分的书籍主要是《射雕英雄传》1999 年版和 2005 年版小说日译本以及漫画本的全 19 卷的套装。

亚马逊日本星级一定程度上可以看出日本读者对作品的评价（如下页表 1）。观察表 1，在亚马逊日本的《射雕英雄传》总星级平均为 4.1 星，可以看出日本读者对《射雕英雄传》的认可度较高。总星级最高为 4.5 星，是 1999 年出版《射雕英雄传》小说第一卷。最低为 3.3 星，是《射雕英雄传》漫画全 19 卷。结合搜集到的读者评论，发现 1999 年版小说出版年限最早，书评较少，评分的读者也较少，但评分的读者给予了高度的认可。而漫画全卷出版年限较靠后，且有 19 卷，相较之读者评论较多。bookmeter 也是日本较为权威的书评网，采用的评分制与亚马逊日本有些不同，是按照百分制来进行评分。观察表 1，发现评分较高的是 1999 年版的《射雕英雄传》第一卷，好评率达 56%，其次是 2005 年第一卷，平均好评率约 55%，可以发现评分较高的主要集中在《射雕英雄传》第一卷。对于漫画本评分较高的是第一卷、第二卷和第三卷，分别是《射雕英雄传——十八年后的约定》《射雕英雄传——草原霸者成吉思汗》《射雕英雄传——比武招亲》，读者对《射雕英雄传》的关注主要集中在故事开头部分，对前 3 卷的评论相对于后面几卷较多，也因此评分相对较高。

从《射雕英雄传》小说译本来看，1999 年版在亚马逊日本和 bookmeter 的总评分分别为 3.96 和 43%，而 2005 年版的评分分别是 4.24 和 50.2%。可以看出，日译本评分呈现递增的趋势。从漫画来看，读者评价也较多，评价主要集中在前 5 卷，漫画的总评分平均约 35.5%。言而总之，《射雕英雄传》日译本的评论较全面且评分较高的是 2005 年版的《射雕英雄传》，两个平台的读者对《射雕英雄传》的评分都在较稳定的区间内波动。结合读者评论数据梳理，发现普通民众的参与性逐渐增强。

总体来看，亚马逊日本对《射雕英雄传》总评分约为 4.1 星，bookmeter 总评分约为 42.4%，两个阅读平台的评价体系不同，虽然其评价机制上存在显著差异性，但总体上都表达了对《射雕英雄传》的肯定。

表 1.《射雕英雄传》星级与总评分（出自亚马逊日本和 bookmeter）

星级（%） 书名	亚马逊日本						bookmeter
	1	2	3	4	5	总星级	总评分
射鵰英雄伝全 19 巻セット漫画	–	25	31	33	12	3.3	–
射鵰英雄伝 19 華山論剣	–	–	–	–	–	–	29%
射鵰英雄伝（5）降龍十八掌	–	–	–	–	–	–	17%
射鵰英雄伝（4）愛は生死を超えて	–	–	–	–	–	–	15%
射鵰英雄伝（3）婿取り試合	–	–	–	–	–	–	53%
射鵰英雄伝（2）草原の覇者ジンギスカーン	–	–	–	–	–	–	46%
射鵰英雄伝（1）十八年後の約束	–	–	17	31	51	4.3	53%

续表

星级（%） 书名	亚马逊日本						bookmeter
	1	2	3	4	5	总星级	总评分
射鵰英雄伝（5）サマルカンドの攻防—1999 出版	–	–	42	44	15	3.7	51%
射鵰英雄伝（4）雲南大理の帝王—1999 出版	–	–	–	100	–	4	–
射鵰英雄伝（3）桃花島の決闘—1999 出版	–	–	–	100	–	4	24%
射鵰英雄伝（2）江南有情—1999 出版	–	–	37	63	–	3.6	41%
射鵰英雄伝（1）砂漠の覇者ジンギスカーン—1999 出版	–	–	–	50	50	4.5	56%
射鵰英雄伝（5）サマルカンドの攻防—2005 出版	–	–	25	20	55	4.3	52%
射鵰英雄伝（4）雲南大理の帝王—2005 出版	–	–	25	25	49	4.2	45%
射鵰英雄伝（3）桃花島の決闘—2005 出版	–	–	16	38	45	4.3	49%
射鵰英雄伝（2）江南有情—2005 出版	–	–	18	41	41	4.2	50%
射鵰英雄伝（1）砂漠の覇者ジンギスカーン—2005 出版	–	13	13	13	32	4.2	55%
射鵰英雄伝全 5 巻完結セット	–	–	–	75	25	4.2	–

2.3 评论图谱

考察读者反馈有助于深入了解译语世界的阅读习惯和偏好、反思翻译传播的得失，为文学翻译传播实践提供参考，为相关决策提供依据（余承法、郑剑委 2020）。整理亚马逊日本和 bookmeter 上关于《射雕英雄传》的读者评论，自建读者评论数据库，运用 CiteSpace 可视化软件进行图谱分析，梳理出《射雕英雄传》读者评论高频关键词排名靠前的词汇如下页表 2。同时，制作相应知识图谱如下文图 1。观察图 1，发现图谱呈现出较明显的故事人物描写、故事内容描写、金庸作品描写 3 个评论主题。结合图表与所收集读者评论，从这 3 个方面对图谱进行分析。

第一，关注《射雕英雄传》人物的评论。对于故事人物的描写主要涉及了郭靖、黄蓉、黄药师、杨康、周伯通、江南七怪、洪七公、欧阳锋、欧阳克、成吉思汗等。如图 1 所示，其故事人物主要体现在聚类①上，从高频词统计表和知识图谱所呈现的关键词来看，读者对于故事人物的评论最多的是集中在主角上，图中体现较为明显的是主角与其他人物之间的联系，将角色串联起来，就可以发现《射雕英雄传》的部分人物关系。如有读者评论道：“牛家村的郭啸天与其妻子李萍的儿子是郭靖，在蒙古出生长大；郭啸天的结拜兄弟杨铁心与其妻包惜弱的儿子是杨康，包惜弱在完颜洪烈的帮助下，杨康作为王子被抚养成人。之后二人重逢。这个作品读了一次，已经不记得杨铁心还活着，最后以穆念慈的养父的身份出现。与故事的展开有关的重要人物也逐渐登场，如黄蓉父亲黄药师、教郭靖和黄蓉武术的丐帮帮主洪七公等”。另外对于人物的性格描写的词汇较突出，最直接的是“性格”，结合评论，发现读者主要表达的是人物性格个性鲜明、复杂多样，每个角色都独具魅力，可以发现《射雕英雄传》日译本将原作人物鲜明的个性展现得淋漓尽致。

第二，关注《射雕英雄传》内容的评论。对于故事内容的评价，集中在聚类③的部分。表 2 和聚类③中对作品评价的词最为突出的是“有趣”。足以见得日本读者对《射雕英雄传》的高度肯定和喜爱之情。除此之外，还有“魅力”“享受”“读完了”“说服力”“很好”等。结合评论发现，“读完了”体现的是读者阅读了《射雕英雄传》，“很好”是对作品的认可，了解到《射雕英雄传》独特的故事魅力以及人物角色的个性魅力，具有强烈的说服力，作品壮大的故事背景、逻辑严谨、武侠特色等都深深吸引着读者的目光。此外，还有对作品中的武侠功夫的关注，比如降龙十八掌、九阴真经功法、空明拳等。有读者评论道：“因为我先读了《倚天屠龙记》，所以知道登场人物的关系，果然应该按顺序读这三部曲。故事本身很有趣，里面的功夫也很稀奇古怪，就像日本漫画的忍术一样，可以轻松阅读。”把中国功夫的招式与日本的忍术联系在一起，可以看出金庸武侠小说引起了日本读者的共鸣。总体来看，日本读者对《射雕英雄传》内容的理解不仅仅限于作品本身，更是结合日本的本土文化展开了讨论。

第三，关注金庸作品的评论。由表 2 可知，词频较高的有“金庸”“作品”“金庸作品”。结合图 1 分析，聚类②的读者评论中有许多关于金庸作品的评论，可以发现涉及的金庸作品有《倚天屠龙记》、射雕三部曲即《射雕英雄传》《神雕侠侣》《倚天屠龙记》。对金庸作品的描写可以发现有“冒险小说”“侠义精神”“荒唐无稽”等。日本读者对金庸作品的定义不只是武侠小说，更是当作一部冒险小说、格斗冒险小说作品来看待。有读者评论道：“对于喜欢穴道、必杀技、武术家、高手、单传、中国拳法、气功、修炼、豪侠气概这一类词的人来说，《射雕英雄传》是最棒的读物”。可以发现金庸小说的武打格斗画面、武术神技等深入日本读者的心中，也可以发现金庸作品中的侠义精神的印象也刻入人心。

总体来看，日本读者在《射雕英雄传》的人物角色、故事内容、金庸作品等方面，都表达了对《射雕英雄传》的肯定，一定程度上可以看出金庸武侠小说在日本的受欢迎程度。

表 2.《射雕英雄传》读者评论高频关键词局部一览表（出自亚马逊日本和 bookmeter）

关键词	频次	关键词	频次	关键词	频次
郭靖	56	登場人物	19	中国	14
黄蓉	36	黄薬師	18	射鵰英雄伝	14
金庸	34	作品	17	周伯通	12
面白い	33	ドラマ	16	達人	12
展開	27	楊康	16	桃花島	11
主人公	25	キャラ	15	武術	11
物語	21	好き	14	金庸作品	11

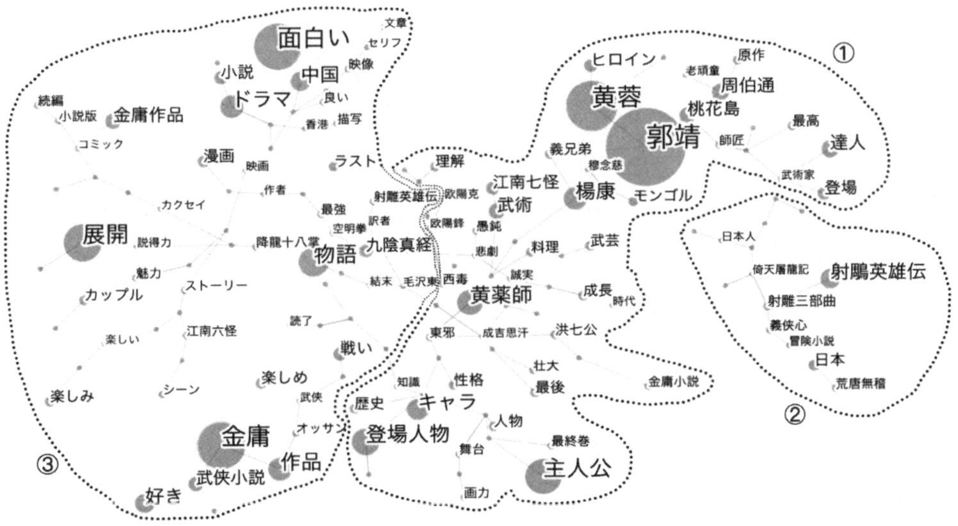

图 1.《射雕英雄传》日本读者评论可视化图谱

3. 结论

中华文化在世界文化体系中具有独特价值，向世界民族展示中华民族的文化成就和风采，使其他民族理解、认可、向往中华民族文化传统、价值观念，是确立我国国际地位、改善国际形象、提升国际话语权的有效途径（任东升、曲畅 2022）。《射雕英雄传》作为一部经典的中国武侠小说，在对外传播过程中不同程度地展现出中华文化的独特魅力和艺术价值，为中国特色文学与世界文学系统接轨增添了重要力量。

本文调查了《射雕英雄传》在日本的译本情况、出版宣传、读者评论等现状，厘清了《射雕英雄传》在日本的传播现状以及接受情况。综合分析《射雕英雄传》在日本译传可以看出，《射雕英雄传》在日本的传播最初主要是小说日译本的形式，后随着文本形式的多元化，李志清创作的《射雕英雄传》漫画也被德间书店译介到日本。《射雕英雄传》小说和漫画的日译，其中所蕴含的中国传统文化和武侠精神也为日本读者所追捧，在日本掀起了一阵武侠热潮，由此衍生出《射雕英雄传》系列的影视外译、漫画创作、游戏等，成为中国文化“走出去”的标签之一。从接受来看，通过 CiteSpace 制作日本读者评论可视化图谱，直观地展现日本普通读者对《射雕英雄传》的关注焦点，阐明了读者主要聚焦的关注重心以及对金庸《射雕英雄传》的整体印象等。本研究发现，日本读者主要聚焦于故事人物、故事内容、金庸作品 3 个方面，对于《射雕英雄传》的整理评价都是“很好”，且不仅仅只关注于作品本身，更是从金庸作品这一宏观角度展开了讨论。可以发现，日本读者对《射雕英雄传》的整体评价较高，在日本已经有一定的读者基础。

《射雕英雄传》作为金庸武侠小说的代表作之一，与“译出”策略不同，《射雕英雄传》日译本是日本出版社的主动译入行为。《射雕英雄传》在日本的日译传播对中国文学乃至中华文化走出国门、走向世界具有重大意义。通过对《射雕英雄传》在日本的译介和传播的研究以及基于日本受众反馈的接受效果研究，以期为揭示文学的翻译传播效果提供有益启迪，对中国武侠小说、中华文化在国际社会得到译介、传播与认同提供可行路径。

参考文献：

[1] 李光贞. 金庸小说在日本的翻译与传播 [J]. 山东师范大学学报（社会科学版），2020（2）：61-78.

[2] 李云飞. 金庸武侠小说在新加坡的传播与接受 [J]. 华文文学，2021（5）：57-63.

[3] 任东升，曲畅. 中国文化走出去与去西方中心主义——以中国文化经典《水浒传》赛珍珠英译本为案例的分析 [J]. 思想战线，2022（04）：156-164.

[4] 王绍平，等. 图书情报词典 [M]. 上海：汉语大词典出版社，1990：160-161.

[5] 吴双. 审美与消费：金庸武侠小说在日本的接受 [J]. 当代文坛，2016（6）：48-52.

[6] 余承法，郑剑委. 基于读者反馈的《西游记》英译版海外传播研究 [J]. 湖南师范大学社会科学学报，2020（06）：83-89.

[7] 张乃禹 . 论金庸小说在韩国的译介、传播与接受 [J]. 浙江学刊，2020（4）：51-64，2.

[8] 赵玉宏．论影视剧跨文化传播与中国文化软实力的提升 [J]. 现代传播（中国传媒大学学报），2011（1）：61-78.

[9] 呉偉明．日本における金庸武侠小説の受容 [J]. 日中社会学研究，2005（3）：27-43.

作者简介

刘岩，贵州大学外国语学院讲师，贵州大学日本研究所所长。研究方向：典籍翻译与传播及海外中国学、近代中日交流史。

林丰琳，贵州大学外国语学院日语笔译研究生。研究方向：文学翻译与传播。

葛译《红高粱家族》的网上读者接受研究

A Study on the Online-readers' Reception of Goldblatt's Translation of *Red Sorghum*

罗　菁
LUO Jing

摘要：

文章借助网络翻译批评的视角，基于 Goodreads、Amazon、StoryGraph 和 LibraryThing 四个网站的读者评论考察了葛译《红高粱家族》的网上读者接受情况。研究发现，虽然译本整体获得了较高的满意度，但读者针对译文质量和效果却存在争论：部分评价肯定翻译语言优美自然、表达清晰的同时，也有不少评论认为译本冗长生硬、漏译严重等；同时也有许多读者持中立或辩证的态度，或就译本如何改善提出自己的看法。

关键词：

《红高粱家族》；红高粱；葛浩文；读者接受；网络翻译批评

Abstract:

This paper studies the reception of Howard Goldblatt;'s English version of *HonggaoliangJiazu, Red Sorghum* among general readers on the basis of online comments on four websites: Goodreads, Amazon, StoryGraph and LibraryThing. The result indicates that, although readers have a higher degree of satisfaction to the translation in general, there are still debates about the quality of the translation. While some comments praise the beauty and naturalness of the prose, others criticize the translation as stilted and complain about the omissions. At the same time, there are also many readers who hold a neutral or dialectical attitude toward the translation, some of them even put forward their own views on how to improve the translation.

Key words:

HonggaoliangJiazu; *Red Sorghum*; Howard Goldblatt; readers' reception; internet-based translation criticism

1. 引言

1993 年 4 月 21 日，由美国汉学家葛浩文翻译的《红高粱家族》（以下简称《红》）英译本 *Red Sorghum* 在美国出版。译本甫一面世，即受到广泛关注和认可：不仅跻身畅销书榜，获得《纽约时报书评》（*New York Review of Books*）、《图书馆杂志》

（*Library Journal*）、《科克斯评论》（*Kirkus Review*）等多家权威媒体的好评，还被列入美国高校中国现代文学赏析课程的必读书目。近 30 年来，译本也多次再版重印，热度不减，被视为中国文学外译和传播的成功案例。不过，评估译本的译介效果和接受情况不能局限于业界和学界，普通读者的评价也是不可或缺的维度。在此情况下，各大英语书评网站作为大众翻译批评的重要平台，恰好能帮助我们管窥译本的读者评价情况。本文拟借网络翻译批评的视角，考察 Goodreads、Amazon、StoryGraph 和 LibraryThing 四个网站的读者评论，以充实对葛译《红》读者接受情况的认知，并进一步反思中国文学外译事业。

图 1. 葛浩文译《红高粱家族》

2. 网络翻译批评及葛译《红》研究现状

网络翻译批评以普通读者为主体，以互联网社区为平台，在近 20 年间乘科技之风形成了一定的规模，成为翻译批评新空间。目前，该领域的研究还处于理论探索阶段，一些学者尝试对其形态、特点和意义作出界定，如许钧、高方（2006）将网络文学翻译批评分为“引导讨论型”“主题探讨型”和“私语评论型”三类（许钧、高方 2005）；蓝红军（2012）认为网络翻译批评具有“批评主体大众化、批评话语通俗化、批评价值多元化”的价值，呼吁学界更加重视该领域的研究；王一多（2015）总结其“聚焦现实问题”“交互性明显”“主体意识突出”和“分众性”的特点等。不过，尽管目前直接以网络翻译批评为题的文献不多，但实际已有不少基于或涉及网络读者评论的实证研究，如张璐（2019）从 Python 情感分析探究了《三体》英译本的读者评价；张汨、王志伟（2020）基于 Goodreads 网站考察《射雕英雄传》英译本的接受情况；张晨晨、谭业升（2021）根据 Amazon 网站的评价研究《伤寒论》

译本的海外传播情况等。上述研究均以网上读者评论为基础，较为深入地考察了不同译本在英语大众读者中的接受情况，显示出网络翻译批评的信度和效度。

而就葛译《红》而言，目前的研究已较为丰富，其中期刊文献 121 篇，学位论文 106 篇。不过，这些研究主要聚焦于语言研究（何丽、王筱依 2014）、译者思想研究（廖瑞 2013）、社会学研究（葛佳彬 2014）和译介传播研究（卢迪 2014）等方面，其中虽偶有文章涉及读者评论，但一般仅对评价进行整体描述或选取分析典型案例，数据也大多局限于单个网站，全面性有所欠缺。本文以此为契机，在四个书评网站内深入考察葛译《红》的读者评价，探究其接受情况，并补充译本的批评研究。

3. 数据来源及考察方法

在主要的英语书评网站中，Goodreads、StoryGraph、LibraryThing 和大型网络商店 Amazon 收录有葛译《红》，且译本具有一定规模的互动量。其中，Goodreads 成立于 2007 年，是全球最大的在线读书社区，注册用户超过 9000 万，收录书籍丰富、功能多样，是国外读书爱好者的必备网站。StoryGraph 与 LibraryThing 网站分别成立于 2019 年和 2005 年，其用户规模更小，功能更加精简。在这些书评网站内，读者都可以对书籍进行标记、打分和评论，也可以自由建立书单、发起讨论。2005 年投入运营的网络商店 Amazon 则在提供售书平台的同时也收集书籍评分与读者评论。上述四个网站的成立时间各有先后，其用户构成和评论的时间范围也有所不同。本文同时收集四个网站的评论，有助于扩大数据范围，尽可能地呈现出译本读者批评的全貌。下文将对不同网站内的译本评分、参评数、评论数等互动数据进行量化考察；同时通过关键词检索和内容分析在读者评论中筛选译文相关的评价，进行质性分析。

4. 葛译《红》在英语世界的接受情况及分析

4.1 阅读情况

各书评网站中 Goodreads 收录的葛译《红》版本最全，且用户参与量最高，数据具有代表性，因此本文以该网站为例收集《红》各版译本的纸质书和电子书数据（见表 1），总结译本的阅读情况；同时，也对莫言其他主要作品的阅读数据进行统计（详见附表 1、2、3、4），方便从横向维度明了《红》译本在其中的位置（见表 2）。结果显示，各版葛译《红》均分 3.61，共 4511 人参评，460 条文字评价，15879 人“加入书架”。与其他莫言作品比较来看，该译本不论阅读量、互动量还是潜在读者数都居首位，且评分处于上游，整体显示出较高的传播度和满意度。

表 1. 各版葛译《红》在 Goodreads 网站的阅读情况（按参评人数排序）

出版商 / 时间	书名	参评人数	评分	文字评价	加入书架
PenguinBooks, 1994	*Red Sorghum* (Paperback)	4,064	3.78	407	14,766
Arrow, 2003	*Red Sorghum* (Paperback)	197	3.68	28	446
Penguin Books, 1994	*Red Sorghum: A Novel of China* (Kindle Edition)	102	3.75	9	289
Cornerstone Digital, 2012	*Red Sorghum* (Kindle Edition)	71	3.61	5	111
Viking Books, 1993	*Red Sorghum: A Novel of China* (Hardcover)	48	3.96	4	182
Viking Books, 1993	*Red Sorghum* (Paperback)	15	3.53	2	37
Conerstone Digital, 2012	*Red Sorghum* (ebook)	4	3.5	3	12
Trafalgar Square, 1993	*Red Sorghum* (Paperback)	3	4.33	1	15
William Heinemann Ltd,.1993	*Red Sorghum* (Hardcover)	3	3.67	0	9
Penguin Group, 1994	*Red Sorghum: A Novel of China* (ebook)	2	3.5	1	6
Minerva, 1994	*Red Sorghum* (Paperback)	1	3.0	0	1
Arrow, 2012	*Red Sorghum* (Paperback)	1	3.0	0	5
合计		4,511	3.61	460	15,879

表 2. 葛译莫言作品在 Goodreads 网站的阅读情况（部分）

书名	参评人数	评分	评价	加入书架
《红高粱家族》（各版本合计）	4,511	3.61	460	15,879
《生死疲劳》（各版本合计）	2,999	3.78	346	10,846
《蛙》（各版本合计）	2,103	3.55	238	6,736
《丰乳肥臀》（各版本合计）	1,863	3.35	223	6,485
《变》（各版本合计）	1,224	3.56	123	2,175

笔者以同样的方式在 Amazon、StoryGraph、LibraryThing 网站收集译本数据（见附表 5、6、7），以便对其阅读情况进行整体把关；同时在读者评论中检索 translation, translator, Goldblatt 等词，筛选出与翻译质量和效果相关的评价数，如统计表 3。

表 3. 葛译《红》在不同书评网站的评分及评价细节

网站	评分	参评人数	文字评价	提及“翻译”的评价	有关译文质量的评价	加入书架
Goodreads	3.61	4,511	460	41	39	15,879
Amazon	4.00	203	106	13	7	不详
StoryGraph	3.68	188	36	7	2	不详[1]
LibraryThing[2]	3.79	148	24	6	4	917
合计	3.77	5,050	626	67	52	16,796

数据显示，葛译《红》在各网站内评分良好且反馈量丰富：译本评分均达到 3.5 以上，参评人数超 5000 人并获评 626 条，其中 52 条与翻译相关。不过，书籍评分可能依据小说题材、叙事风格、书籍装帧及审美趣味等各个标准，并不能直接反映译本质量和接受效果。因此，还需对评价内容进行质性分析。

4.2 评价内容

由于个体差异，相似的评价可能评分不同，因此笔者以评论内容和态度倾向为标准，划分肯定型评价 19 条（36.5%）、批判型 10 条（19.2%）、辩证型 3 条（5.8%）、中立型 19 条（32.7%）、建议型 2 条（3.8%）。可以看出，译本的翻译质量和效果并没有获得压倒性好评，读者对此态度不一，理据各异。表 4 摘录了四个书评网站中的部分评价。

表 4. 不同书评网站读者对《红》葛译文的部分评价（笔者译）

态度	数量	网站	评分	评价内容（摘录）
肯定	19	Goodreads	4	“葛浩文的译文值得关注。他的翻译完全‘透明’，我甚至忘记了原著是用中文写的。译本的语言非常自然。”[3]
			5	“翻译得非常好。”[4]
			4	“葛浩文的翻译给莫言的抒情语言注入了生命力，让人期待阅读作者的其他作品。”[5]
			5	“没有读过中文原文，但还是很喜欢这个翻译。每件事都解释得很好，每一处的意思都很清晰。”[6]
		Amazon	5	“翻译得很漂亮。”[7]
		StoryGraph[22]	5	“语言的抒情性让人印象深刻……（向译者致敬……）”[8]
		LibraryThing[23]	不详	“……我很高兴能看到译者说明译本是基于原著的台北版本，其中‘恢复了大陆版本的许多删减’，并且‘在作者的同意下进行了部分删节’。”[9]

续表

态度	数量	网站	评分	评价内容（摘录）
批判	10	Goodreads	3	“不太喜欢这个翻译。”[10]
			5	“葛浩文毫无疑问是一位优秀的中国学者，但他的译文有些生硬呆板。可能是因为汉语的某些细节在英语中找不到对应的表达方式。”[11]
			2	“翻译又繁复又冗长……。”[12]
		Amazon	1	“……翻译太让人反感了。”[13]
辩证	4	Amazon	2	“……经常出现整句(上百句)甚至整段漏译的情况……这是‘残缺本’，不是译本。不过，译者最大的不忠在于，他赋予了译文一种诗意，而这正是原文所缺乏的。”[14]
		LibraryThing	不详	“莫言的一些语句译得平庸……不过战争的摧残和农民生活中常见的暴力却传达得很好。”[15]
中立	17	Goodreads	2	“也许有什么东西在翻译中丢失了。”[16]
			2	“我看到三分之一才进入状态，可能是翻译的原因。”[17]
		StoryGraph	5	“可能是翻译或文化差异的原因导致其中有些内容我没理解……。”[18]
		LibraryThing	2	“……我觉得要么是翻译不好，要么就是书本身不太好。”[19]
建议	2	Goodreads	4	“译者葛浩文选择了 1988 年的台北版本来译，这个版本‘恢复了许多 1987 年大陆版的删减部分’。作为一名读者，我希望他能用斜体或其他方式来标明这些删减的部分。”[20]
			4	“希望译者提供注释，这样我就能理解人物的名字和绰号了。”[21]

上述评论既有直接表达好恶的简短随想，也包括较长篇幅的分析，后者集中关注译文语言、副文本策略和漏译问题几个方面。

4.2.1 译文语言

语言是该译本读者讨论最多也是产生分歧的主要方面。52 条评论中，共 18 条涉及译本语言的评价，其中 6 条持批判态度（33.3%），12 条则较为赞赏（66.7%）。虽然部分读者对译文语言并不满意，如“翻译又繁复又冗长（heavay and wordy）”“译文有些生硬呆板（stilted and inflexible）”等，但大部分读者对译文的语言质量和流畅度比较满意，如“译文语言质量惊人，这要归功于译者葛浩文”[24]、“葛浩文的翻译让莫言的文字栩栩如生”“译者巧妙地捕捉到了小说的抒情性”[25]、“语言的抒情性让人印象深刻……（向译者致敬……）”等。还有读者提到，译文自然流畅，甚至产生了“如读原文”的效果。

至于这本书的翻译，我认为葛浩文的工作值得特别提及。他的翻译完全“隐形”（invisible）：我甚至忘记了我读的书本来是用中文写的。他的语言非常自然。

此外，在语句理解方面，也有读者称赞译文“每件事都解释得很好，每一处的意思都很清晰”，没有造成任何阅读困难。

4.2.2 副文本策略

除了语言问题，一些读者评论还涉及翻译的副文本策略。由于时空因素，《红》在大陆初版时进行了一些删节。应作者的要求，葛浩文以1988年台北洪范书店的版本进行翻译，并在译后记中特别提及。关于原著版本的说明让读者感到满意。

LT (LibraryThing) 上有讨论说中国小说在英译前一般都要经过删节，所以我很高兴能看到译者说明译本是基于原著的台北版本，其中“恢复了大陆版本的许多删减”，并且“在作者的同意下进行了部分删节”。

还有一位读者建议译者“用斜体或其他方式来标明这些删减的部分”。可见，原著的版本和完整性也为读者所关注，并影响译本的评价。除此之外，对小说中人名和绰号混同使用的情况，也有读者也提出建议，“希望译者提供注释”，以便理解。

4.2.3 漏译问题

葛浩文的“改写式翻译”向来引起争论。在他的早期译作中，“大刀阔斧”的删改更是数见不鲜。《红》译本中，读者也注意到了漏译的情况。

标题：需要一个（忠实完整的）全新译本！

内容：……美国译者葛浩文一定是顶着相当大的压力赶在截止日期前译完的，因为有太多地方他没有译。我承认原作《红高粱家族》（*The Clan of the Red Sorghum*，这是完整的原作名）并不容易读……根据我的经验，用英语翻译这部小说极其困难和耗时……但让我难以接受的是：一旦遇到奇怪的词汇或字典难以解决的问题，他就会轻描淡写地略过；经常出现整句（上百句）甚至整段漏译的情况。这本书我大约读了四分之三，有一段将近两页的文字（超过一千字）没有翻译！所有提到马克思主义和毛泽东的地方也都删除了，可能是因为葛浩文或编辑或出版商认为美国读者不想看到作者对马克思和毛泽东的某种偏爱。但这样一来，大段的文本消失了。这是“残缺本”（mutilation），不是译本。……

从评论推测，这位读者应该是位双语使用者或至少是学习者，因而对译文的漏译情况较为敏感。虽然这位读者最后也补充说，译者“赋予了译文一种诗意”，但还是只给出了两星的评价。由此看来，大段漏译和由此造成的信息缺失仍然为读者所忌讳。

综上所述，葛译《红》虽在英语世界中得到了较为广泛的传播且译本整体评价良好，但就翻译质量和效果而言却并非一致好评：其中，读者对译本的褒奖包括语言自然、表达清晰、原著版本删节少等；对译本的批判则包括语言冗长生硬、漏译严重、阅读耗时长等；同时也有部分评价持中立态度，或就译本如何改善提出自己的看法。

5. 研究反思

王一多（2015）曾提到，网络翻译批评鱼龙混杂，存在“正解与误解并存，深析与浅析交织”的现象。本研究也显示出读者批评的局限性：由于批评群体以普通读者为主，许多书评流于感知，很难对译文进行深入的评估，有时甚至存在误解。比如，本研究中就有读者认为译文“时间线来回穿插却没有过渡或提示，让人困惑”[26]。然而，跳跃的时间线本就是原作固有的，译者只是如实译出了而已。此外，还存在评判的主观随意性，如一位读者对译文持肯定态度，原因是小说滥用“高粱”“淌血的河”等意象，而译文“笨重的异质感”（clunky “foreign” feel）能帮助分散注意力[27]。

不过瑕不掩瑜，沸沸扬扬的讨论之中仍不乏价值的反馈，为我们改善今后的译作质量、促进译作传播提供了诸多参考。比如，许多评论赞美译文语言抒情且流畅，可见，语言的审美性和可读性都是读者衡量译作好坏的重要指标。因此，文学外译工作者不仅需要重视语言表达的艺术性，还要时刻考虑译本读者的接受能力。其次，一些评论指出译作的漏译问题，呈现出英语读者对文学译作完整性的关注。这就需要译者在制定删减策略时格外谨慎。最后，读者对人名翻译和文化差异的困惑也提醒译者灵活使用副文本策略，通过注释、序言、后记等方式解疑释惑。

6. 结语

文学外译不能闭门造车，译介成功与否最终还要由读者来评判。本文借助网络翻译批评的视角考察葛译《红高粱家族》在 Goodreads、Amazon、StoryGraph 和

LibraryThing 四个网站内的读者评价，发现大众读者对译本整体接受度较好，但对翻译质量和效果众口纷纭；读者除了关注翻译语言和译文的完整性，也期待译者对相关背景文化信息提供注解。研究以个案为例，试图明晰译语读者对译文的偏好和普遍期待，希望为中国文学外译工作提供参考。

注释：

[1] Amazon 与 StoryGraph 网站不收集“加入书架”数据。

[2] StoryGraph 与 LibraryThing 网站评分及参评人数为各译本合计，数据可能涵盖少量小语种译本，但可作为参考。

[3] https://www.goodreads.com/review/show/563336775?book_show_action=false&from_review_page=1.

[4] https://www.goodreads.com/review/show/736739309?book_show_action=false&from_review_page=2.

[5] https://www.goodreads.com/review/show/1129942050?book_show_action=false&from_review_page=1.

[6] https://www.goodreads.com/review/show/3196106714?book_show_action=false&from_review_page=1.

[7] https://www.amazon.com/Red-Sorghum-audiobook/product-reviews/B00H72P540/ref=cm_cr_getr_d_rvw_rvwer?ie=UTF8&reviewerType=avp_only_reviews&pageNumber=1&filterByKeyword=beautifully+done.

[8] https://app.thestorygraph.com/reviews/ad97071d-7db1-4ed1-896a-db078ef81416.

[9] https://www.librarything.com/work/180006/reviews/91387296.

[10] https://www.goodreads.com/review/show/432803378?book_show_action=false&from_review_page=2.

[11] https://www.goodreads.com/review/show/669037649?book_show_action=false&from_review_page=1.

[12] https://www.goodreads.com/review/show/940784407?book_show_action=false&from_review_page=1.

[13] https://www.amazon.com/Red-Sorghum-audiobook/product-reviews/B00H72P540/ref=cm_cr_arp_d_viewopt_kywd?ie=UTF8&reviewerType=avp_only_reviews&pageNumber=1&filterByKeyword=off-putting.

[14] https://www.amazon.com/Red-Sorghum-audiobook/product-reviews/B00H72P540/ref=cm_cr_arp_d_viewopt_kywd?ie=UTF8&reviewerType=all_reviews&pageNumber=1&filterByKeyword=deadline.

[15] https://www.librarything.com/work/180006/reviews/91116459.

[16] https://www.goodreads.com/review/show/71225067?book_show_action=false&from_review_page=1.

[17] https://www.goodreads.com/review/show/216517564?book_show_action=false&from_review_page=1.

[18] https://app.thestorygraph.com/reviews/83ddeec2-fb2d-413a-82c1-e32a7a18b7b2.

[19] https://www.librarything.com/work/180006/reviews/91326439.

[20] https://www.goodreads.com/review/show/583046514?book_show_action=false&from_review_page=1.

[21] https://www.goodreads.com/review/show/4022567710?book_show_action=false&from_review_page=1.

[22] StoryGraph 网站不显示书评时间。

[23] 部分 LibraryThing 网站书评未打分。

[24] https://www.goodreads.com/review/show/3605258323?book_show_action=false&from_review_page=1.

[25] https://www.goodreads.com/review/show/654430173?book_show_action=false&from_review_page=1.

[26] https://www.goodreads.com/review/show/533230097?book_show_action=false&from_review_page=1.

[27] https://www.goodreads.com/review/show/511583814?book_show_action=false&from_review_page=1.

参考文献：

[1] 葛佳彬 . 布迪厄社会学视角下《红高粱家族》英译研究 [D]. 武汉：华中师范大学，2014.

[2] 何丽，王筱依 .《红高粱家族》方言翻译的语言学分析 [J]. 东北师大学报（哲学社会科学版），2014（6）：270-272.

[3] 蓝红军 . 翻译批评的现状、问题与发展 [J]. 中国翻译，2012（4）：15.

[4] 廖瑞 . 葛浩文的翻译思想探究 [D]. 长沙：中南大学，2013.

[5] 卢迪 . 莫言小说在英语世界的译介与传播 [D]. 上海：上海外国语大学，2014.

[6] 王一多 . 网络翻译批评——新的批评空间 [J]. 外语研究，2015（4）：73-76.

[7] 许钧，高方 . 网络与文学翻译批评 [J]. 外语教学与研究，2006（3）：216-220，241.

[8] 张晨晨，谭业升 ．“中医西传”视域下《伤寒论》英译本的海外传播与接受研究 [J]. 解放军外国语学院学报，2021（4）：150-158.

[9] 张璐 . 从 Python 情感分析看海外读者对中国译介文学的接受和评价：以《三体》英译本为例 [J]. 外语研究，2019（4）：80-86.

[10] 张汨，王志伟 . 金庸《射雕英雄传》在英语世界的接受与评价——基于 Goodreads 网站读者评论的考察 [J]. 东方翻译，2020（5）：18-25.

附录：

附表 1. 各版葛译《生死疲劳》在 Goodreads 网站的阅读情况

出版商 / 时间	书名	参评人数	评分	文字评价	加入书架
Arcade Publishing, 2008	*Life and Death Are Wearing Me Out*(Hardcover)	2,549	4.01	314	9,504
Arcade Publishing, 2011	*Life and Death Are Wearing Me Out*(Kindle Edition)	303	3.77	18	940
Arcade Publishing, 2012	*Life and Death Are Wearing Me Out*(Paperback)	123	3.92	11	345
不详	*Life and Death Are Wearing Me Out*(Kindle Edition)	18	3.22	3	29
Arcade Publishing, 2011	*Life and Death Are Wearing Me Out* (ebook)	2	3.5	0	15
e-penguin, 2016	*Life and Death Are Wearing Me Out: China Library* (Kindle Edition)	4	4.25	0	11
Arcade Publishing, 2011	*Life and Death are Wearing Me Out* (Paperback)	0	0	0	2
合计		2,999	3.78	346	10,846

附表 2. 各版葛译《蛙》在 Goodreads 网站的阅读情况

出版商 / 时间	书名	参评人数	评分	文字评价	加入书架
Viking, 2015	*Frog* (Hardcover)	1,850	3.7	204	6,160
Penguin, 2015	*Frog* (Paperback)	71	3.77	10	164
PenguinBooks, 2015	*Frog* (Kindle Edition)	55	3.27	4	125
Hamish Hamilton, 2014	*Frog* (Hardcover)	46	3.48	8	86
PenguinBooks, 2016	*Frog* (Paperback)	17	3.82	2	52
Hamish Hamilton/Penguin Australia, 2014	*Frog* (Paperback)	22	3.32	4	46
e-penguin, 2014	*Frog* (Kindle Edition)	7	3.57	1	27
Penguin, 2014	*Frog* (Kindle Edition)	14	4.14	0	25
e-penguin, 2014	*Frog* (Kindle Edition)	10	3.7	1	18
Hamish Hamilton, 2014	*Frog* (Paperback)	3	3.67	0	12
Penguin Books, 2016	*Frog* (ebook)	4	3.75	1	12
Penguin Books Ltd., 2014	*Frog* (Paperback)	2	3.0	1	6
不详	*Frog*	2	3.0	2	3
合计		2,103	3.55	238	6,736

附表 3. 各版本葛译《丰乳肥臀》在 Goodreads 网站的阅读情况

出版商 / 时间	书名	参评人数	评分	文字评价	加入书架
Arcade Publishing, 2004	*Big Breasts and Wide Hips* (Hardcover)	1,655	3.78	189	5,813
Arcade, 2011	*Big Breasts and Wide Hips: A Novel* (ebook)	89	3.61	5	283
Arcade, 2012	*Big Breasts & Wide Hips* (Paperback)	42	3.6	12	167
Methuen Publishing, 2006	*Big Breasts & Wide Hips* (Paperback)	56	3.64	13	161
Methuen Publishing, 2005	*Big Breasts & Wide Hips* (Hardcover)	13	3.08	2	39
Methuen, 2015	*Big Breasts & Wide Hips* (Kindle Edition)	5	4.4	0	7
Arcade Publishing, 2011	*Big Breasts & Wide Hips* (Kindle Edition)	1	3.0	1	6
Arcade Publishing, 2011	*Big Breasts and Wide Hips: A Novel* (Paperback)	1	4.0	0	5
不详	*Big Breasts & Wide Hips* (Kindle Edition)	1	1.0	1	3
Arcade, 2012	*Big Breasts and Wide Hips* (Hardcover)	0	0.0	0	1
合计		1,863	3.35	223	6,485

附表 4. 各版葛译《变》在 Goodreads 网站的阅读情况

出版商 / 时间	书名	参评人数	评分	文字评价	加入书架
Seagull Books, 2010	*Change* (Hardcover)	1,179	3.44	116	2,091
Seagull Books, 2013	*Change* (Paperback)	31	3.45	6	60
Seagull Books, 2012	*Change (SB - What Was Communism?)*	14	3.79	1	22
Seagull Books, 2012	*Change* (Paperback)	0	0.0	0	2
合计		1,224	3.56	123	2,175

附表 5. 现有可选购的各版葛译《红高粱家族》在 Amazon 网站的参评人数及评分

出版商 / 时间	书名	参评人数	评分
PenguinBooks, 1994	*Red Sorghum: A Novel of China* (Paperback)	75	4.0
PenguinBooks, 1994	*Red Sorghum: A Novel of China* (Kindle Edition)	46	3.5
Arrow Books, 2003	*Red Sorghum* (Paperback)	27	4.0
VikingAdult, 1993	*Red Sorghum: A Novel of China* (Hardcover)	10	4.0
PenguinBooks, 1994	*Red Sorghum: A Novel of China* (Paperback)	1	3.0
合计		159	3.7
网站历年合计		203	4.0

附表 6. 各版葛译《红高粱家族》在 StoryGragh 网站的文字评价数

出版商 / 时间	书名	文字评价
Penguin Books, 1994	*RedSorghum* (Paperback)	32
Arrow, 2003	*RedSorghum* (Paperback)	3
Viking Books, 1993	*RedSorghum* (Hardcover)	1
合计		36

附表 7. 各版葛译《红高粱家族》在 LibraryThing 网站的文字评价数

出版商 / 时间	书名	文字评价
Penguin Books, 1994	*Red Sorghum: A Novel of China* (Paperback)	14
Random House, 2003	*Red Sorghum* (Paperback)	3
Arrow, 2003	*Red Sorghum*	1
Viking Adult , 1993	*Red Sorghum: A Novel of China* (Hardcover)	1
Viking Adult , 1993	*Red Sorghum: A Novel of China* (Paperback)	1
Viking Press, 1993	*Red Sorghum: A Novel of China* (Hardcover)	1
Arrow Books, 2003	*Red Sorghum* (Hardcover)	1
Penguin Books, 1994	*Red Sorghum*	1
Arrow Books Ltd., 2003	*Red Sorghum* (Paperback)	1
合计		24

作者简介

罗菁，广东外语外贸大学高级翻译学院翻译学硕士在读。研究方向：翻译与跨文化研究。

中华文化“走进去”导向下的典籍翻译和传播之道

——以菲律宾丘氏兄弟《论语英译今译》为例 *

Translation and Dissemination for the “Fitting in” of Chinese Classics: A Case Study of Khu Brothers’ English Translation of *Lunyu* in the Philippines

姜　倩
JIANG Qian

摘要:

近年来，在典籍外译的繁荣背后，典籍文本传播效果欠佳却是不争的事实，如何实现从“走出去”到“走进去”的飞跃成为当前亟须解决的问题。本文以菲律宾丘氏兄弟的《论语》译本为例，从受众和文化接受的角度分析了丘氏兄弟所采取的适读性策略和文化“求同”策略。论文由此提出，为了实现中华文化“走进去”的目标，典籍译者和传播者必须改变“原文至上”的传统思维，将注意力转移到受众的理解和接受状况上来，最基本的要求或原则就是让外国读者能够“看得明白、听得进去”，即着眼于译本的语言可接受性和文化可接受性，切实增强传播效果，从而获得海外大众的认可和接受。

关键词:

中华文化“走进去”；丘氏兄弟；《论语》；典籍翻译

Abstract:

Recent years have witnessed a growing number of the translations of Chinese classics. However, many of the translated texts have failed to gain a wider readership in foreign countries. Therefore, it is widely recognized that attention should be shifted from studying how to push the Chinese culture to “go abroad” towards how to make it “fit in” the target

* 基金项目：本文是中宣部项目“中华文化对外传播之策略研究”（编号：WEH3152004）的阶段性成果。

culture. This paper delves into the translation strategies in Khu brothers' English version of *Lunyu* as well as the communication strategies applied by them to make the translation better received by the target readers. It is pointed out that in order to achieve the goal of the "fitting in" of the Chinese culture, the linguistic and cultural acceptability of the translations of Chinese classics should be expertly achieved through the careful choice of strategies with a full awareness of the target readers' cultural expectation and receptiveness.

Keywords:

The "fitting in" of the Chinese culture; Khu Brothers; *Lunyu*; the translation of Chinese classics

1. 引言

近些年来，我国政府出台了一系列政策支持和鼓励中华文化"走出去"，以扩大中国在世界的文化影响力，并且取得了一定的成效；但另一方面，中华文化"走出去"仍然存在着未能准确把握外国文化市场需求、传播效益有限等诸多问题（李成家、彭祝斌 2015：147）。就典籍外译而言，"我国大部分重要典籍文本都已有包括英语在内的多语种译本，典籍翻译研究的专著及论文等成果层出不穷。然而，在典籍外译的学术繁荣背后，典籍文本传播效果欠佳却是不争的事实"（费周瑛、辛红娟 2018：45）。王宏印指出，"外文形式的中国典籍的出版发行多数限于国内，难以进入世界文学的视野和教学研究领域。有些译作甚至成了名副其实的'出口转内销'产品"（2009：6）。汪榕培则犀利地指出，国内以《大中华文库》为代表的典籍英译实际上是"自娱自乐"，并没有真正走到欧美读者那里去（李宁 2015：77）。谢天振也批评很多人在"中国文化如何走出去"这个问题上存在着严重的认识误区，以为只要把中国文化典籍翻译成外文，中国文化就自然而然地"走出去"了，但其实投入了大量人力和物力进行翻译和出版，却并没有达到促使中国文化切实有效地"走出去"的目的（2011：4）。

在这种情势下，不少学者指出，实现中华文化从"走出去"到"走进去"的飞跃是当务之急，或者说是当前急需突破的瓶颈（周加李 2020；黄晓曦、苏宏元 2020）。所谓"走进去"，就是让中华文化"能够为外国受众所理解、领悟和接受，并真正深入他们的内心，甚至影响他们的生活，实现中华文化在外国的'软着陆'"（李成家、彭祝斌 2015：148）。对于典籍翻译和传播来说，这就意味着译者和传播者必须改变"原文至上"的传统思维，将注意力转移到受众的理解和接受状况上来。事实上，中华典籍"走出去"遭遇瓶颈，很大程度上正是忽视了译本在译入语文化真实环境中的接受状况，仅仅考虑译本是不是“译得正确，译得好”，却没有考虑“译出去以后有没有人看的问题，能不能被人接受的问题，能不能产生影响的问题”（谢天振 2013：52）。

由丘文郊、丘文祁、丘文明和丘文星兄弟翻译的《论语英译今译》（*The Confucian Bible Book I. Analects: English and Modern Chinese Versions*）于 1991 年 1 月由马尼拉的 Granhill 出版公司出版（后由世界知识出版社在中国大陆再版），主要面向的是菲律宾的华人群体。该译本较少引起研究者的注意，而且译者既非汉学家或儒学研究领域的学者，也非译著等身的翻译家，只是民间译者，影响不大。但笔者研究后发现，尽管丘氏兄弟的《论语》译本名不见经传，但是放在菲律宾的译语文化环境中来看，却称得上是典籍译本“走进去”的成功范本，能够带给我们不少有益的启示。

图 1.《论语英译今译》
（*The Confucian Bible Book I. Analects: English and Modern Chinese Versions*）

2. 《论语英译今译》的翻译及传播策略分析

2.1 丘氏译本的受众定位及其适读性策略

丘氏兄弟的《论语》译本主要面向的是菲律宾的华人群体，丘氏兄弟本人也是菲律宾华人，并且是菲律宾儒学基金委的成员，一直致力于中国传统文化在菲律宾的弘扬和传播。几位译者在译本的序言中明确指出，他们翻译《论语》的初衷就是将中国文化的精髓传递给那些和他们一样旅居海外的炎黄子孙，“那些珍视自己的文化身份，愿意更多了解本民族文化遗产，但苦于中文根底不深而无法阅读原文的人们”（Khu et al. 1997a：6）。

翻译传播学认为，译本的传播效果是检验翻译传播活动成功与否的首要考量，“翻译传播是否有效，一般受源本的适当性、译本的适读性与传播手段的适度性等因素的影响，此外还要考虑受众的阅读能力”（张生祥 2013：119）。为了提升译本的传播效果，适读性策略是重视读者和受众接受度的译者在翻译过程中的必然选择。所谓适读性策略，是指译本不仅仅做到“可读”，更能做到“适读”，也就是在文本的难易程度和可理解性方面达到或符合目标读者的阅读和接受水平。面对同一个译本，不同读者群体由于在心理预期、阅读能力、知识储备、价值标准、文化环境等诸多方面存在差异，对译本可读性的认知和评价必然有所不同。理雅各和刘殿爵的《论语》译本对于学者或知识阶层的读者来说是可读的，但对普通大众来说就未必可读。鉴于“中国文化要走向世界，必须要有足够的读者群体，要吸引各类读者，而不只是某一类读者”（孙艺风 2012：18），只有采取基于读者定位的适读性策略，才能更好地完成中华文化对外传播的任务。需要注意的是，适读性策略在词语、句子和篇章层面的表现或具体操作并不是同一的，针对的读者群体不同，译者所采取的翻译策略和做法也要相应有所不同。

丘氏译本的适读性策略是采取通俗易懂的语言来翻译《论语》这部传统典籍，因为据马来西亚孔学研究会网站上的介绍，大多数海外华人不会讲华语，认识华文的人更少，读过中华经典的人，更是凤毛麟角，大多数人连“四书五经”这个名词也没有听过（子墨 2021）。因此，学术型或学院派的典籍译本对于这些读者而言太过艰深，容易让人产生畏难情绪或提不起兴趣。针对海外华人这一特殊群体，浅显易懂的翻译可以大幅降低译本的阅读难度，保证读者阅读时的流畅体验，正是符合传播学规律的选择。

丘氏译本的通俗易懂首先表现在用词以普通大众的日常生活语言为主，在忠实于原文的基础上尽可能避免那些过于正式书面的说法和繁复冗长的表达（Khu et al. 1997b：20）。例如：

（1）

子游曰：“事君数，斯辱矣；朋友数，斯疏矣。”（里仁篇 26）

Zi You said, “In serving a ruler, constant nagging will lead to disgrace; in dealing with friends, constant nagging will estrange them.”

试比较理雅各、刘殿爵的译文：

Tsze-yew said, “In serving a prince, frequent remonstrance lead to disgrace. Between friends, frequent reproofs make the friendship distant." (James Legge)

Tzu-yu said, "To be importunate with one's lord will mean humiliation. To be importunate with one's friends will mean estrangement." (D. C. Lau)

（2）

颜渊曰："愿无伐善，无施劳。"（公冶长篇 26）

Yan Yuan said, "I wish neither to boast of my good points nor to brag about my good deeds."

试比较理雅各的译文：

Yen Yuen said, "I should like not to boast of my excellence, nor to make a display of my meritorious deeds. (James Legge)

（3）

子曰："邦有道，危言危行。邦无道，危行言孙。"（宪问篇 4）

The Master said, "When the State is orderly, be straightforward in speech and conduct. When the State is disorderly, be straightforward in conduct but be modest in speech.

试比较刘殿爵的译文：

The Master said, "When the Way prevails in the state, speak and act with perilous high-mindedness; when the Way does not prevail, act with perilous high-mindedness but speak with self-effacing diffidence." (D. C. Law)

和其他译本相比，丘氏译本的用语明显更加通俗浅显，能够帮助读者轻松地理解句子的含义。比如，例 1 中的"事君数"的"数"本意是指"屡屡"，可引申为"烦琐"之意，理雅各和刘殿爵的译本分别处理为"frequent remonstrance"（"频繁的进谏"）和"be importunate with sb"（"对某人不断提出要求"），均使用了非常正式的包含拉丁词根的书面用语，而丘氏兄弟的译文"constant nagging" 语义上与两者相差不远，却是更加日常的说法，因而更加简单易懂。同样，在例 2 中，丘氏兄弟也避免使用过于正式的书面用语，将"善"和"劳"分别译为 good points 和 good deeds，和理雅各译文的 excellence 和 meritorious deeds 相比，意思更加一目了然。例 3 中，丘氏兄弟将"危行言孙"的"危"字和"孙"字分别译为 straightforward

和modest，其中，“危”字本身有不同的解释，一说表示“高峻”之意，一说表示“正直”之意（杨伯峻2009：144），丘氏兄弟采取的是后一种解释；刘殿爵则将“危”和“孙”分别译为perilous high-mindedness和self-effacing diffidence，力求将两字的内在涵义翻译出来，两个译本相较之下，虽然刘译对原文词语语义的阐释更加严谨和讲究，但对于普通读者来讲，这样的译文过于抽象晦涩，不易领会，而丘氏兄弟通俗易懂的译文更符合普通大众日常的思维和语言表述习惯，因此更易为目标受众所接受。

丘氏兄弟译本对浅显易懂的追求，还体现在对原文某些语义较为繁复的词汇的简化处理上。例如：

（4）

子曰：“臧文仲居蔡，山节藻棁。何如其知也？”（公冶长篇18）

The Master said, “Zang Wenzhong kept a large tortoise resident in a room with carved columns and decorated beams. How then do you rate his knowledgeability?”

试比较理雅各和刘殿爵的译文：

The Master said, “Tsang Wan kept a large tortoise in a house, on the capitals of the pillars of which he had hills made, with representations of duckweed on the small pillars above the beams supporting the rafters. — Of what sort was his wisdom?” (James Legge)

The Master said, “When housing his great tortoise, Tsang Wen-chung had the capitals of the pillars carved in the shape of hills and the rafterposts painted in a duckweed design. What is one to think of his intelligence?” (D. C. Lau)

例4中，“山节藻棁”意指“雕刻着像山一样的斗拱和画着藻草的梁上短柱”（杨伯峻2009：47），丘氏兄弟将之简化为carved columns and decorated beams，而不是像其他译者那样忠实而详尽地移译出来。对于普通读者而言，后一种译法虽然能让他们知道“山节藻棁”的具体含义和所指，但显得繁冗了一些，也干扰他们把握整句话的主旨。又如：

（5）

赤也，束带立于朝，可使与宾客言也，不知其仁也。（公冶长篇8）

Standing at court, in formal gear, Chi could be directed to speak with guests and visitors. I do not know about his humaneness.

“束带”一词中的“带”指的是束衣的腰带，又称“大带”或“绅带”。孔子时代的服饰形制早已被纳入“礼治”的范围，不同尊卑和不同场合的穿着各有分别，束带的衣服是非常正式的穿着，有所谓“盛服束带”之称。鉴于“束带”所包含的文化信息，如果将之直译为“girt with his sash”或“with his sash girt”，就需要在注释中缀上一笔，否则读者浑然不知这种腰带有何特别之处。丘氏译本的处理则是化“繁”为简，直接将该词的语用含义译出，为读者扫清了理解上的障碍。

“《论语》的体式是散落的（disjointed），是有一句没一句的”（钱新祖 2016：121），其语言“短而简洁（laconic）”，“里面各段对话之间又往往是各自为政，没有甚么明显的逻辑关系”（ibid：116），对于不熟悉《论语》思想的普通读者来说，其实有相当的阅读困难。为了便于译文读者的领会，对于原文表述不够清晰的地方，或是在语义逻辑和语篇连贯方面有所欠缺之处，丘氏兄弟会采取增译、释义等方法进行补偿或阐释说明，以确保译文的语义是晓畅通顺、连贯合理的，从而达到提高传播效果的目的。例如：

（6）

子曰：“君子道者三，我无能焉：仁者不忧，知者不惑，勇者不惧。”子贡曰：“夫子自道也！”（宪问篇 30）

The Master said, “The Ways of the noble person are three, none of which I am able to follow: the human show no anxiety, the knowledgeable are free of doubts, and the courageous have no fear.”

Zi Gong (knowing Confucius's modesty) remarked, “The Master was talking about himself (as the noble person)!”

试比较刘殿爵的译文：

The Master said, “There are three things constantly on the lips of the gentleman none of which I have succeeded in following: ‘A man of benevolence never worries; a man of wisdom is never in two minds; a man of courage is never afraid.’” Tzu-kung said, “What the Master has just quoted is a description of himself.” (D. C. Law)

（7）

上好礼，则民莫敢不服；上好信，则民莫敢不用情。夫如是，则四方之民襁负其子而至矣，焉用稼？（子路篇 4）

In such a situation, the masses from anywhere and everywhere will arrive with young children slung to their backs. (With so many expert farmers coming around) why the need for (a leader to have knowledge of) farming?

试比较刘殿爵、安乐哲等人的译文:

In this way, the common people from the four quarters will come with their children strapped on their backs? What need is there to talk about growing crops? (D. C. Lau)

This being the case, the common people from all quarters would flock here with babies strapped to their backs. What need is there to talk of farming? (R. T. Ames & Henry Rosemont)

To such a country, people would flock from everywhere with their babies strapped to their backs. What is the use of agronomy? (Simon Leys)

例 6 中，"君子道者三，我无能焉"是孔子自谦的说法，因此丘氏兄弟在翻译"子贡曰：'夫子自道也！'"一句时，在括号中增加了 knowing Confucius's modesty，从而使得译文的上下文语义更为合理；否则，对以谦逊为美的中国文化心理不甚了解的读者读到这里，会感觉前后句是矛盾的。例 7 是《子路篇》第 4 章"樊迟问学稼"的最后两句，丘氏兄弟在翻译"焉用稼"这句话时，在括号中增补了原文没有的内容，点明了"焉用稼"的结论从何得出，以及是对谁而言，由此理顺了上下文的因果关系，其目的是澄清句意，以便于读者的理解。以上两例中，反观其他译本的处理，均为对原文字面语义的直译，并未添加额外的解释，其译文的接受效果势必会受到一定的影响。

2.2 丘氏译本的文化"求同"策略

除了译文通俗易懂的特点之外，丘氏译本的最大特色是将《论语》比作"儒学圣经"（the Confucian Bible），并将《论语》与《圣经》（the Christian Bible）进行比较，从基督教的角度对《论语》中的儒学概念进行解读。丘氏兄弟在导论中提出，尽管儒学与基督教存在着一些显著差异，但两者之间的共通之处不在少数，像"义"（righteousness）、"恒"（steadfastness）、"信"（trustworthiness）、"君臣关系"（ruler/subject relationship）、"贫"（poverty）、"富"（wealth）等等都是儒学和基督教中涉及的共同主题。事实上，在剥离其仪式、偶像、等级和教条的外衣之后，基督教与儒学有着惊人的相似之处（Khu et al. 1997a：2-3）。

在导论中对儒学和基督教的核心概念进行比较的基础上，丘氏兄弟还在译本中直接引用《圣经》的内容来解释《论语》。例如，在《学而篇》第2章“有子曰：‘其为人也孝弟，而好犯上者，鲜矣；不好犯上，而好作乱者，未之有也。君子务本，本立而道生。孝弟也者，其为仁之本与！”的译文后，丘氏兄弟引用了《马太福音》第19章第19节的“Honor your father and mother”、《马太福音》第22章第39节的“You shall love your neighbor as yourself”、《歌罗西书》第3章第20节的“Children, obey your parents in everything, for this pleases the Lord”和《希伯来书》第13章第1节的“Let brotherly love continue”，作为对“孝”和“第”这两个概念的说明。

丘氏兄弟借助基督教教义来解读《论语》，是基于受众特点而采取的一种文化“求同”策略。菲律宾是世界第五大天主教国家，单天主教徒就占菲律宾总人口的85%以上（Russell 1999）；在菲华人也大多笃信基督教，有83%的菲律宾华人是基督徒（“Chinese Filipino” 2021），像丘氏兄弟几人从小便就读于天主教会学校。在这种文化环境和文化氛围下，用这些读者耳熟能详的《圣经》内容来诠释《论语》，能够让儒家思想更易为当地华人接受。有学者基于调查发现，比起其他条件，受众对象的高文化认同是中华文化对外传播或者中华文化“走出去”的较为核心的因素（黄晓曦、苏宏元 2020：52）。从翻译传播学的角度来看，如果传播者发出的信息不被译入语受众所理解、接受并认同，那就失去了其传播意义；对于一个译本来说，其“翻译效果不仅受译者身份、译本风格和传播政策的影响，受众自身的属性，也就是他们的阅读兴趣、价值取向、信仰观念等方面的个体/群体差异，同样制约着翻译传播的终极效果”（张生祥 2013：119）。

丘氏译本借助基督教的教义来解释《论语》，正有利于获得目标受众的文化认同。一方面，译本通过使用受众熟悉的基督教教义来阐释《论语》的内容，能够降低阅读障碍，帮助读者更好地理解文本的内容；另一方面，通过挖掘《论语》与基督教在教义内涵上的共同点，能够让受众在心理上产生共鸣和联结感。比如，丘氏兄弟在译本中指出，儒家推崇的“仁”（humaneness）就相当于基督教中“爱”（love）的概念；不仅如此，假如人是按照上帝的模样创造出来的，那么儒家所谓的“仁”其实就相当于基督教中的“虔诚”（godliness）（Khu et al. 1997a：19-20）；此外，孔子认为“为仁由己”，而基督教当中也有“上帝助自助者”（God helps those who help themselves）的说法（Khu et al. 1997c：183）；《颜渊篇》第22章中孔子将“仁”解释为“爱人”，这刚好与《圣经·约翰福音》中“God is love, and he who abides in love abides in God, and God abides in him”（Khu et al. 1997c：199）的说法相呼应。

丘氏兄弟的译本事实上也得到了其目标受众的认可。菲律宾著名华人政治家和企业家杨应琳先生在译本首发式上的演讲中，就对丘氏译本以《圣经》比照和诠释《论语》的特色大加褒奖，并且表示读了译本之后，自己身为基督徒，对于儒家文化有了更多的认同感，因为儒家文化和基督教文化不仅是互补的，而且对于人类道德行为提出了很多相互呼应的观点和看法（Yuchengco 1997：6）。

丘氏兄弟寻求受众文化认同的做法，在文化传播领域其实是一种常见且有效的策略。在佛教传入中国的过程中，不论是佛经翻译，还是教义阐释，都曾借助道教和儒学等中国本土哲学的概念和话语，这才使得佛学顺利地在中国本土生根和发展。明末清初时期，为了推进基督教在中国的传播，西方传教士也曾采取与丘氏兄弟类似的做法。《古新圣经》是现存最早最完整的官话汉语圣经，译者在尽量保留基督教义理本义的前提下，注意中西伦理道德思想的融汇，贴近中国人心理，以达到传教目的（王硕丰 2017：54）。利玛窦的传教方式也以认同儒家文化为前提，极力寻找天主教与儒教的共同点，强调两者是相通相合的（赖招仁 2016：133）；他还用中文写了一部名为《天主实义》的书，使用儒家话语中的“仁”“义”“贤”“孝”等词汇，来阐述基督教的基本思想（高胜兵、王娟 2019：70）。利玛窦等西方传教士采取的尊重乃至适应中国传统文化的传教路线，使得基督教在当时不仅获得朝廷的传教许可，还获得徐光启、杨廷筠等中国传统士大夫的认同乃至皈依。正如胡晓明所指出的，“文化之所以能传播，关键的并不是传播者做了什么，而是接受者需要什么，接受者发现的传来文化好处，然后慕而学习”；“一味单向的文化输出，肯定不是真正的文化传播”（2013：108）。

3. 结语

丘氏兄弟作为民间译者，其译笔虽然与其他《论语》翻译大家相比有所逊色，但他们以菲律宾华人群体作为明确的目标受众，在如何让《论语》更好地为那些深受基督教影响的华人读者所理解和接受方面，可谓是煞费苦心，包括在《论语英译今译》的首发仪式上特邀当地华人领袖杨应琳先生发表演说，以扩大译本在菲律宾华人当中的影响力。凡此种种，都表明了丘氏兄弟不仅将《论语》英译当作一项文字翻译工作，更当作一项文化传播事业。丘氏兄弟这样的海外华人译者身处译入语文化之中，相比于国内的译者，他们对于目标受众的文化预期和阅读能力更为了解，考虑更多的是译本的接受状况和传播效果，其具体操作不一定具有普适性，但其译介和传播《论语》的思路和策略是值得我们今后在向海外推广中华文化典籍的过程中参考和借鉴的。

笔者认为，为了实现中华文化“走进去”的目标，对于典籍翻译和传播来说，最基本的要求或原则其实就是让外国读者能够“看得明白、听得进去”。所谓“看得明白”，就是注重译本的语言可接受性，假如“译出来的东西人家看不大明白，甚至不知所云，也就谈不上沟通，而与别人难以沟通的翻译文本只能是译者本人的孤芳自赏之物而已”（何刚强 2020）。所谓“听得进去”，则是注重译本的文化可接受性，典籍文本的译介应考虑受众的文化预期和文化心理，了解受众所处地域文化的特点和范式；不能获得受众认可和接受的译本，即使再“原汁原味”、再如何完美地保留了原作的精髓和风貌，从文化传播的角度来看，也不能算是成功的译本。

参考文献：

[1] 费周瑛，辛红娟 . 坚持“一多不分”，讲好中国故事——2018 国际儒学与中华文化讲习班成果综述 [J]. 对外传播，2018（11）：45-47.

[2] 高胜兵，王娟 . 利玛窦的文化身份与其翻译策略和效果 [J]. 中国翻译，2019（3）：63-74.

[3] 何刚强 .“翻”之魅与“译”之韵——兼谈对外讲好中国故事 [EB/OL]. 2020-08-25. 微信公众号“上海市科技翻译学会”，https://mp.weixin.qq.com/s/bBTAG_6KX6f7sb6FRKP8Sw.

[4] 胡晓明 . 如何讲述中国故事 ?——“中国文化走出去”的若干理论和实践问题 [J]. 华东师范大学学报（哲学社会科学版），2013（5）：107-117.

[5] 黄晓曦，苏宏元 . 中国文化如何有效走出去 ?——基于 20 个文化走出去案例的定性比较分析 [J]. 西南民族大学学报，2020（8）：46-54.

[6] 李成家，彭祝斌 . 中华文化“走出去”的问题与对策 [J]. 云梦学刊，2015（2）：147-150.

[7] 赖招仁 . 利玛窦传教策略及其对中国文化走出去的启示 [J]. 集美大学学报 (哲社版)，2016（1）：131-136.

[8] 李宁 .《大中华文库》国人英译本海外接受状况调查——以《孙子兵法》为例 [J]. 上海翻译，2015（2）：77-82.

[9] 钱新祖 . 中国思想史讲义 [M]. 上海：东方出版中心，2016.

[10] 孙艺风 . 翻译与跨文化交际策略 [J]. 中国翻译，2012（1）：16-23.

[11] 王宏印 . 中国文化典籍英译 [M]. 北京：外语教学与研究出版社，2009.

[12] 王硕丰 . 天主教在华传教之合儒路线——以《圣经直解》《儒教实义》《古新圣经》为例 [J]. 中国天主教，2017（2）：51-55.

[13] 谢天振 . 中国文化如何才能真正有效地"走出去"？[J]. 东方翻译，2011（5）：4-7.

[14] 谢天振 . 中国文学、文化走出去：理论与实践 [J]. 东吴学术，2013（2）：44-54.

[15] 杨伯峻 . 论语译注（3 版）[M]. 北京：中华书局，2009.

[16] 张生祥 . 翻译传播学：理论建构与学科空间 [J]. 湛江师范学院学报，2013（1）：116-120.

[17] 周加李 . 从四个维度推进中华文化走出去的全面升级 [J]. 求索，2020（3）：67-72.

[18] 子墨 . 大家要推广中华文化（2）[EB/OL]. 2021-5-1. https://confucianism.org.my / daily-short-article/4275/.

[19] Ames, Roger T. and Henry Rosemont Jr. trans. *The Analects of Confucius: A Philosophical Translation* [M]. New York: Ballantine Books, 1999.

[20] "Chinese Filipino" [EB/OL]. 2021-5-1. Wikipedia, http://en.wikipedia.org/wiki/Chinese_Filipino #Religion.

[21] Khu, John B., Vicente B.K. Khu, William B.S. Khu and Jose B.K. Khu. Foreword [A]. In Khu, John B., Vicente B.K. Khu, William B.S. Khu and Jose B.K. Khu. ed. & trans. *The Confucian Bible Book I. Analects: English and Modern Chinese Versions*. Beijing: World Affairs Press, 1997a.

[22] Khu, John B., Vicente B.K. Khu, William B.S. Khu and Jose B.K. Khu. Introduction [A]. In Khu, John B., Vicente B.K. Khu, William B.S. Khu and Jose B.K. Khu. ed. & trans. *The Confucian Bible Book I. Analects: English and Modern Chinese Versions*. Beijing: World Affairs Press, 1997b.

[23] Khu, John B., Vicente B.K. Khu, William B.S. Khu and Jose B.K. Khu. ed. &trans. Khu, *The Confucian Bible Book I. Analects: English and Modern Chinese Versions* [M]. Beijing: World Affairs Press, 1997c.

[24] Lau, D. C. trans. *The Analects* [M]. London: Penguin Books, 1979.

[25] Legge, James. trans. *The Chinese Classics, vol 1.* [M]. Hong Kong: Hong Kong University Press, 1960.

[26] Leys, Simon. trans. *The Analects of Confucius* [M]. New York and London: W.W. Norton & Company, 1997.

[27] Russell, Susan. "Christianity in the Philippines" [EB/OL]. 1999-11-26. Center for Southeast Asian Studies Northern Illinois University, http://www.seasite.niu.edu/crossroads/russell/ christianity.htm.

[28] Yuchengco, Alfonso T. Message [A]. In Khu, John B., Vicente B.K. Khu, William B.S. Khu and Jose B.K. Khu. ed. & trans. The Confucian Bible Book I. Analects: English and Modern Chinese Versions. Beijing: World Affairs Press, 1997.

作者简介

姜倩，博士，复旦大学外文学院高级讲师。研究方向：翻译理论与实践。

布尔迪厄社会学理论视阈下的玄奘译场运作模式分析

An Analysis of the Operation Mode of Xuanzang's *Yichang* Based on Bourdieu's Sociology

杨冰玉　王洪涛
YANG Bingyu　WANG Hongtao

摘要：

玄奘的佛经汉译事业对佛教在中国的发展和其后的中国翻译活动产生了重要的影响，而权力场域与玄奘共同组织的译场在其具体的翻译实践中发挥着特殊的作用。布尔迪厄的社会学理论可以帮助我们综合考察玄奘的翻译实践在唐初社会历史语境中的展开过程，以及不同行动者在翻译活动中发挥的作用。有鉴于此，本文以布尔迪厄社会学理论为框架，探索唐初权力场域对玄奘译场的形成和发展产生的关键影响，考察译场中持有不同类型资本行动者之间的竞争情况，并分析玄奘的译者惯习与译场运作模式之间的关系，以期对现代集体翻译活动提供一定启示。

关键词：

佛经翻译；玄奘；译场；布尔迪厄；社会翻译学

Abstract:

Xuanzang's translation of Buddhist scriptures had a far-reaching impact on the development of Buddhism and subsequent translation activities in China. The *Yichang* organized jointly by the field of power and Xuanzang played an indispensable role in his translation activity. Pierre Bourdieu's sociology provides theoretical tools for a comprehensive examination of the process of Xuanzang's translation activity in the socio-historical context of the early Tang dynasty, and the roles played by different agents in the translation activity. Employing Bourdieu's sociology as a framework, this paper explores the key influence of the field of power on the formation and development of Xuanzang's *Yichang*, examines the struggles among actors holding different kinds of capital within the *Yichang*, and analyzes the relationship between Xuanzang's translator habits and the mode of operation of the *Yichang*, aiming to provide inspirations for contemporary group translation activities.

Keywords:
Sutratranslation; Xuanzang; *Yichang*; Pierre Bourdieu; socio-translation studies

1. 引言

佛教诞生于古印度，途经西域到达中国及东亚各国，其载体佛经则在多种语言中变幻并辗转重生。自东汉到北宋的千余年中，佛教和佛经在中国的本土化过程中无意间推动了我国历史上第一次翻译高潮的形成，长久影响着我国的语言文化和翻译活动。在我国的佛经翻译史中，玄奘以前无古人、后无来者的译经数量和高超的翻译技艺写下浓墨重彩的一章，在 19 年间共译出经论七十五部一千三百三十五卷，总计一千多万字，比其他三大译家（鸠摩罗什、真谛、义净）所译总和还多六百余卷（马祖毅 2006：98），其佛经译本被称为鸠摩罗什之后的“新译”。在某种程度上，玄奘的佛经译本并非是其个人的成果，而是在唐初的社会语境下，以众多早期译者的译本和翻译模式为基础，由译场这一特殊翻译机构为主体所产出的集体智慧结晶。

玄奘的译经活动多年来为学界所关注。蒋维乔（2015）、汤用彤（2016）、任继愈（1985）等学者都曾谈及玄奘的译经活动，而马祖毅（2006）、陈福康（2011）等也对玄奘译经活动做出过介绍。对玄奘等人译经活动的专门研究多聚焦于玄奘的“五不翻”思想，探究其理论价值和现实功用，如方广锠（2006）、郭虹宇（2009）等；或从《阿毗达磨俱舍论》《维摩诘经》《金刚经》等经论的翻译出发，考察玄奘译本的特色及其与其他译本的异同，如王继红（2006、2017）、杨瑰瑰（2012）等。近年来，孙海琳（2013）、闫艳（2016）、李欣（2017）等关注玄奘译场的职司，考证并总结了以玄奘译场为代表的各朝译场的职位设置；李小荣（2015）和杨志飞（2020）着重考察了玄奘译场中文臣所发挥的作用；范慕尤（2022）、王向远（2022）等则分别关注玄奘晚年的译经情况以及玄奘对传统“出经”活动的改革，丰富了佛经翻译研究和玄奘翻译研究的内容。

玄奘译经活动的研究成果虽然丰硕，却普遍未能对玄奘译场的运作模式与译场和其他社会因素的关系给予充分关照，这就需要我们借用社会学理论来获取更为宽广的视野。社会学视角有助于我们将以玄奘为主要主体的佛经汉译活动置于广阔的社会历史语境中进行考察，彰显翻译主体、翻译活动和翻译产品的社会性，进而揭示佛经汉译活动各主体间的权力关系及其动态变化，也凸显翻译活动在社会发展中扮演的角色。布尔迪厄的社会学理论同时关照了社会结构和人类行动者以及二者之间的相互作用关系，对考察玄奘译场的译经活动有显著的指导价值。因此，本文以布尔迪厄社会学理论为框架，探索唐初权力场域对玄奘译场的形成和发展产生的关键影响，考察译场中持有不同类型资本行动者的竞争情况，并分析玄奘的译者惯习与译场运作模式之间的关系。

2. 布尔迪厄的社会学理论

法国社会学家布尔迪厄（Pierre Bourdieu）的社会学理论和方法近年来被越来越多地应用于翻译学研究中。该理论“旨在超越传统社会学研究中的个体主义与整体主义、主观主义与客观主义之间的二元对立，对破除社会翻译学研究中内部与外部、语言与文化之间的割裂具有特别的价值”（王洪涛 2016b：10）。西方翻译理论家甘比尔指出，应加强对翻译场域，尤其是非英美国家翻译场域的历史研究（Gambier 2007：210）。“场域”（field）是布尔迪厄社会学理论中的核心概念之一，是由位置间的客观关系所组成的网络或构型（Bourdieu, Wacquant 1992：97），其自身运作规律相对独立于政治和经济规律之外。文化生产场域拥有一定自主性，否则就会完全受制于权力场域和经济场域的规则而消失，其中的艺术场域有时甚至会反经济规律而行之（Bourdieu 1993：162；Bourdieu, Wacquant 1992：97-98）。身处场域中的参与者相互角逐，不断竞争，投资各种形式的资本（capital）来攫取更多资本，以求在场域中占据更高的位置，甚至成为场域运行规则的制定者。因此在翻译活动中，“翻译行动者凭借一定的资本在惯习指导下在不同的场域博弈中进行翻译生产。”（谭思蓉、苏艳 2022：40）布尔迪厄并没有对“场域”“资本”“惯习”等核心概念给出非常严格的定义，而是称之为“开放式概念”，但也强调研究务必在这些概念共同构建的理论体系中展开，而不能孤立地使用他们（Bourdieu, Wacquant 1992：95-96）。这些开放式概念构建的理论框架有助于我们综合考察翻译活动的真实展开过程和不同行动者在翻译实践中发挥的作用。

将这些概念系统运用的途径之一是使用布尔迪厄提出的社会分析模式：[（惯习）（资本）] + 场域 = 实践（Bourdieu 1984：101）。场域是实践产生的环境，是资本配置规则的制定者，也时刻影响着实践的主体，即行动者惯习的形成过程，因此场域及其运作模式对翻译活动在内的各种实践活动有着巨大的影响。布尔迪厄进一步提出对知识及艺术产品生产实践进行分析时的三个步骤：第一，分析场域与权力场域的位置关系；第二，厘清行动者和机构在场域中谋求特定权威合法化时取得位置的客观关系结构；第三，分析参与者的惯习（Bourdieu, Wacquant 1992：104-105）。这样的步骤和方法能帮助我们更为全面地审视玄奘译场在唐初社会的佛经译本动态产出过程。应用到本研究中，我们将其调整为：首先，分析译场与权力场域，也即唐初统治阶层的关系；其次，分析佛经翻译场域内的资本配置情况，以及行动者在场域中力量和所处位置的变化；最后，分析玄奘的译者惯习以及惯习与场域之间的关系，据此来审视玄奘译场的翻译实践。

3. 玄奘译场运作模式分析

佛教在唐代则随着玄奘译经事业的开展进入了全盛期，在译经的数量和质量上较之先代都有大幅提升。玄奘依托其译场开展翻译活动，而译场的运作又分别与权力场域、资本配置和译者惯习有着不可分割的关系。

3.1 译场与权力场域

布尔迪厄认为，各种场域之间相互关联，而文化场域被包含在权力场域中，处于被支配的位置。“用通俗且不完全恰当的说法来说，艺术家和作家，或者普遍的知识分子，都是支配者中被支配的一小部分。”（Bourdieu, Wacquant 1992：104）作为知识分子的玄奘是佛教场域和文化生产场域的代表，受制于权力场域；而作为权力场域中心和支配地位的太宗与高宗大力扶持玄奘的译经事业，是源于权力场域的政治需要。首先，隋末唐初战乱频仍，社会动荡，太宗更数度御驾亲征。天下初定后，统治阶层需要发展佛教、修建佛寺来“安慰亡灵”（蒋维乔 2015：145），实为安抚躁动不安的民心。其次，玄奘的西行求法使其在西域和中国境内声名大噪，俨然成为中国一个重要的“文化符号”。佛教所代表的文化事业的繁盛进而昭示着国家力量的强大，从对内巩固政权和对外施加影响两方面，佛经翻译事业都能为权力场域提供助益。场域“是一个包含各种隐性力量和正在活动力量的空间，是各种力量相互交织而成的关系网络。”（王祥兵、穆雷 2018：28）在统治阶层、高官、僧人译者甚至域外统治者等各种力量的博弈下，唐初权力场域与玄奘译场之间的关系呈现出赞助、监管与合作的复杂样态。

玄奘自印度回到长安后，太宗两次盛情邀其入朝为官，被玄奘婉拒后又请他到弘福寺主持译经工作。三年后，太子（即高宗）修建大慈恩寺和翻经院，邀玄奘为住持，又将众多幡幢、佛像和高僧移入寺中，为其创造了良好的译经环境。太宗和高宗还亲撰《大唐三藏圣教序》，歌颂玄奘取经、译经、传诵佛法的功德，并刻为圣教序碑和圣教记碑，至今立于大雁塔旁。太宗大赞玄奘“智通无累，神测未形，超六尘而迥出，只千古而无对。”（慧立等 2000：143）称其智慧通达，超出六尘，是千年难遇的大德，给予玄奘无上的荣耀。权力场域对译场投入了大量的经济资本和社会资本，这些资本进一步转化为象征资本，使以玄奘为代表的译者群体成为佛教场域中的权威。

在布尔迪厄看来，文化生产场域与权力场域之间的关系“提出了文学场域（包括文化生产场域—笔者注）相对于经济权力和政治权力持有者所拥有自主权的问题，更具体地说，是前者依靠形式的问题。”（Bourdieu 1993：194）唐初权力场域作为玄奘译场的赞助人，向译场提供了译经活动所必需的几乎全部经济资本和社会资本，因此译场拥有的自主权十分有限，必须对权力场域保持忠诚并接受其监督。太宗朝“敕右仆射房玄龄、太子左庶子许敬宗，广召硕学沙门五十余人，襄助整比”，（刘昫 1975：5108）高宗则“令左仆射于志宁、侍中许敬宗、中书令来济、李义府、杜正伦、黄门侍郎薛元超等，共润色玄奘所定之经，国子博士范义硕、太子洗马郭瑜、弘文馆学士高若思等，助加翻译”（同上：5109）。两朝均驳回了玄奘远上少林寺的请求，要求他在位于长安的指定寺院译经。权力场域委派众多高官和僧人学者直接参与玄奘的译经过程，包括初译、润色等翻译的多个环节，既为译经活动提供必要的帮助，更确保翻译产品不与统治阶级的意识形态相悖。另外，太宗虽鼓励全国各地广度僧尼，却又严令“总数以三千为限”，要求各地加强监管，以防僧徒“假托神通，妄传妖怪”（蒋维乔 2015：146），煽动民心，动摇政权。这样全方位的赞助和监管使得译场在组织层面和资金层面必须紧紧依靠权力场域的力量。

作为支配者中的被支配者，布尔迪厄所述的知识分子与权力场域中的支配者和被统治的人民间都保持着一种矛盾和不确定的关系，“这解释了他们容易受巨大波动，尤其是政治波动影响的原因”（Bourdieu 1993：165）。彼时的佛教场域与权力场域、文化场域和人民之间都有着千丝万缕的联系，玄奘需要付出极大的努力来平衡自身与各方的关系，保证译经活动的顺利开展。他告诫弟子“译经虽位在僧，光价终凭朝贵”（道宣 2014：128），并请求房玄龄等高官选拔翻译人才参与译场，主动接受权力场域的监督和帮助。他还在很多时候扮演了使节和外交官员的角色，在印度时向戒日王歌颂太宗的功德，盛赞大唐“八方静谧，万国朝贡”（玄奘 2012：289），使戒日王对大唐充满尊敬与好奇，数次派遣使节入唐，开启两国的外交活动。玄奘不但奉旨翻译了唐朝使节出使印度的往返行政文件，还以梵语译《老子》赠给西域（范晶晶 2015：78），协助权力场域进行文化输出。而作为交换，他数次恳请太宗和高宗为《西域记》和所译佛经作序，使自己的译著成为钦定本，寻求绝对的合法性和权威性，借皇权之力发展佛教。

在玄奘译场与权力场域的深度合作中，权力场域组织译场，大力支持佛经翻译事业，帮助佛教成为实际意义上的“国教”，同时在组织层面、工作层面和资金层面对玄奘译场的译经活动进行严密的控制。而译场从对内与对外两个方向协助巩固封建统治，使国家“文化软实力”得以增强，提高大唐的国际地位，译场也因此获得权力场域的支持，得以顺利开展译经活动。

3.2 译场的资本配置

布尔迪厄将资本分为经济资本、社会资本、文化资本等类型，这些资本可相互转化或进一步转化为象征资本，是参与者在场域中进行竞争的“筹码”，也是通过竞争意图获取的目标。“离开场域的范畴，资本就不复存在或发挥作用。资本同时也是权力的赋予者，它赋权的对象包括场域本身、生产或再生产的物质化或具体化的工具（这些工具的分配构成了场域的结构）、界定场域正常运作的规律和规则，以及场域产生的利益。”（Bourdieu, Waquant 1992：101）同时，只有通过资本的反复竞争及转化，场域才得以存在和发展（任东升、裴继涛 2012：80），因此资本和场域是一组不可分割的概念，译场也依靠内部和外部不间断的资本再分配过程得以正常运作。

贞观三年（629 年），太宗下诏开设了唐代的首个译场，其译主为波颇。波颇是由印度入华的高僧，身为戒贤法师的高足，拥有充足的文化资本。一些朝廷官员和前朝高僧也参与到译经工作中，高僧们与波颇一同获得了丰厚赏赐。波颇与其他僧人一同凭借自身的文化资本获得了权力场域输送的经济资本和社会资本，在去世前的三年内译出经文三部三十五卷。与此同时，玄奘通过在国内和印度的求学经历为自己积累了深厚的文化资本；而大一统政权的建立和稳固使人员的跨区域流动和精英译者的集中成为可能，保证了译场内部各环节足够的文化资本储备。太宗在玄奘归国后大力邀请其担任译场主译，为其修建佛寺，供给译场的一切需求，并派高官协助译经活动，为译场输送了丰厚的经济资本和社会资本。布尔迪厄曾阐述各类资本在不同场域中作用的区别：“资本的价值取决于游戏的存在，取决于这类资本的作用得以发挥的场域：资本作为行之有效的武器和斗争的筹码，在特定场域会使其持有者施加某种权力和影响，继而在场域中真正存在，而非作为一个无足轻重的因素。”（Bourdieu, Wacquant 1992：98）在佛教场域和译场中，译者的佛学造诣和翻译水平，也即文化资本，都是直接决定其在场域中位置和影响力的关键资本，对于波颇和后来的玄奘都是如此。以文化资本为基础和筹码，以经济资本、社会资本为动力，译经活动得以顺利开展。在这个过程中，玄奘也获得了译场中实际上的最高权力，对译场甚至权力场域施加着不容忽视的影响。

唐代以来，佛教开始发展为各个宗派，各宗派分别选译不同的经文，为自己的教义著书立传，在佛教场域内部展开争鸣。在玄奘译经的同时，阿地瞿多译出并编纂《陀罗尼集经》，那提译出《阿吒那智》等经论，但均没能产生玄奘般重要的影响。玄奘在归国开设译场后创立中国的唯识宗（又称法相宗、慈恩宗等），随着玄奘在佛教场域和译场内中心位置的确立，唯识宗也逐渐成为主流。“玄奘之下，弟子三千，达者七十，其盛可比孔子”（蒋维乔 2015：170），这些优秀弟子之间势必要展开竞争，以攫取译场内的资本。行动者在场域中“采取的战略方向，无论是大胆或谨慎、激进或保守，都取决于行动者拥有的资本总量和资本构成。”（Bourdieu, Wacquant 1992：99）玄奘译场中，不同行动者依据其资本情况在场域斗争中采取了不同的战略。

在玄奘门人中，普光凭借文化资本而崛起，并凭借社会资本巩固自身的位置。他与法宝一派精研《俱舍论》，成为玄奘弟子中最早的显性力量。玄奘从弘福寺到玉华宫所译的经文，普光笔受最多，他也曾两次奉命代表玄奘晋见高宗（杨剑霄 2017：104-105）。在玄奘去世后，普光受到皇帝、门人和信众的敬重，并与权力场域建立直接联系，继承了玄奘大部分的社会资本，为自己在译场中争取到了极高地位。他在玄奘去世后几乎完全拥有支配译场内资本的资格，也持续对另一派系发难，维护自身的权威性。普光在译场中的主要竞争者是窥基，他是以卓越的文化资本作为斗争筹码的行动者。窥基出身显贵，自小受到良好的教育。玄奘翻译《唯识论》时，窥基大胆提议将印度唯识宗的各家注评杂糅到一起进行翻译，受到了玄奘的肯定，译为《成唯识论》。窥基因此受到了玄奘的格外重视，也开始代表玄奘持表晋见。窥基在《成唯识论》的翻译过程中开创了独特的译经方式，提升了自身在译场中的地位，并在玄奘译本的基础上进一步著书弘法。他依凭文化资本使自己与玄奘共同被传扬千年，有“窥基之于玄奘，犹子夏之于孔子”之说。译场中的竞争以这两种形式为代表，既与其他行动者展开文化资本的较量，也在凭借文化资本获取社会资本、经济资本和象征资本后将其进一步转化，扩大本宗派的影响。

波颇、玄奘、阿地瞿多、窥基等译者凭借着自身的文化资本和其他资本，不断进行博弈，经济资本和社会资本也随之持续进行再分配的过程，使佛经翻译事业和佛教场域得以长久生存和发展。

3.3 译场与译者惯习

惯习是影响译者翻译活动的主要因素之一，是一种“可持续、可转换的性情倾向系统，同时拥有被结构化和结构化的倾向”（Bourdieu 1992：53）。玄奘译者惯习的生成与作用与佛教场域有着不可分割的关系。

3.3.1 玄奘的译者惯习

场域对玄奘译者惯习的影响主要在于对梵文原本的绝对尊重和对翻译工作的勤

勉谨慎。我国早期的译经多以胡本为原本，但东晋以来的译者逐渐形成了以梵本为源文的惯习。佛经汉译史上“文、质之争”的展开也要求译者兼顾译本的文采和对佛经义理的完整传达，采用偏向直译的翻译方法。“惯习由场域建构，是场域或一系列相交场域内在需求体现的产物。”（Bourdieu, Wacquant 1992：127）玄奘的译者惯习正是中国历史悠久的佛教场域建构的结果。他早年到全国各地寺庙学习，既了解了先代高僧的译经活动，也发现各宗派对佛经义理的解释各异，难有定论。他不远万里到印度佛教的最高学府那烂陀寺听戒贤法师讲授《瑜伽师地论》，并将近百部梵文佛典带回中国，为佛经翻译提供了最具权威性的原本，并形成了严格以这些原本为译经源文的译者惯习。

东晋以来，大德译经传法多孜孜不倦，如鸠摩罗什直到六十岁还亲自译经，直到圆寂前都很少休息；真谛一生颠沛流离，却始终笔耕不辍。玄奘继承了这样的精神，形成了勤勉谨慎的译者惯习。太宗朝时，玄奘白日常需陪太宗谈论佛法，晚间回到精舍也不休息，继续翻译经文。即使在晚年重病缠身时，也不适度节译经文，偏要坚持一字不遗地译完，“至三更暂眠，五更复起，读诵梵本，朱点次第，拟明日所翻。”（慧立等 2000：158）玄奘的译者惯习促使他对译经事业殚精竭虑，甚至燃尽了他最后的生命：在译完《大般若经》全六百卷后，他“自觉身力衰竭，知无常将至”，仅三月后便去世了（范慕尤 2022：131）。范慕尤对多部佛经的梵文原本、玄奘译本和其他译本进行对比后发现，玄奘译本明显借鉴了鸠摩罗什等前人的译本，将一些内容吸收进自己的译本中。他还常常补充梵本及早期汉译本中省去的“固定句式”和“模型段落”，并将其他经文中的相似内容补充到译文中，使得这些段落“在内容和形式上都保持一致，看起来更为严谨和工整，符合书面表达形式。”（同上：129-130）。不同译者惯习体现的主体间性和不同译本体现的文本间性验证了布尔迪厄“惯习是过去经验的产物，也是过去经验在当下的积极存在”（Bourdieu 1992：56）的论断。

《慈恩传》记载，“帝曰：‘师既有梵本，可更委翻，使众生闻之具足。然经本贵理，不必须饰文而乖义也。’故今新翻《能断金刚般若》，委依梵本。”（慧立等 2000：154）太宗忠实于源文、偏向直译而不用过多文饰的翻译要求与玄奘本人的译者惯习不谋而合。我们结合玄奘著名的“五不翻”原则，即秘密故不翻、多含故不翻、此无故不翻、顺古故不翻、生善故不翻（方广锠 2006：12），不但能看出玄奘虔诚谨慎对待源文精义的惯习，也了解到他力图使译文形式达到完善庄严的苦心。

3.3.2 玄奘译场的严密组织

惯习并非单方面接受场域的建构，它“在社会的制约中生成，而一旦生成后又顺应并反作用于社会。”（王洪涛 2016a：151）译场在我国有悠久的历史，隋以前译场多是“讲译同施”，往往由成百上千人参与，译文在得到僧众的认可而再无疑议后才可写定。在玄奘勤勉谨慎的译者惯习影响下，玄奘译场将“译”与“讲”分开进行，先由少数专家参与翻译，译本正式完成后再向本寺及访学僧众讲解。高效、精简的中小型译场可以避免许多干扰，使整个译经工作分工合理明确，组织严密紧凑，大大提高了佛经翻译的效率，也实现了对场域的反向建构。

孙海琳（2013：79-82）对《慈恩传》和《瑜伽师地论》《阿毗达磨大毗婆沙论》等八部玄奘所译经文的现存序言进行了比较，发现翻译不同经书所涉及的职司不尽相同，但大致可分为以下几种：（1）译主，即玄奘本人，总领译场内的各项事务；（2）证梵语梵文，也称证梵语，与译主商讨梵文原典中艰深词句的意义；（3）笔受和书手，记录译主所译经文；（4）证义，核查译文的意义与源文是否有出入；（5）缀文，也称证文、质文或饰文，修饰译文词句；（6）字学，负责小学中的正字；（7）监阅，也称润色或监译，朝廷钦派的监护大使，名义上是译场的最高领导者，其中除译主和证梵语之外的职司往往由多人负责。整个过程既包含语际转换过程，也囊括研究源文、检查句意、增删润色和审核意识形态等翻译活动的各个步骤。这样的翻译模式可以有效运用集体的智慧，极大减轻译主的工作负担。尤其在其译经事业的初期，玄奘得以将绝大部分精力投入最关键的参校梵文原本和转录为汉语这两个步骤，使得陪侍皇室之余完成千余卷佛经的翻译成为可能。

玄奘也通过译场影响了其弟子的译者惯习及后世译场的组织模式。窥基在《唯识二十论述记》中自述：“今我和上三藏法师玄奘校诸梵本，睹先再译……基受旨执笔，删整增额，缀补纰阙。”（孙幸连 2008：53）他在玄奘的指导和译者惯习的影响下将多种梵本互相参校，充分关注源文的精义，并对译文进行仔细核对，查漏补缺。武周时期义净组织的译场有译主、证梵文、笔受、证文、证义、润文、正字、监护等职司，甚至也有皇帝御制的圣教序（赞宁 1987：2），基本沿袭了玄奘译场的模式。玄奘对源文版本的谨慎辨别、对源文精义的充分关注和对译文表达的反复考量，都深刻影响了后世的宗教翻译及各种类型的翻译活动。通过玄奘的翻译而产生的许多新词和佛经中散文与诗词穿插的文体，更是对后来中国本土文学的创作产生了重要影响，体现了布尔迪厄社会学理论中行动者和场域之间的双向建构过程。

4. 结语

本文认为，玄奘之所以能产出质量俱佳的佛经译本，并在中国佛教史、文化史和翻译史中形成重要影响，是由玄奘和其他译者组成的译场，与太宗、高宗两朝的权力场域共同成就的。在与权力场域的深度合作中，译场接受权力场域的赞助、管理和监督，对权力场域保持忠诚并在多方面依赖权力场域。译场中不同行动者间展开竞争，凭借自身的文化资本和一定社会资本，力图提升自己的位置，来争夺译场中的各项资本，甚至得到场域规则的制定权。这种竞争同时使译场得到了长足的发展，延续了佛经翻译事业的生命力。玄奘本人的译者惯习是在佛经翻译场域的历时构建下形成的，也随之推动了译场翻译工序的确立和组织结构的精简，对场域形成了反向建构。结构严密的译场内部以及与其他场域之间分别形成了良性循环的运作模式，使高质量的翻译实践活动得以持续开展。在机构化翻译于全球范围内日益普遍的今天，玄奘译场运作模式的形成过程以及该运作模式对翻译活动的深刻影响对集体翻译实践仍具有很强的借鉴价值。

参考文献：

[1] 陈福康 . 中国译学史 [M]. 上海：上海外语教育出版社，2011.

[2] （唐）道宣 . 续高僧传（上）[M]. 郭绍林点校 . 北京：中华书局，2014.

[3] 范晶晶 . 佛教官方译场与中古的外交事业 [J]. 世界宗教研究，2015（3）：74-82.

[4] 范慕尤 . 玄奘晚年的译经 [J]. 复旦学报（社会科学版），2022（1）：122-133.

[5] 方广锠 . 玄奘“五种不翻”三题 [J]. 法音，2006（10）：11-15.

[6] 郭虹宇 . 重读玄奘译论“五种不翻”——论宗教类、文化类外来词语的翻译策略 [J]. 天津外国语学院学报，2009（4）：36-41.

[7] （唐）慧立、彦悰、道宣 . 大慈恩寺三藏法师传・释迦方志 [M]. 北京：中华书局，2000.

[8] 蒋维乔 . 中国佛教史 [M]. 北京：中华书局，2015.

[9] 李欣 . 中国佛教译场职分与翻经流程——以《楞严》经题为中心 [J]. 普陀学刊, 2017(1): 216-260.

[10] 李小荣 . 唐代译场与文士：参预与影响 [J]. 文学遗产，2015（2）：94-105.

[11]（后晋）刘昫 . 旧唐书（一六册）[M]. 北京：中华书局，1975.

[12] 马祖毅 . 中国翻译通史，古代部分：全一卷 [M]. 武汉：湖北教育出版社 , 2006.

[13] 任东升，裴继涛 . 机构性翻译的“场域”视点——佛经译场与圣经译委会比较 [J]. 解放军外国语学院学报，2012（6）：76-82.

[14] 任继愈 . 汉唐佛教思想论集 [M]. 北京：人民出版社，1998.

[15] 孙海琳 . 玄奘译场考及其对农学典籍英译的启示 [J]. 青岛农业大学学报（社会科学版），2013（2）：79-83.

[16] 孙幸连 . 圆测与窥基唯识思想比较研究 [D]. 山东大学，2008.

[17] 谭思蓉, 苏艳 . “五四运动”前后场域博弈中《共产党宣言》首译本的诞生 [J]. 中国翻译，2022（1）：39-46.

[18] 汤用彤 . 隋唐佛教史稿 [M]. 北京：中华书局，2016.

[19] 王洪涛 . 社会翻译学视阈中中国文学在英国传译的历时诠释 [J]. 外语学刊, 2016a (3): 146-151.

[20] 王洪涛 . “社会翻译学”研究：考辨与反思 [J]. 中国翻译，2016b（4）：6-13+127.

[21] 王继红 . 玄奘译经的语言学考察——以《阿毗达磨俱舍论》梵汉对勘为例 [J]. 外语教学与研究，2006（1）：66-72.

[22] 王继红 . 从《金刚经》梵汉对勘看玄奘的翻译语法观念 [J]. 外语教学与研究, 2017 (6): 927-938+961.

[23] 王祥兵, 穆雷 . 抗战时期延安翻译活动考察及资本理论的拓展 [J]. 中国翻译, 2018 (1): 26-37+127.

[24]（唐）玄奘 . 大唐西域记 [M]. 董志翘，译注 . 北京：中华书局，2012.

[25] 闫艳 . 佛经翻译的译场及翻译程序 [J]. 西北民族大学学报（哲学社会科学版），2016（2）：

[26] 杨瑰瑰 .《维摩诘经》文献与文学研究 [D]. 华中师范大学，2012.

[27] 杨剑霄 . 唐代法相唯识宗衰败原因新探 [J]. 北京社会科学，2017（4）：104-111.

[28] 杨志飞 . 论玄奘译场的文臣监译 [J]. 唐史论丛，2020（1）：217-234.

[29]（宋）赞宁 . 宋高僧传 [M]. 范祥雍点校 . 北京：中华书局，1987.

[30] Bourdieu, P. *Distinction: A Social Critique of the Judgement of Taste* [M]. Cambridge: Harvard University Press, 1984.

[31] Bourdieu, P. *The Logic of Practice* [M]. (R. Nice, Trans.). Chicago: Stanford University Press, 1992.

[32] Bourdieu, P., L. Wacquant. *An Invitation to Reflexive Sociology* [M]. Cambridge: University of Chicago Press, 1992.

[33] Bourdieu, P. *The Field of Cultural Production: Essays on Art and Literature* [M]. New York: Columbia University Press, 1993.

[34] Gambier, Y. Y a-t-il place pour une socio-traductologie? [A]. In Michaela Wolf & Alexandra Fukari (eds.), *Constructing a Sociologyof Translation* [C]: 205-207. Amsterdam / Philadelphia: John Benjamins, 2007.

作者简介

杨冰玉，北京外国语大学在读博士生。研究方向：翻译学。

王洪涛，博士，北京外国语大学教授，博士生导师。研究方向：社会翻译学、理论翻译学、翻译批评、中西文学与文化经典翻译研究。

图式理论对翻译实践的指导价值的再挖掘
——以《后维多利亚时代人》的翻译为例

A Re-exploration of the Guiding Value of Schema Theory for Translation Practice -Based on E-C Translation of *After the Victorians*

侯广旭
HOU Guangxu

摘要：

译学界早已出现翻译研究重点向翻译过程研究的转向。而在翻译过程研究的诸多流派中，基于认知心理学的图式互动与加工转换过程的图式翻译研究直接触及翻译全程都离不开的认知心理要素。以往图式翻译研究文献多采用英汉互译时图式的对应、冲突和缺省的案例分析方法。在翻译英国通俗史《后维多利亚时代人》的过程中，笔者也参考了一些图式心理学著作，发现有必要继续从图式心理学理论中挖掘更多能对翻译过程起到解释运作机制，甚至引出辅助方法的理论原理，来指导翻译实践，尤其是攻克翻译难点。本文以《后维多利亚时代人》的汉译为例，详细描述了图式理论对克服翻译难点所起到的指导作用，涉及译者对自身图式的激活，对译文读者图式的预判、激活与为之补建以及调整冲突图式等环节，并在对比其他翻译理论的基础上，揭示了图式理论所具有的独特指导价值，以往文献对此缺乏探讨。本研究对于认知学与心理学视角的翻译理论与实践研究具有理论上的参考价值与实践上的指导价值。

关键词：

《后维多利亚时代人》；内容图式；图式翻译；翻译过程；指导价值

Abstract:

Recent decades witnessed the focus of translation studies being switched to the study of translation process. Among many schools of researches on translation process, the research on schema translation based on the process of schema processing and transformation of cognitive psychology directly touches on the cognitive psychological elements that are inseparable from the whole process of translation. In previous studies on schema translation, the case analysis methods of schema correspondence, conflict and gap in E-C/C-E translations were employed with high frequency. In his translation of British popular history bestseller *After the Victorians*, the author also consulted some schema psychology works, and found it necessary to continue mining the psychological theory of schema for more mini-theories and concepts useful to the studies on translation operation mechanism and the method, especially to guiding the translation practice and overcoming difficulties in translation. Based on the examples cited from the translation of *After the Victorians*, this paper analyzed in detail the guiding role of schema theory in overcoming the translation difficulties, including how it explains the translator's own previous schema activation, the anticipation of the Chinese version readers' schemata activation and the re-establishing new schemata and adjusting the conflict schemata. On the basis of comparison with other translation theories, this paper revealed the unique guiding value of schema translation, which has not been discussed in the previous literature. This study has theoretical reference value and practical guidance value for the study of translation theory and practice from the perspective of cognitive science and psychology.

Keywords:
After the Victorians; content schema; schema translation; translation process; guidance value

1. 引言

金隄和奈达早在 20 世纪 80 年代初就指出，“所有的译者，无论有意无意，都把自己的翻译工作建立在一定的翻译理论基础之上”（Jin & Nida 1984：15）。以此逻辑推理，就是没接触过多少翻译理论的译者，其实他们的实践也在默默遵循某种翻译思想。反过来，从归纳思维的角度看，我们也需要在翻译实践中总结翻译思想或原则。本文以翻译英国通俗史畅销书《后维多利亚时代人》的实践为例来进一步挖掘图式理论对翻译的指导价值，就是从翻译理论实际上在指导每个人的翻译实践这个信念出发的。

鉴于学界对翻译产品的标准众说纷纭，译学界已将研究中心调整到“翻译过程”（王寅 2017）。无论从哪个视角研究——基于认知学与心理学的翻译研究，或是其他基于语言学或文化学的翻译研究——作为它们研究对象的翻译过程本质上都离不开考量译者对原文的解码、对译文的编码、译文读者对译文的解码过程中的认知心理过程。而基于认知心理学的图式加工、转换过程的图式翻译研究具有直接贴近翻译过程全程的认知心理要素与过程的优势。

本文首先采用卡雷尔图式三分法中的内容图式（Carrell 1983：554）来对 A. N. 威尔逊（Wilson 2005）的英国通俗史畅销书《后维多利亚时代人》（*After the Victorians*）的英译汉难点进行分析，探讨译者如何激活已有图式，调整中英冲突图式，补建缺省的图式，帮助译文读者理解原文的内容图式。然后，本文试图全面总结相比于其他翻译理论前提下图式理论的翻译指导价值，揭示以往文献忽略的一些图式理论的亚理论或概念对翻译实践的指导或解释价值。

《后维多利亚时代人》尚无中文译本出版，知网与其网络资源未见讨论该书汉译问题的文章。

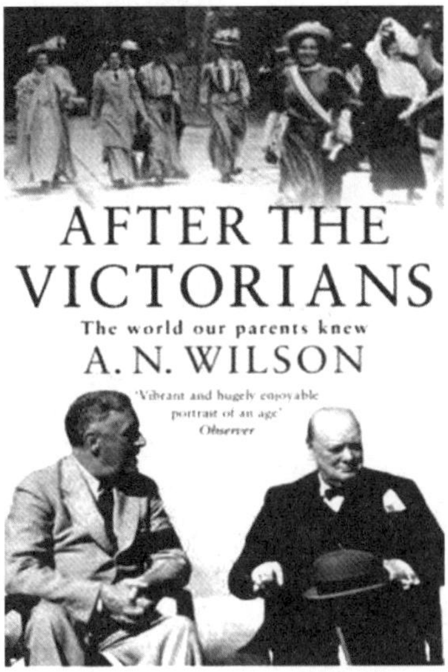

图 1.《后维多利亚时代人》（*After the Victorians*）

2. 图式理论与翻译

图式（schema）是大脑中由已有信息和经验组成的认知框架，人们需要链接已有认知框架或对比新旧经验才能理解新事物（Bartlett 1932：201）。图式可以帮助理解世界和快速变化的环境。人们可以快速地将新的感知组织到图式中，因为使用图式认知大多数情形时不需要复杂的思维，做出行动也不太吃力（Nadkarni & Narayanan 2007）。译者对原文的解码、对译文的编码、译文读者对译文的解码都跨不过去图式。图式理论被广泛应用于翻译研究（张梅岗 2002）。既然新接收的信息只有与已有图式互动才能被理解，那么，无论在原文本输入信息与译者图式之间，还是在经译者处理后的译文输入信息与译文读者图式之间，分别都存在一个互动与认知加工过程。译者对自身图式的激活与对译文读者图式的预判、激活与为之补建，分别是理解原文与产出高质量译文的保障。

本文首先采用便于翻译研究的卡雷尔图式三分法（Carrell 1983：554）：语言图式即语音、词汇、语法等知识；内容图式即所涉语言国家的历史、文化、政治等专业性及百科知识；结构图式指语篇的结构、逻辑与风格知识。鉴于本文首先聚焦通俗史英译汉中的文化与常识类图式，本文采用卡雷尔的内容图式这个子类分别从图式的重合、冲突和缺省的角度来分析研究对象，即，图式重合或对应 [如 eminence grise（灰衣主教）——垂帘听政]、图式冲突 [如 goat（性欲强烈的男人）——山羊（倔强的人）] 和图式缺省 [如 hedge school（树篱学校，18、19 世纪招收信仰非英国国教儿童的私人学校）——汉语图式缺省]。本文在此框架下谈如何通过图式对接、腾挪变通、补缺注释，以实现原文图式向译文读者的顺利传递。在此基础上，本文讨论一下在以上常用图式翻译分析框架之外还有哪些以往文献忽略的图式理论侧面对翻译过程仍有解释与指导意义。

3. 《后维多利亚时代人》汉译中的内容图式翻译例析

下面谈一谈在《后维多利亚时代人》的汉译过程中，笔者是如何在图式理论的指导下来处理翻译难点的。

3.1 图式重合——求同归化

原文所依附的内容图式虽与译文所依附的内容图式常彼此对应，甚至完全重合，译者也常需要采用明晰化手段，来顺利激活重合的图式。

（1）

[原文] They pluck in their terror handfuls of plumes from the imperial eagle, and with no greater credit in consequence than that they face, keeping their equipoise, the awful bloody beak that he turns round upon them.

[译文] 他们战战兢兢地从帝国之鹰的尾巴上一把把地硬生生地拔尾羽，结果，他们所捞取的最大好处就是，一边保持平衡，一边面对鹰脖子一转伸过来的那张可怕的血淋淋的尖嘴。

铁杆拿粉小说家亨利·詹姆斯在行将就木的日子里，开启了他的语无伦次的二次元梦想世界，嘴里不停地念叨着上面的呓语。无论从原文对于译者来说，还是译文对于读者来说，“帝国之鹰”指拿破仑部队这个图式并不难激活，尽管译者与译文读者对该图式细节不一定有英美人全面——帝国之鹰旗是拿破仑各军团所持之军旗，对英国士兵来说，“捕捉到一只鹰”就是一项震铄古今的战绩。在译者与译文读者的固有图式中，一定会有动物的六大本能行为之一的防卫行为图式，但是，细化到鹰，固有图式可能流于宽泛。译者首先要设法动员、补充自己关于鹰的本能防卫图式：拔尾羽——保持平衡——鹰转脖子用尖嘴反攻骚扰者。在这种考虑下，译文把“拔羽毛”细化为“拔尾羽”，有利于激活上述动物行为图式与再现原文描写的画面。

（2）

[原文] The Kaiser only knew real emotional intimacy with men, and undoubtedly fell in love with them, but without knowing he had done so. No one in his position who understood the impression he was conveying would, on a visit to Eton, ask if he could watch "a boy being swished".

[译文] 德皇只知道与须眉们存在真正的情感亲密，而且他自己也客观上无疑真的爱上了他们，但是，他浑然不知他自己早已深陷爱河，而一直觉得自己是直男。身居其位者，但凡对此心痒之求能心领神会的，都不会在造访泰晤士河畔的伊顿公学时穿帮露馅地请求观看一下"一个男孩被当场鞭笞体罚"的场景。

事件图式（Event Schema）指在特定情况下应该说什么、做什么的知识（Baldwin 1992）。中西文化共享了大量的事件图式。在翻译上，事件图式也属于内容图式。例（2）中在人的性取向上自知之明的缺乏与旁观者清的事件图式不会因为图中人物的肤色改变而改变。威廉没有意识到请求观看男生被鞭笞不但可属潜意识的"同志"之好，且还可被视为施虐受虐控之癖。只是由于我国文史作品对此情形着墨较少，因此，译者有必要增译"穿帮露馅"等词语，引导译文读者理解原文图式。

（3）

[原文] When asked by the warden of the Student Movement House in Bloomsbury why he had been off form he replied: "You see, I have never known what it is to doubt the existence of God, and l felt I had no right to be speaking to that audience of young people."

[译文] 当布卢姆斯伯里学生运动之家的管理员问他为什么不在状态时，他回答说："你看，我从来不知道什么是怀疑上帝的存在，我觉得我没有权利对这些不信上帝的青年人讲话。"

光从语言图式上看，英汉语中说"没有权利讲什么事"时，会有多种语用意义，如"没有资格讲""讲了侵权""讲了强加于人"等等。但究竟是哪一种呢？译者有必要通过更大的上下文启动、完善或新建有关基督教的现代危机图式，再根据上下文推断出坦普尔自己信上帝，但是年青人听众可能不信，进而得出坚信上帝存在的坦普尔把他在演讲中提不起神归咎于年青听众不信上帝的准确理解。译文增译了原文隐含的"不信上帝的"（年轻人）这个意思，激活了"道不同不相为谋"会影响讲者情绪的常识性事件图式。

（4）

[原文] "... The left right, left right folks have got both feet off the ground at the same time. They are part of Britain's mighty mobile mountain. All keen welcomers of Adolf when he drops in for a cup of tea and a cream bun." Watching the motorbikes swoop down into a ditch and judder upwards over some heathland, the cinema audiences are rib-nudgingly told: "Up and down they go but unlike the Hun they are always on the level."

[译文] "……过去是：齐步走！一二一，一二一！现在是双脚同时离地。他们是英国强大的移动铜墙铁壁的一部分。若是阿道夫顺便来喝茶吃奶油面包，热烈欢迎他的就是这支移动大军。" 看着摩托车俯冲进沟里，接着又颠簸而上，跃上石南丛生的荒地，电影院里的观众互相拉袖子提醒说："他们斜着身子上下跑，但不像德国鬼子，他们人总是'正直'的。"

中外列队训练口令图式是雷同的，包括徒步行进的左右摆臂、左右迈腿，步速步距控制等所有细部。这里译者需要照顾译文读者的是语言图式转换——"一二一（左右左）"。看过场地或野外摩托车赛车队训练视频的译文读者也会有摩托车手在沟里沟外冲进冲出时车和人是斜着的或横着的图式。译者若把握了这个共享图式，就可以在译文中更清晰地再现观众对英军骑手的感受——虽身斜但心正。

（5）

[原文] In his own recollections of this momentous cabinet session, Churchill makes no reference to his being checked by Dowding. He merely wrote: "The Cabinet gave me authority to move four more squadrons to France." Dowding's comment, when he read Churchill's memoirs, was: "You couldn't very well expect him to admit that he came within a hair's breadth of wrecking Fighter Command before the Battle ever started."

[译文] 在他对这次重要的内阁会议的回忆中，丘吉尔没有提到他被道丁喊停的经历。他只是写道："内阁授权我再调四个中队去法国。" 当道丁读到丘吉尔的回忆录时，他的评论是："在战争开始打响之前，他几乎毁了战斗机指挥部，但你不要指望他会下'罪己诏'的。"

根据同化或重构新图式时固有类似图式会加速思维之说（Cherry 2022）。有一定历史文化图式知识的译文读者会知道古代的帝王在朝廷或国家出现问题时会下达一种自省或自责的口谕或文书，即“罪己诏”。英国皇家空军战斗机司令部司令道丁主张以保家卫国为主，阻止丘吉尔调空军出征法国。道丁读到丘吉尔回忆录中对此事的顾左右而言他的说辞时，表达了他对丘吉尔回避错误的不满。身居英国一号人物高位的丘吉尔若认错，则与我国古代的“罪己诏”图式有相当多的“图式”因子重合，而“死不认错”的态度则恰好相反。译文把这种不满用“但你不要指望他会下‘罪己诏’的”来表达，有利于译文读者利用固有图式加速新图式的建构。

3.2 图式冲突——腾挪变通

中英两民族在认知世界、概括、分类事物等方面有共性，也各具特色。译者需要采用语用明晰化手段，对不同的、冲突的内容图式进行腾挪变通。

（6）

[原文]My nephew was furious as you can imagine. “It makes me into an amoeba”, he said...

[译文]你可以想象，我的外甥非常生气。他说，“这件事让我变成了一只可怜虫。”……

在两幅中英阿米巴（虫）文化认知图中的内圈，它们都是典型的单细胞生物（变形虫科）。菲利普亲王因皇家姓氏、孩子出生间隔过大等家事而感到被无视了。原文中的 amoeba 无论直译成“阿米巴”（“变形虫”），还是译成“无名小虫”，都不能充分表达蒙巴顿自感被贬低的感受，甚至可能译出自谦的意味。译文用有一定贬义的“可怜虫”来规避了“阿米巴”中英文认知图外圈的语用差异所带来的可能歧义或贬义不足。

（7）

[原文] The flying machines and motor cars of the Edwardian era look like toys built for the amusement of Mr Toad, but they are harbingers of a new world order. Moreover, the Mr Toad at the wheel would be unlikely to have owned Toad Hall for more than a generation.

[译文]虽然爱德华时代制造的飞行器和小汽车看上去像是为了满足蟾酥先生一时之欢的玩具，但是他们是传令官，昭示着国际新秩序的到来。不仅如此，坐在驾驶室里玩着蟾蜍样交通工具的蟾蜍先生们多为不知从哪个水坑里刚刚跳出来的新富，其司宫主、拥土地的时间长度可能不会超过一代人。

本来中西两张关于蟾蜍的文化认知图的内圈应该是一样的，尽管不一定会用术语表述，人们知道蟾蜍不属于群体内优势等级序列类的动物，外观跟老鼠一样彼此难以区别，因此人们都不知它们是从哪块河边草丛里蹦出来的。但是，处于“蟾蜍”图式外圈的动物文化隐喻却是有差别的。在我国传统文化里，“蟾蜍”喻义一般为财源滚滚。译文用增译避开了译语文化中的图式误导，凸显了原文中“蟾蜍”的喻义：20世纪之初，驾驶玩具样的机动交通工具的新富们像蟾蜍一样彼此相似，身世不彰，但喜欢冒险闯荡。在维多利亚时代末期，世代“家里有矿”的贵族在没落，暴发户在上升，后者“司宫主”的历史可能不会超过一代人。

（8）

[原文]...rumour reached Baldwin that “the Goat” was about to announce the Liberal Party's conversion to protection.

[译文]……鲍德温听到传言，说“山羊”* 要宣布自由党转为保护阵营。

“山羊”的中英图式的内圈共享其生物学特征，但是其文化喻义的图式外圈却存在冲突：“山羊”在英语里有“情欲过旺的老男人”的喻义，跟其在汉语里的常见喻义“倔强”等不吻合。译文加注，帮助译文读者重构了“山羊”的跨文化认知图式。

（9）

[原文]The plot of George Eliot's last great novel, *Daniel Deronda*, published in 1876, had hinged upon the discovery by the central character that he was Jewish, a fact unknown until his mature years. An American critic of our own day remarked that “Deronda had only to look”. But not, in 1876, if he had been of Jewish origin, but brought up from birth as if gentile.

[译文]1876年出版的乔治·艾略特最后一部伟大作品《丹尼尔的半生缘》是围绕主人公的身份秘密的自我发现为线索铺开情节的：他直到成年才知道自己是个犹太人。我们这一时代的一位美国批评家评论说：“德龙达只消看看自己的下面”。但如果他是犹太人出身，但却像非犹太人一样被抚养成人，那么，在1887年时，他还不能行那个礼。

以相貌来判断一个人的民族身份是中西共享的内容图式。但是，若把“Deronda had only to look”直译成汉语，译文读者会直接启动共享图式，而忽略西方人当时

* 劳埃德·乔治被自己的粉丝称为“威尔士术士”，被他的政敌称为“山羊”（情欲过旺的老男人）。

常用割礼来判断犹太人身世的图式，也就是说，共享“以貌判人”图式的外圈里，西方多了一些细节，而在原文的省略句与上下文中都没有明示。译文只增译了两个字就明晰了原文隐含的“看的方向与内容”。这样译文读者就可以清楚地理解上下文：书中引用的那位文学评论家认为百年前的小说《丹尼尔的半生缘》情节有硬伤，而也同为文学评论家的作者威尔逊不以为然。

3.3 图式缺省——重建补缺

内容图式缺省主要指存在于原文之外但原文又依赖的风土人情、典章制度、人事代谢、历史事件等知识的缺乏。这种缺省会导致相关图式激活不能，若不通过增译或注释补建图式，译文读者难以做到理解到位。

（10）

[原文] John Jacob Astor, worth two hundred million dollars: he “would give all he possesses for the place of that woman and child in the lifeboat” ... “The sixteen hundred who went down were typical of mankind...” opined the *Christian Century*. “Manhood triumphed when the Titanic sank.”

[译文] 约翰·雅各·阿斯特的身价有两亿美元：他本能地动过这个心思，“愿意用他所拥有的一切，来换取救生艇上那个妇女和孩子的位置”，但他最终还是正己守道，放弃了杂念。……“被大海吞噬的 1,600 人都是典型的人类……”《基督教世纪》对此颇有见地。“泰坦尼克下去了，人类精神上去了。”

常识内容图式告诉我们，全民义务教育中的中西语文（包括文学）课教学都是侧重母语文化的。因此，在图式的细节全面性上，我国读者和英美读者分别对于“梁祝”爱情故事和泰坦尼克海难题材作品了解更多。泰坦尼克海难时，船上规定必须等所有妇孺都上了救生艇后才能让男人上艇。威尔逊此处没有引全原作者的话，造成原文背景图式缺失。译者检索到原文引用的引文全文后得知，当时阿斯特动过那个以钱换命的心思，但是，阿斯特的骑士精神又使他抑制住了私欲，没有造次。译文适当补上原文图式缺失，排除了原文潜在的误导。

（11）

[原文] On 4 August Asquith told Parliament that Germany had invaded Belgium. What had been a cause of British rejoicing in 1815 was, in the summer of 1914, a casus belli.

[译文] 8 月 4 日，阿斯奎斯告知议会说，德国已侵入比利时。1815

年曾是英国欢欣鼓舞之事，到了 1914 年夏天，却成了交战理由。**

原文作者此处把百年前的德英会师比利时与百年后德军再度“进入”比利时并对法宣战的两个历史图式像画“简笔画”一样拼接在了一个句子里，凸显了历史的巧合与德英关系的前后强烈反差。对于缺乏该历史内容图式的译文读者来说，加注是有必要的。

（12）

[原文] This perhaps flavoured the atmosphere of the crucial meeting at the Pentagon on 31 May 1945 when Secretary of State Byrnes - did ever a politician have a more horribly apt “Happy Families” nomenclature? - met Robert Oppenheimer, James B. Conant and Secretary for War Henry Stimson, and they all agreed, having heard the scientific evidence, that “we could not give the Japanese any warning” .

[译文] 这种元素也许在 1945 年 5 月 31 日的那次五角大楼重要会议上起到了推涛作浪的作用。国务卿伯恩斯也出席了那次会议——对了，还有哪位政治家曾有比“伯恩斯”这个更贴切得可怕的“幸福家庭”名字吗***？与会期间，他会见了罗伯特・奥本海默、詹姆斯・B・科南特和战争部长亨利・斯廷森。在听罢科学证据展示后，与会者们都同意，“我们不能给日本人任何警告”。

在中西文化中，单从字面上看，“幸福家庭”可以启动多个内容图式，有绘画（如我国年画）、歌曲、小说等等。笔者问过一些英美人后得知，不熟悉那种早已过时的纸牌游戏的英美年青人都会对原文长句中插入的小反问句感到有点陌生。若不及时补建图式，译文读者将难以理解基于旧时“幸福家庭”纸牌游戏的人物名的戏讽别解。此外，英汉语言音形义的“天壤之别”使得双关语等语言辞趣或修辞格等的

** 在滑铁卢战役的尾声，布吕歇尔率普鲁士人（后可称德国人）赶到比利时战场，德英会师，拿破仑一世的法军全线崩溃。百年后德军再度入比并对法宣战，却成了英国几乎发生在同日的对德宣战理由。

*** “幸福家庭”是一种常以绰号代四大职业的英国纸牌游戏（骨头屠夫——Bones the Butcher，木片木匠——Chip the Carpenter，药剂大夫——Dose the Doctor，布条裁缝——Tape the Tailor），此处指支持对日投放原子弹的四个美国官员。其中时任国务卿 Byrnes 的发音分别与 burns（灼烧）和 Bones（the Butcher）谐音，作者故意别解，讽喻伯恩斯支持对日投放原子弹。

抗译性极强，译者的语言图式水平再高，也难以在行文中克服此类难题。有鉴于此，加注是有必要的。

（13）

[原文] And here came the crowned heads of other lands, driving through the rain in their landaus---the big, jolly, laughing queen of Tonga, and opposite her the diminutive sultan of Johore. (Who was that? "Her lunch," replied Noël Coward.)

[译文] 其他国家的王公贵族们冒着雨驾着四轮马车也前来出席典礼了，如汤加的高大、快活、欢笑的女王和她对面的矮小的柔佛苏丹。（那是谁？"她的一盒午餐，"**** 诺埃尔·科沃德回答道。）

无论是译者还是译文读者，他们对图式的启动往往从容易的固有图式开始（本文第4部分有详述）。如果没有关于东南亚地区历史传说中"食人族"一说的文化图式，译者和译文读者都可能停留在喻体"一盒午餐"就是用来夸张两位贵宾的身材对比上。译者及时从地区传说文化中寻找线索、加注补充图式，使译文读者充分领略到段子背后的幽默。

从笔者翻译《后维多利亚时代人》的实践中看，我们不能低估图式缺乏或激活不能或不充分给理解欣赏作品造成的困难。以上讨论的三类中英图式异同现象在同一小语段甚至句子中往往是共现的。如在例（3）的同一个情景中，同时出现了讲演不在状态的致因图式和基督教现代危机的历史图式。前者属于中外共享图式，后者则可能不是。

4. 图式理论对翻译实践的指导价值的再挖掘

本文案例分析部分采用的主要理论框架是认知心理学层面的图式理论框架，也就是以往文献采用最多的案例分析框架：英汉内容图式的对应、冲突和缺省。在笔者翻译该书的过程中，笔者觉得图式理论用于翻译研究还有深入的空间，即不囿于回溯以往中外图式翻译研究常用的理论框架，而是找到更多能对翻译过程与方法研究起到观照、启发意义的元素，并加以实践之，归纳之，甚至可以对同一个翻译过程从图式理论的不同视角加以反复审视，以提高翻译理论与实践的水平。相较于其他翻译理论或能用来指导翻译理论研究与实践的理论，图式理论用于指导翻译实践

**** 该幽默段子着意夸大两人体型差距的同时也蕴含了一个传说——汤加女王是食人族。

有如下价值或特点值得注意。

4.1 图式理论更顺应翻译理论研究中的翻译过程研究转向

奈达（Nida1964/2004：1）在《翻译科学的探索》中提出的 translating 一词，一般被理解并译为“翻译过程”，而原来的 translation 指“翻译结果”（指译作）。鉴于学界对翻译产品的标准众说纷纭，译学界将研究重心调整到“翻译过程”。（王寅 2017）而学界对翻译过程又出现了不同的理解，诸多流派应运而生：如，文学视角追求“信达雅”“神似”“化境”等最高境界的过程，语言学视角的“语码转换”过程，符号学视角的对异质符号意义在不同文化或媒介中的转换、阐释与重构过程，跨文化交际视角的“跨文化翻译”过程，文化学视角的“风俗解读”过程、“文化适应”过程，文艺学派视角的“艺术处理”过程，生态学视角的“生态适应选择”过程，功能学派的“目的为上”的跨文化翻译过程，功能主义与语言顺应论视角的“目的顺应”过程，认知语言学视角的跨语言、跨文化的认知加工或隐喻过程，基于认知心理学的图式加工、转换过程。不管哪种过程，从本质上讲，翻译过程都离不开信息处理，包括知觉、记忆、信息编码和解码，也可以说，都可能适用认知心理学的理论知识观照。这样一来，基于认知心理学的图式加工、转换过程的翻译研究就具有直接贴近翻译过程中的认知心理要素的优势。在同样被认为是从认知角度审视翻译的理论中，图式理论的特点也尤为凸显：图式理论清晰地、全程地聚焦译者在翻译过程中的图式居间作用，换句话说，译者对原文的解码、对译文的编码、译文读者对译文的解码等几乎所有翻译过程环节都跨不过去图式。

4.2 图式可清晰地解释并有效地助推译者的原文解码与译文编码

图式理论的这种优势主要来自图式能更立体地解释人类学习、获得新知识的过程。因为翻译尤其是英（外）译中，首先涉及原文信息的理解，这个理解其实就是人类获得新信息 / 知识过程的一部分。为什么说是图式的解释更为立体与直观，涉及多点对比呢？随着计算机与网络在人文学科研究上的普及，思维导图、概念图、知识图谱、语义网络、认知图等知识图式在认知科学上被广泛使用，图式的方法也顺应这个时代。过去我们只是说温故知新，旧知识可以帮助人们学习或获得新知识。其实这种说法或解释没有图式来得“精准”、细腻。图式能分析、揭示传统说法中所谓的知识积累、获得的过程。例如，一个幼儿第一次见到老虎的微型仿真模型时，就说它是猫。经过成人指教知道是老虎模型后，第一次见到电视屏幕上的真豹子影像时，就说它是老虎，后又被成人校正认知。从空间层面上，第一次指导孩子认知老虎时，成人主要靠放大似猫的“老虎”形象，第二次指导不需要太多放大似老虎的“豹子”形象。在这两次指导中，成人都需要同时帮助幼儿在两个平面或立体图中分别从“宏观”和“微观”上找到“猫”与“虎”、“虎”与“豹”的异同，进而在修订原图式基础上分别建立“老虎”和“豹子”的新图式。里即有“自上而下”（top-down），又有“自下而上”（bottom-up）的过程。再有就是，从对“猫”的已有认知、上升到对“虎”的认知，再上升到对“豹”的认知的过程是历时的、叠加的。翻译过程中的译者对原文图式的解码和对译文读者固有图式的预判以及译文输出图式的对接调整转换，跟幼儿认知老虎和豹子的认知图式解释也相似，图式理论会解释给我们，从已知图式到认知新图式或不同图式的过程中，究竟有哪些细节助推了或妨碍了我们把新图式同化到原有图式（Assimilation）中，或怎样利用修订旧有图式重构或建构新图式（Accommodation）（Cherry 2022）。

用“知识”“信息”等范畴来研究翻译过程中的宏观背景或文化知识时，难以说清楚“知识”与“知识”之间积极或消极的互动。图式理论清楚地展示了图式在翻译过程的两个解码过程中可以起到的作用，从而最终给译者的译文编码提出有价值的参考。

在译者对原文解码和译文读者对译文的解码过程中，内容图式以及结构图式（篇章风格图式）主要从自上而下的背景知识以及宏观语篇角度助推阅读理解过程，而语言图式主要起到自下而上从词句微观层面开始的连词成句、连句成篇的阅读理解推动作用。也可以说，图式帮助译者正确准确地理解原文，也帮助译者权衡利弊高下，提供给译文读者适合他们从上到下和从下到上理解的译文内容图式与译文语言图式。

图式有助于翻译过程中图式的类型管理。文化学角度的翻译过程研究对于原文所涉及的背景或文化等宏观知识，常用“知识”或“信息”来表述，分类多按领域，如历史知识、物质文化知识、社会文化知识、生物知识等。随着认知心理学图式理论的研究进展，学者们对人脑图式中大量存储的图式进行了横断面、纵断面等多角度的切割与观察。所得结论不但对学习心理学、教育学等有应用价值，对于翻译理论与实践也有指导价值。如，译者可以有意识地主动地分类处理在解码原文与输出译文时所涉及的各种图式，尤其是在图式不足时有意识地去检索、咨询、学习图式信息。人脑图式中大量储存有陈述性（“是什么”）图式，即知道某事实，知道某物是何物的信息（Hampson & Morris 1996: 56）。这类图式量大类多，但多可以通过文字文献检索到，译者需要勤查多问。在英汉翻译中，那些英汉两民族差别或冲突较大或缺省的陈述性图式给翻译带来的挑战最大。如例（11）的译文补充了 1815 年德英会师的静态历史图式，使译文读者跟原文读者一样感受到了历史的巧合。人脑图式同时也存储如何做某事的过程性信息 (Hampson & Morris 1996：56)。这类图式一旦出现疑难，译者有时不光要查文献，还要咨询“行家”，像“莫站牛前，不立马后”（危险）这样的冷知识不都是写在书里的。尽管英汉文化共享了大量过程性图式，但在翻译中也需要运用一定翻译手段来激活相应图式，帮助译文读者顺利解码图式。如例（1）中，译文把“拔羽毛”细化为“拔尾羽”，有助于激活读者有关猛鸟的过程行为图式，将原文中人若“拔尾羽”鹰可能迅速回头反击的本能动作自然地串连起来，使译者与译文读者感受到动作过程的危险性。

新图式符合固有图式的程度越高，人们对他的关注度就越强，同时人们在利用已有图式同化或重构新图式时，思维速度也更快（Cherry 2022）。因此，无论本文第 3 部分谈的是“图式重合”还是“图式冲突”，译者在译文中对于旧图式的启动，都会加快译文读者阅读理解速度，如例（4）中的 left right, left right。如果汉语列队行进口令“一二一，一二一”这类固有图式被启动，就很容易理解原文的图式，甚至会对两种语言图式的不同发生兴趣。当然，译文还是要以归化为汉语队列行进口令为可取。

图式之间互相加速的特点也使得我们发现，图式的某些作用可以只体现在翻译过程的某个阶段，而不是全程。这是图式理论指导翻译的一种独特价值所在。如本文所聚焦的内容图式的正确启动可以加速语言图式的启动或帮助避免单纯依赖语言图式的文本理解失误。在英译汉过程中，原文本的英语复杂语法结构等语言图式会给译者而不是给译文读者带来挑战，如果及时启动、调动内容图式，会排除语言图式方面的困难，加速看清语法结构或搭配意义等，避免理解失误。如，例（1）的原文是复合句长句，含有复杂比较结构与定语从句，中间夹有现在分词短语的伴随状语。如果我们在厘清语法结构与成分之间管控关系的同时，及时启动外敌骚扰雄鹰时雄鹰勇猛应对这种动物本能行为的图式，那么复杂长句不但不会使译者觉得长而复杂，反而觉得它是一句很讲究主从复合形合特征的地道英语。但是，根据笔者的翻译经验，更多的时候，内容图式是在语言图式不成问题时发挥助推理解（原文与译文）的作用的。如例（2）原文的意思是，德皇如果懂得这样做会给他人留下什么印象，就不会主动请求观看那个场景。其实，原文遣词造句并不难。如果及时启动对个人偏好缺乏自知的人容易在旁观者面前露馅的图式，就会使得译者在原文的理解和译文的表达上“一开全开”，得心应手。

4.3 图式的负面特点或作用可用来防控翻译失误

上文说，用“知识”“信息”等范畴来研究翻译过程中的宏观背景或文化知识时，难以说清楚“知识”对“知识”的认知与建构的推动、干扰等副作用。随着更多的学者把知识之间的互动纳入图式理论框架来研究，他们在对图式之间的互动研究中发现了图式可能产生的认知负面作用。这些发现可更清楚地提醒译者在翻译过程中要注意图式的负面作用。此时，图式对于实践中的误译、拙译的致因都可以有更好地阐释，从而做到有效地避免。

图式会影响对新知识的吸收：人们更容易注意到、记住与他们已有图式吻合的事物；面对与已有图式矛盾的事物，已有图式趋向于一成不变，人们常对另类图式加以通融，或视其为例外（Kite & Whitley Jr. 2016：85；Taylor & Crocker 1981）。研究显示，对于图式的启动，人们有避难趋易、走快速通道、最少改变惯用图式的趋势，即常见性、常识性解读常常被优先启动来处理新信息（Tuckey & Brewer 2003；Taber & Lodge 2006）。不管看见没有，去过书房、厨房、客房的人后来回忆时多报告分别见过书籍、菜刀、床头柜。这些实验结果在心理学界已经是常识，即所谓“海马效应”。如例（9）中的中西图式冲突实际上也可看作是由译者文化中的图式惯性引发的。也就是说，若将“Deronda had only to look”直译成汉语，国人读者更容易启动通过对比相貌来判断身世的惯性图式。译者为了阻断译文读者可能的图式惯性，增译“（看看）自己的下面”，使得不熟悉犹太人割礼习俗的译文读者转轨到用割礼来判断犹太人身世的图式上。

图式认知过程并不总是准确的，人们可能会产生错觉关联，即在类别之间发生关联失准或过度，如用单向解读代替双向解读（Tuckey & Brewer 2003）。如例（10），在阿斯特的话的上下文引用缺失的情况下，若按字面直译，很可能会将译文读者带入单向图式思维的陷阱：以财求命的例子怎么好用来佐证“人类精神上去了”的结论呢？其实，这句引言完全可以有另一方面的也就是原引文的实际解读，即阿斯特的骑士精神使他抑制住了“私欲”的一闪念，没有造次。译文适当补全原文省略的信息，排除了潜在的误导。

根据巴莱特（Bartlett 1932：205）的研究，图式随着经验演变，长期记忆随着图式调整，永不停歇。人们趋向于把过去的事件视为流动的，在不断的叙事调整过程中构建过去和现在。人们“记住”的大部分都是经过调整、筛选和合理化虚构的叙事。维谷斯基（McVee et al. 2005）认为，图式不断发展变化，环境不断对其产生影响，且二者之间存在一种“交易关系”。图式并不是以一种思维结构独立发展的，而是承载着影响其发展的历史、社会和文化意义的所有方面。巴莱特（Bartlett 1932：205）的研究证明，人们对来自异域的或不熟悉的文化信息的理解与记忆常受到他们自己的文化图式及其主观情感的严重影响，如复述事件时可能依据自己文化中的图式来取舍细节、填料、改变顺序、突出情节重点、尽量给事件赋予某种意义或给予理性解释，尤其是符合当事人自己文化的解释。按他的理论推导，日久年深以后，我们母语为汉语的读者回忆起自己曾经阅读过但并不熟悉的英美鬼神故事译文，可能会把猛鬼街、吸血鬼、狼人、异形、杰克等换成午夜凶铃、咒怨、荒村老尸、回魂夜夫妇、笔仙、跳跳僵尸等。

虽然跨文化图式会受母语图式影响而被修订，但是以上这一图式知识也可使译者“将计就计”，主动利用译文读者的母语文化里的类似图式联想（如“削藩”——精简机构，“大不敬”——侵犯上司尊严的言行，“罪己诏”——领导人为过失公开道歉），并辅助以一定的明晰化矫正，来加深译文读者对作品意义与风格的理解。

在汉语文化里，我们对于“罪己诏”的最初图式可能来自史书、词典、历史讲座、影视剧等，它是古代帝王在朝廷或国家出现问题或危机时检讨自己过失发出的一种口谕或文书。但是，我们记忆中影视剧中的历史一幕，到 90 年代中期，也会受到一些二战参战国领导人对本国的过错公开道歉图式的修订，这样就丰富了我们对于现代“罪己诏”的认知：西方国家领导人能代表国家检讨过失，但也可能其检讨是意在回揽人心、规避风险，同时也可能道歉是不太情愿的，检讨是不彻底的，因为它摧毁了他们永远正确的神话。有一定文化基础的译文读者对“罪己诏”认知的不断更新，都有益于理解例（5）中丘吉尔当时的不太愿意主动承认过错的心态。这里面即有巴莱特所说的人们对历史图式的不断修订的过程，又有他说的人们喜欢用母语文化“修订性”地理解外国文化的过程。

“图式的平衡”“主动适应”“自我调解”等亚理论也可用来解释翻译中误译、拙译是如何避免的过程。

皮亚杰（Kibler 2011）发现，人们的图式发展经历了一个平衡化过程，即从原有图式足以解读所见所闻的图式平衡阶段，到接触新信息时启用旧图式去同化新信息失败的图式失衡阶段，再到调整或限制旧图式或缔造新图式后的图式新平衡阶段。皮亚杰认为，在失衡阶段，即人们发现旧图式不能用来认知新信息时，人们的第一反应往往是感到沮丧，直到人们找到或调整路径进入新的图式平衡阶段，方才如释重负。英译汉时，译者与译文读者接触的多是外来文化事物，经常会陷入启用旧图式去同化新信息失败的图式失衡，并因此产生受挫感，继而努力争取寻路突围取得新的图式平衡。但同时也要警惕出现一种“伪平衡”，即不求甚解，过于自信，满足于某种自洽的“图式对接”。所谓“拒认偏见”即人们倾向于为与自己期望相矛盾的证据设定更高的标准（Taber & Lodge 2006）。所谓“主动适应”指当新信息不能被忽略时人们则不得不更改现有的模式或创建新的模式（O’ Sullivan & Durso

1984）。根据西田（Nishida 1999）提出的文化图式理论，缺乏目的语文化中社会互动图式的外族者遇到新情况时，他们会经历认知迷茫感和焦虑感。他们一般会经历自我调节和自我导向两个阶段。在自我调节阶段，他们试图通过微调他们自己的母语文化图式来解决歧义；在自我导向阶段，他们会积极地尝试重组他们的母语文化图式或采用费时费力的数据驱动的处理方式来生成新图式，以适应新环境。以上图式理论的观点都在提示我们译者，在遇到中英图式冲突或缺省情形时，译者有必要通过明晰化等翻译手段，打造一种“形势比人强”的情势，避免译文读者用已有图式“捷足先登”，生成不确图式。译者不应一味迁就译文读者的“自图自信”，要积极通过明晰化、加注等手段引导译文读者适当边读边学新图式，把译者提前演练的图式认知过程呈现给译文读者，让他们再走一遭。如例（13），也可从上述“图式的平衡”“主动适应”“自我调节”等角度加以分析。译文读者虽然在“一份午餐”的喻义（身材矮小）理解上其内心图式已“小有平衡”，但也会心生不满：用一份饭指人是什么梗？译者通过主动调整过程，先于译文读者求解本体喻体映射的更深的文化理据，补充了东南亚曾流传的“食人族”传说这种陌生“民俗”图式，避免了翻译的失准，使读者充分感受到段子背后更雷人的幽默。

5. 结语

目前，译学界已由翻译标准研究转向侧重翻译过程研究。本文以案例分析的方法，验证了基于认知心理学的图式加工、转换过程的图式理论在翻译过程中起到的运作机制作用和操作手段作用。图式理论在译者对自身图式的激活，对译文读者图式的预判、激活与为之补建以及调整冲突图式的过程中都有指导作用。本文深挖对于翻译有用的图式心理学理论，利用实例较为全面地总结了相比于其他翻译理论前提下图式理论在翻译实践上的指导价值。

在结束本文前，笔者关于图式翻译的具体处理还有两个建议。

霍姆斯在《描述性翻译研究的理论基础》提出“双图式”的翻译模式，即“原文图式＋译文图式”，主张在保留翻译可读性的同时，保证译文图式的“异化感”（梁强 2020）。例（6）中菲利普亲王因感家事中被“无视”，自称自己成了“阿米巴”，译文略改形象译为略带贬义的“可怜虫”，也比完全“去形图义”的翻译如“被无视”要好得多。

当然，从本文第 3 部分例析上看，在“调解”内容图式冲突或补建缺失图式时可以使用加注法，但是，笔者认为应该以行文中处理矛盾为主，因为加注会损害译著的阅读连续性，是不得已而为之的。

目的语为母语的译者对原文的阅读经常是研读，有时会遇到“拈断数须”仍百思难解的困惑以及陷入“一名之立，旬月踟蹰”的表达困境。如何未雨绸缪，在图式的激活、误区的拨正、图式的补充与解析上做到不负于原作，有益于读者，这是译者提供优质翻译服务的应有之义，也是图式理论在翻译指导上的意义所在。

图式翻译的介入，可以降低阅读难度，扫清阅读拦路虎，同时也能尽量保持通俗史原作的信息功能与文学功能。疙疙瘩瘩的阅读不是愉快的阅读体验，如入五里雾中的读者不是正常的读者，原文如此，译文亦然。遇到难处时，让阅读成为“山穷水尽又逢路，悬崖峭壁遇兰花”的过程是每一个译者优质服务中的重中之重。“先修未密，后出转精”，笔者根据对 17 年前问世的原著的研读与自译，在译文中对原著中点到为止的文化信息做了适当的注释性明晰化，但愿这能为原作者认可。

参考文献：

[1] 梁强 . 文化图式理论融入英汉文化翻译中的可行性研究 [J]. 内蒙古财经大学学报，2020（4）：65-67.

[2] 王寅 . 基于认知语言学的翻译过程新观 [J]. 中国翻译，2017（6）：5-10.

[3] 张梅岗 . 论翻译的图式文本 [J]. 中国翻译，2002（1）：29-31.

[4] Baldwin, M. W. Psychological Bulletin [EB/OL]. American Psychological Association. 1992. Doi: 10.1037/0033-2909.112.3.461.

[5] Bartlett, F. C. *Remembering: A Study in Experimental and Social Psychology*[M]. Cambridge: Cambridge University Press, 1932.

[6] Carrell, P. & J. Esterhold. Schema Theory and ESL Reading Pedagory[J]. *TESOL Quarterly*, 1983, 4(3): 553-573.

[7] Cherry, K. What Is a Schema in Psychology? [EB/OL]. (2022-09-14)[2022-10-12].http://www.verywellmind.com/what-is-a-schema-2795873.

[8] Hampson, P. J. & P. E. Morris. *Understanding Cognition*[M]. Cambridge, MA: Blackwell Publishers Inc., 1996.

[9] Jin, D & Nida, E. *On Translation: with Special Refererce to Chinese and Engish*[M]. 北京：中国对外翻译出版公司 , 1984.

[10] Kite, M. E. & Whitley, B. E. Jr. *Psychology of Prejudice and Discrimination: 3rd Edition*[M]. New York, NY: Routledge, 2016.

[11] McLeod, S. A. Jean Piaget | Cognitive Theory. Simply Psychology [EB/OL]. (2009-02-25)

[2021-08-26]. http://www.simplyppsychology.org.

[12] McVee, M. B., Dunsmore, K., Gavelek, J. R. Schema Theory Revisited[J]. *Review of Educational Research*, 2005(4): 531-566.

[13] Nadkarni, S. & V. K. Narayanan. Strategic schemas, strategic flexibility, and firm performance: The moderating role of industry clockspeed[J]. *Strategic Management Journal*, 2007(3): 243-270.

[14] Nida, E. *Toward a Science of Translating*[M]. 上海：上海外语教育出版社，1964/2004.

[15] Nishida, H. Cultural Schema Theory[C]. // W. B. Gudykunst. *Theorizing about Intercultural Communication*. Thousand Oaks, CA: Sage Publications, Inc., 1999: 401-418.

[16] O'Sullivan, C. S. & Durso, F. T. Effect of schema-incongruent information on memory for stereotypical attributes[J]. *Journal of Personality and Social Psychology*, 1984(1): 55-70.

[17] Taber, C. S. & Lodge, M. Motivated Skepticism in the Evaluation of Political Beliefs[J]. *American Journal of Political Science*, 2006(3): 755-769.

[18] Taylor, S. E. & J. Crocker. Schematic bases of social information processing[C]. // E. T. Higgins, C. A. Herman & M. P. Zanna. *Social cognition: The Ontario Symposium on Personality and Social Psychology*. Hillsdale, NJ: Erlbaum, 1981: 89-134.

[19] Tuckey, M. & N. Brewer. The influence of schemas, stimulus ambiguity, and interview schedule on eyewitness memory over time[J]. *Journal of Experimental Psychology: Applied*, 2003(2): 101-118.

[20] Wilson, A. N. *After the Victorians*[M]. London: Arrow Books, 2005.

作者简介

侯广旭，南京农业大学外国语学院英语系教授，硕士生导师。研究方向：翻译理论与实践、认知语言学等。

书评

讲好中国故事 弘扬中国文化

——《社会叙述理论与京剧英译和传播》评介 *

Present Compelling China Stories and Expand Chinese Traditional Culture: A Review of *Sociological Narrative Theory and Peking Opera Translation and Communication*

蔡银双 吴 边

CAI Yinshuang WU Bian

摘要：

在中国文化“走出去”的时代背景下，中国戏曲的外译与传播愈来愈受到关注。北京外国语大学彭萍教授所著的《社会叙述理论与京剧英译和传播》一书，将研究与应用紧密结合，以社会叙述理论为研究视角，结合中国文化“走出去”、讲好中国故事等战略，深入探讨了京剧译介和传播中各方参与者的作用以及相关策略，旨在为中国文化更好地“走出去”提供对策。该书提供了丰富的理论资源与应用资源，填补了相关领域的空白，以期提高当下京剧英译与传播的研究成果的水平与质量。

关键词：

《社会叙述理论与京剧英译和传播》；京剧译介与传播；社会叙事理论；中国文化“走出去”

Abstract:

In the era of motivating communication of Chinese culture, the translation and dissemination of Chinese opera are of great importance. The book *Sociological Narrative Theory and Peking Opera Translation and Communication*, written by Professor Peng Ping of Beijing Foreign Studies University, combines research and application closely. It combines sociological narrative theory with the strategies of promoting the communication of Chinese

* 基金项目：本文是2021年度广东外语外贸大学校级后期资助项目“莎剧《一报还一报》里情态谓词的汉译研究”（项目号：21HQ05）的阶段性成果。

culture. Besides, this book discusses the roles of all participants and related strategies in the translation and dissemination of Peking Opera, in order to provide countermeasures for the better communication of Chinese culture.

Key words:
Sociological Narrative Theory and Peking Opera Translation and Communication; translation and dissemination of Peking Opera; Sociological Narrative Theory; communication of Chinese culture

1. 引言

2020 年 10 月，《中共中央关于制定国民经济和社会发展第十四个五年规划和二〇三五年远景目标的建议》指出，到 2035 年要建成“文化强国”，并且“繁荣发展文化事业和文化产业，提高国家文化软实力”。京剧作为中国影响最大的戏曲剧种之一，集艺术性、大众性、文化性于一体，其海外译介与传播成功与否对于中国文化“走出去”、中国国际话语权的增强意义深远。京剧的翻译与传播不仅是译者和翻译研究者的使命，更是一种社会行为。但以往国内外京剧英译的研究视角相对微观，没有跳脱出语言层面，因而从宏观的视角探讨京剧英译与传播的研究严重不足。

翻译学研究在历经“语言学转向”及“文化转向”之后，迎来了“社会学转向”。英国翻译学家贝克（Baker 2006）在《翻译与冲突——叙述性解释》（*Translation and Conflict: A Narrative Account*）一书中提出社会叙事理论，把翻译放在社会语境下进行分析，为翻译研究提供了新视角。之后，翻译与社会学的关系成为研究热点，沃夫和富卡瑞（Wolf & Fukari 2007）、图勒涅夫（Tyulenev 2014）等国外学者纷纷发表文章、出版专著就翻译社会学的重要性以及如何运用翻译社会学理论展开研究等问题进行深入探讨，并取得了较大的突破。翻译研究的“社会学转向”也为国内翻译研究提供了新的视角，研究者从理论探讨、案例研究、综述评介（赵巍 2013；邢杰等 2016；傅敬民 2018）等多个角度对翻译社会学展开论述。

但迄今为止，仅有北京外国语大学彭萍教授（2019）的《社会叙述理论与京剧英译和传播》一书，将社会叙事理论同京剧译介、传播结合起来，进行了全面探讨。此书在北京市社会科学基金项目支持下，由中译出版社发行出版。《社会叙述理论与京剧英译和传播》是一部将研究与应用紧密结合的学术著作，既为翻译社会学与中华文化外译和传播相结合的综合研究打下了坚实基础，也为其他研究者提供了丰富的理论与应用资源。鉴于国内外尚无此书的书评，本文尝试对该书的主要内容进行简单评介，以期为戏曲翻译研究提供新的视角与方法。

图 1.《社会叙述理论与京剧英译和传播》

2. 内容简介

《社会叙述理论与京剧英译和传播》一书主要探讨了社会叙事视角下京剧译介与传播。作者采用了“理论探讨—实证研究—归纳总结—提出对策”的基本研究思路撰写该书。全书共九章，可分为四个部分。

第一部分是导言。作者基于京剧和京剧翻译的重要性，阐述选题的原因：京剧的对外传播有利于中国文化“走出去”，有利于树立国家形象。接着作者对国内外相关研究现状进行综述，提出现有的问题以及撰写该书的意义，寻求创新突破点，即尝试填补相关领域的研究空白，利用“社会叙事”理论深化、提高当下京剧英译与传播的研究成果的水平与质量。

第二部分包括第二章、第三章和第四章。在第二章中，作者对翻译研究的“语言学转向”“文化转向”和“社会学转向”分别进行论述，提出“翻译研究社会学转向”是必然的。第三章的重点是社会叙事理论综述与评介，作者介绍了叙事的定义、分类及其核心特征、翻译中的叙事建构和叙事评估、社会叙事理论的意义和局限性。书中提及就社会叙事理论而言，贝克将叙事分为四类，包括本体叙事、公共叙事、概念叙事和元叙事，翻译作为一种叙事，可以重新生产出现有的权力结构，又能挑战权力结构的方式。叙事的核心特征：历时性、关联性、因果情节性和选择采用性对翻译中的叙事建构产生了影响。翻译过程中的建构是一种主动策略，各种建构策略实际上都是翻译本土化的策略。对于贝克的《翻译与冲突——叙事性解释》一书，不乏学者指出其开创性意义和不足，开创性意义如该书凸显了译者前沿的理论意识、全球化视野以及独特的翻译研究视角。不足如内容涵盖过窄以及理论与翻译实践联系不够密切等问题（张美芳、钱宏 2007）。第四章则对京剧、文化软实力以及中国文化“走出去”等进行了简单介绍，指出文化在国家软实力中处于核心地位，提高文化软实力可以整合民族精神、促进经济社会发展、扩大在国际交往中的影响力。该章还重点指出了京剧的文化意义，点明了京剧的多重文化价值和社会价值。

第三部分包括第五章和第六章。作者在第五章中分别从形式、特点、性质、历史成因、美学研究、舞台表演、声乐艺术等方面对中西戏剧进行了比较，指出了京剧与西方戏剧的重要差别之一——抒情与叙事，这一差别也是京剧英译策略选择的重要依据，例如解释性的时空建构属于总体译介策略，而选择性建构、重构、忠实性建构则分别适用于京剧中不同抒情手法的翻译。第六章首先探讨了京剧在不同阶段的海外传播历史，并列举了其中的代表性活动。接着基于对中国国家京剧院的访谈，归纳出当前中国京剧对外演出、传播和译介情况，再以问卷调查的方式，梳理分析外国读者 / 观众对京剧的接受情况和京剧海外译介传播现状，最后针对现存问题提出建议，主张京剧的外译与传播需要各方参与者提供力所能及的帮助和支持。

第四部分则包括第七章到第九章。第七章具体讨论了社会叙事与翻译之间的关系，点明了翻译活动实际是一项社会活动。作者重点分析了社会叙事视角下译者在选择京剧文本与决定翻译策略方面的作用，并对如何选择和培养译者提出建议。与此同时，作者也探讨了京剧译介中的中间人以及受众的作用。作者指出翻译作为一种社会叙事行为，其中涉及不同的参与者，这些参与者应明确自己在翻译行为中所扮演的角色，并进行沟通交流，共同为京剧的翻译和传播做出贡献。第八章探讨了社会叙事视角下京剧英译的原则与建构策略，提出京剧的翻译应以简洁地传达原文的基本信息为基础、以满足观众的观赏心理为核心、以采用灵活的建构策略为手段。该章接着分析了中国术语翻译和京剧术语翻译存在的问题以及当中的社会历史原因，并提出相应的对策。作者以京剧《尤三姐》为例，探讨了京剧中文化要素的翻译策略，包括称谓、接待和隐喻中的意象、习语和俗语、典故等文化元素该如何翻译，以期对中国传统戏曲字幕的翻译有一定启发（彭萍 2016）。不仅如此，作者还在该章中指出，随着中国文化传播的深度和广度不断扩大，并且随着外国观众对中国文化越来越了解，中国传统戏曲中的文化因素会更多地采取直译或异化的翻译策略。第九章对社会叙事理论视角下京剧译介与传播提出展望，对京剧的外译和传播、中国文化“走出去”和讲好中国故事提出具体建议：中国文化“走出去”需要树立高度的文化自信；京剧译介乃至讲好中国故事均是一个完整的社会叙事行为，需要各方的积极参与；京剧传播的剧目和翻译策略是一种动态选择，讲好中国故事的内容和策略也是一种动态选择；京剧译介和传播要充分尊重译者，并做好译者培养工作；京剧译介和传播要更多地开展国际合作，利用好多种媒体形式。

3. 评述

《社会叙述理论与京剧英译和传播》以社会叙事理论为切入点，结合中国文化"走出去"战略的实施，探讨京剧译介与传播中各方参与者的作用以及相关策略等，为中华戏曲外译与传播研究提供了丰富的资源。概括起来，该书有以下几个显著特点：

3.1 研究与应用紧密结合

该书的创新之处在于这是一项社会叙事视角下京剧译介与传播的综合研究。整个研究有着深厚的理论基础铺垫，作者在开头部分就详述了社会叙事理论以及京剧英译和传播的国内外研究现状，分析了过往研究者在京剧外译以及社会叙事理论方面所做的贡献和存在的不足，后文以《尤三姐》为例，探讨了京剧中文化元素的翻译建构策略，分析讨论有理有据，将理论与实践紧密结合。作者在书中不仅探讨了理论问题，也探讨了现实问题，以有利于中国文化"走出去"和讲好中国故事为目的，是理论研究与应用研究有机结合的综合性研究。

3.2 敏锐的问题意识和独到的见解

在研究意义的部分，该书开门见山地指出当前国内外京剧研究存在的问题：一是现有京剧英译和传播严重不足；二是现有研究对京剧翻译的社会和文化意义不够重视；三是已有的研究有的过于宏观，有的过于微观；四是京剧英译和传播缺乏综合性的社会叙事视角。由此，基于提出的四个问题，作者在后文对其讨论与解决建构起整本书的框架，形成了研究的主要内容，条理清晰。此外，不同于以往研究者聚焦于中英语言的差异，该书是以宏观的视角探讨选择翻译策略的原因，如社会网络中的民族文化心理、社会大背景的影响和翻译活动中各社会活动之间的沟通交流等。不仅如此，以《尤三姐》为例说明各种文化元素该如何翻译时，作者没有一概而论，而是有针对性地提出不同的建构策略，从而译者在翻译中华传统戏曲时，或是其他研究者更进一步研究戏曲建构策略时可以有选择地参考借鉴。

3.3 历史与现实的结合

作者不仅探讨了京剧海外传播与翻译的现状，更是回顾了京剧英译和传播的历史，并分为三个阶段探讨了京剧海外传播的情况，据此总结出京剧译介和传播中的可取之处以及存在的问题，指明虽然当前京剧在海外日益受青睐、京剧的传播形式也日渐丰富多样，但京剧在传播过程中也面临一些问题：海外真正了解京剧的群体并不多；语言障碍和文化障碍影响了中国戏曲传播；中国戏曲海外演出票房收入低等。由此可知，京剧还没有真正地进入世界演艺市场，因此作者结合当前国家倡导中国文化“走出去”战略，明确翻译活动的各方参与者的责任，提出对京剧海外译介与传播的展望。

3.4 多种研究方法和理论视角相结合

作者在撰写《社会叙事理论与京剧英译和传播》一书时，不仅使用文献法，对京剧海外传播与翻译以及社会叙事理论的国内外研究进行综述，条理清晰、逻辑严密，让读者对相关理论、研究对象有一个清晰的认知。再者，作者还采用了问卷调查法，了解外国读者 / 观众对京剧的接受情况。在问卷设计方面，作者设计思路严明、逻辑清晰、详略得当；在问卷发放方面，作者采用了网络发放问卷的方式进行调查，便于收集、整理与分类；在问卷分析方面，作者逐个分析收集到的信息，对问卷调查的过程和结果进行了量化分析，使得研究结果更为直观和科学。此外，作者还采用了访谈法，对国家京剧院目前的京剧对外演出、译介和传播状况进行了访谈，并总结了京剧对外演出译介和传播的现状：演出场次多，演出国家多，推广形式多；演出剧目多样，内容丰富；京剧翻译基本是中外译者共同参与等。作者还采用了比较研究的方法，对京剧和外国戏剧进行比较，着重强调京剧重抒情和西方戏剧重叙事的差别，从而从社会叙事的视角归纳京剧译介作为一种文化活动应该何去何从。该书既有量化的统计，也有质性的研究，多种研究方法相结合，研究内容具体、详细，给读者以娓娓道来的感觉。

不仅如此，该书还将社会叙事理论、文化传播理论和读者接受理论相结合。尽管该书的研究宗旨在总结社会叙事视角下京剧英译和传播的原则和策略，但研究过程涉及传播理论、读者和观众接受理论等，综合考虑了多方面因素，为京剧外译和海外传播提供了新思路。举例而言，作者认为，戏剧翻译旨在让外国读者了解中国文化，理解文字背后的深意，应当遵循以下原则：戏剧翻译要以简洁地传达原文的基本信息为基础；戏剧翻译要以满足观众的观赏心理为核心；戏剧翻译要以采用灵活的建构策略为手段，即使翻译出的字幕或文本达到准确性和可接受性的最佳融合。不仅如此，作者还详述了社会叙事视角下京剧剧目名称以及术语英译的问题，如同一术语的翻译不统一、译者和翻译活动中的其他参与者采取的翻译策略或主张的翻译策略不一致，以及社会网络中的民族文化心理和社会大背景的影响和翻译活动中各社会行动者之间缺乏沟通交流等。鉴于此，在社会叙事理论视角下，作者指出应重构社会文化心理，并且让社会网络中行动者共同参与，确定戏剧翻译规范。

3.5 不足

该书开创性地从社会叙事视角探讨了京剧英译和传播，论证了京剧译介过程中各方参与者的作用，为京剧走出国门提供了良方。笔者不揣陋见，尝试指出该书一些亟须改进之处：首先，该书从社会叙事理论视角出发说明了各方参与人对翻译活动的影响与作用，但没有具体阐明他们各自应尽的责任是什么，以及他们应该如何进行有效的沟通交流；其次，作者从社会叙事视角阐述了京剧英译的原则与建构策略时，仅以《尤三姐》为个案研究，说服力稍弱，若辅以更多剧目例证说明京剧翻译原则会更有说服力；最后，该书也存在一些文字表述问题，如第85页第一段中的“中国戏剧”和“西方戏曲”二词，综合该书之前的表达，应当是“中国戏曲”和“西方戏剧”；第206页第一段中“观众玩味字幕文”，应当是“观众玩味字幕文字”；第235页中“努力提供作者的文化素养”，应当是“努力提高作者的文化素养”。

4. 结语

该书结合社会叙事理论，在回顾京剧英译和传播历史的基础上，结合目前文化“走出去”战略的实施，探讨了京剧译介与传播中各行动者的作用，以及译介和传播策略等，旨在为讲好中国提出有针对性的对策。虽然作者没有道明各方参与者该如何共同推动中国戏曲的外译与传播，且书中个案研究的普适性较弱，但瑕不掩瑜，该书不仅从宏观的角度探讨了京剧的英译与传播，还从微观的角度分析了译者如何选取建构策略。不仅如此，该书叙事详略得当，充分将理论与实践结合，且多种研究方法运用等当，充分研究了翻译活动中各方参与者对翻译实践的影响，十分具有参考借鉴意见。

总的来看，该书不同于以往的京剧译介研究，它从社会文化的层面出发，主动拓宽研究的思路和视野，将整个翻译活动视为一个系统，更为深入地探讨如何传播好中国声音。不仅如此，该书构建了比较系统的研究方法，为从社会叙事视角研究中国戏曲外译提供了理论和实践的指导，同时也让翻译活动各方参与者开始思考如何深度沟通交流，更加有效地推动中国戏曲的海外译介与传播。从长远来看，中国文化“走出去”需要译者、戏曲译介的中间人以及戏曲译介的受众等翻译活动参与者的共同努力，中国戏曲作为中国文化的标志性产物，进一步推动其海外传播与交流，更能为其他中国优秀文化产物的“走出去”以及讲好中国故事提供参考与借鉴，树立中国形象。

参考文献：

[1] 傅敬民．社会学视角的翻译研究：问题与前瞻 [J]. 上海大学学报（社会科学版），2014（6）：101-111.

[2] 彭萍．中国传统戏曲字幕中文化元素的翻译——以京剧《尤三姐》为例 [C] // 辜正坤．中国文化比较与翻译研究．北京：高等教育出版社，2016：265-274.

[3] 彭萍．社会叙述理论与京剧英译和传播 [M]. 北京：中译出版社，2019.

[4] 邢杰，等．翻译社会学研究二十年：溯源与展望 [J]. 中国翻译，2016（4）：14-20.

[5] 张美芳，钱宏．《翻译与冲突——叙述性阐释》评介 [J]. 外语教学与研究，2007（4）：317-320.

[6] 赵巍．翻译社会学再思考 [J]. 西安外国语大学学报，2013：109-112.

[7] Baker, M. *Translation and Conflict: A Narrative Account*[M]. London and New York: Routledge, 2006.

[8] Tyulenev, S. *Translation and Society: An Introduction*[M]. London and New York: Routledge, 2014.

[9] Wolf, M.& A. *Fukari. Constructing a Sociology of Translation*[C]. Amsterdam: John Benjamin Publishing Company, 2007.

作者简介

蔡银双，广东外语外贸大学研究生。研究方向：文学翻译、商务翻译。

吴边，博士后，广东外语外贸大学讲师。研究方向：文学翻译、商务翻译。

重探翻译史的学科定位与多维面向
——《中国翻译史新发展研究》述评

A Review on *Research into the New Development of Translation History in China*
—— Re-investigation of the Disciplinary Orientation and Multidimensional Aspects

杨华波
YANG Huabo

摘要：

新世纪以来，翻译史研究不仅在翻译学内部获得了更大的重视，在政治史、思想史、文化史等领域也得到了越来越多的关注。然而，这种跨学科研究范式下的多元发展实际上也模糊了翻译史的学科定位，且这种发展本身也存在着诸多问题和挑战。通过对2010—2019年间的翻译史研究进行细致的学术史回顾，《中国翻译史新发展研究》一书在重探翻译史学科属性的同时，还指出已有研究的不足并展望其未来发展方向，具有正本清源的学术价值。

关键词：

翻译史；多元发展；学科定位

Abstract:

Since the 21st century, translation history has not only gained greater significance within the inquiry field of translation studies, but also received more and more attention in the history of politics, intellectual history, and cultural history. However, this multidimensional development under the interdisciplinary paradigm actually blurs the disciplinary orientation of translation history with many problems and challenges. By summarizing previous studies of translation history between 2010 and 2019, *Research into the New Development of Translation History in China* not only reexamines the identity of this discipline, but also points out its shortage and development. Thus, the book is of vital importance in reviewing the existing literature in this field.

Key words:

Translation history; multidimensional development; disciplinary orientation

在翻译史成为不同学科的研究对象之后，相关成果不断涌现。特别是在 2010 之后，从事翻译史研究的学者越来越多，相关学术机构和刊物愈加完备，以翻译史为主题的学术会议和论著也层出不穷。通过对比 2006 年版的《中国翻译史研究百年回眸（1880—2005）》可知，2010 年至 2019 年 10 年间学界产出的翻译史成果堪比过去一百余年。然而，时至今日，翻译史的学科地位仍不明确，围绕其理论基础和方法论仍有不同声音。面对这一形势，如果不加以梳理并评析其得失，翻译史研究的繁荣景象之下将潜伏着巨大的危机。此前，邹振环在《20 世纪中国翻译史学史》（2017）一书中已详尽评述了 20 世纪中国翻译史研究的发展历程，但其立足点在历史学，对翻译史学科的理论基础、方法论和史料来源缺少系统的回顾，也并未触及新世纪以来的译史成果。有鉴于此，段峰、罗金所著《中国翻译史新发展研究》的问世无疑正当其时，对我们了解新世纪近 10 年翻译史的进展大有裨益。

图 1.《中国翻译史新发展研究》

1. 内容概述

该书由清华大学出版社于 2021 年 10 月出版。全书共 5 章，第 1 章概述了中国翻译史 20 世纪以来的成果。其中，20 世纪的译史研究以 1949 年为界分为两个时期，新世纪以来的研究则分为 2000—2009 年和 2010—2019 年两个阶段。此章提纲挈领地描绘了中国翻译史研究的整体面貌，为后续章节打下了基础。

第 2 章检视了 2010—2019 年中国翻译史研究的重要专著和论文，并介绍了此时期内研究中国翻译史的重要学术团体和学术会议。作者将已有翻译史成果“按照已有的翻译史研究中心对象的类别划分”（段峰、罗金 2021：34），分为文学翻译史和翻译文学史、实学翻译史（包括自然科学和社会科学）、译学理论和翻译思想史、翻译出版传播史、翻译教学史、断代翻译史、区域翻译史和民族翻译史、以译作为中心的翻译史、以译者为中心的翻译史、翻译史研究论文集和汉籍外译史等主题，对译史各方面的代表性著作做了深入的点评。对于以翻译机构、期刊杂志或某个词汇的概念发展为中心的翻译史研究，作者则将其归入“其他翻译史专题研究”，保持翻译史研究的开放性和包容性。

第 3 章概述了 2010—2019 年中国翻译史学理论的研究成果，包括翻译史学理论的元语言研究、翻译史料学研究的发展、翻译史书写视角研究的发展和跨学科视角下翻译史阐释理论的成果。在翻译史学理论的元语言研究方面，作者在综述易经、邹振环、黄焰结、贾洪伟等学者的论述后对其进行了比较辨析，并将黄焰结对翻译史学的分类作为该章的讨论基础；在翻译史料学研究方面，作者认为口述史料、自述性史料和翻译展示馆为译史研究提供了新的资源；在翻译史书写视角方面，作者认为过去 10 年不仅有传统文学翻译史 / 翻译文学史研究视角的突破，还有科学翻译史研究对象、女性翻译史研究视角、宗教翻译史研究、翻译家研究理论、民族与区域翻译史研究视角及口译史研究视角的拓宽和发展，更有新的翻译史书写会通视角和国家翻译实践史研究视角的提出；在对翻译史的理论阐释方面，越来越多的成果开始采用其他学科的分析框架和模式，充分借鉴了包括内部史 / 外部史、全球史、思想史 / 知识史、文化史、科学技术史和社会学在内的研究理论。

第 4 章回顾了中国翻译史研究在研究方法上的传统和新发展，并预测了研究方法在未来的走向。在传统的翻译史研究中，微观史、个案研究法、文本分析法、历史学方法均有不同程度的应用，而在 2010—2019 年 10 年间，受自然科学和社会科学研究范式的影响，语料库、文献计量学、翻译史料学、口述史、社会学和人类学等领域和学科的研究方法也日益受到重视，取得了广泛的应用场景。此外，心理学研究方法在下一时期可能会被用于翻译史的社会学研究和口述史研究。其中，在翻译史的社会学研究方面，该法可用于探索个人和社会的心理动机，“从而更合理地阐释某些社会翻译现象或译者的翻译行为”（段峰、罗金 2021：233）。

第 5 章反思了 2010—2019 年的译史成果，不仅展望了翻译史在下一阶段的工作重点和方向，还提出了纠偏补弊的举措。在诸多影响中国翻译史长远发展的障碍中，观念的僵化和能力的匮乏最为突出。观念上，翻译界对翻译史研究仍不够重视，多将翻译实践史等同于翻译史，忽视了翻译理论史和元翻译史论的研究；同时，对翻译史的学科定位和研究范围也多有异议，对翻译史研究的翻译学本位和跨学科属性认识不足。能力上，绝大多数翻译史学者并未接受过严格的史学训练，史学素养有限，在史料挖掘、史学思考和历史写作上有待提升。不管是在观念上还是能力上，提升学人的史学意识和治史能力都是下一阶段翻译史研究取得更大成就的重中之重。

2. 主要学术贡献

该书作为检视 2010—2019 年翻译史研究的最新力作具有以下两方面的贡献：

一是系统全面、脉络清晰，有利于重塑翻译史的学科地位。邹振环在总结 20 世纪中国翻译史研究的不足时曾沉痛地指出："20 世纪初以来的中国翻译史研究，无论在理论上，还是方法上，仍然没有形成自己的一套比较完善的话语系统，基本上还是在政治分期、文化史编纂和比较文学理论的阴影下，至今并未成为一门独立的学科。"（邹振环 2017：383）这一结论是其在总览 20 世纪中国翻译史研究百年历程后得出来的，总体上符合彼时翻译史学科的实情。然而，21 世纪以来，特别是此前的 10 年，翻译史研究在理论建构和方法论上均有明显的突破，基本扭转了此前偏重史料搜集研读、忽略翻译理论和思想的取向。在该书前言，作者提出了关于翻译史学科地位的迷思，即"翻译史是隶属于翻译研究学科的一个子领域，是横跨翻译学与历史学之间的交叉学科，还是历史学下辖的专门史的一个分支领域？"（段峰、罗金 2021：vii）为了回答这个问题，作者全方位、多角度地梳理了翻译史研究已取得的成就，并检阅了中国翻译史学理论和翻译史研究方法的最新突破。其中，对史学理论和研究方法的回顾是该书不同于以往同类著作的显著特点，是该书最大的特色所在。此外，在文献的来源方面，不仅包括专著和期刊论文，还包括博士学位论文；在内容方面，基本上囊括了翻译史研究中的所有议题。借助全面系统的文献综述，作者认为"一个学科的跨学科性最终应回归到本学科上来，简单地说，翻译研究无论跨多远都要回归到翻译这门学科上来"，翻译史研究"首先要服务于翻译学，而非历史学等其他学科"（段峰、罗金 2021：241）。

二是点破了已有研究中存在的问题，为学科发展指明了方向。该书在回顾已有成果中融叙事与点评于一体，既有对具体议题的细致总结，也有对研究趋势的总体把握，称得上是中国翻译史研究的路线图。在民族翻译史这一议题中，虽然已取得了不少成绩，但由于文化背景和语言上的差异，深度的个案研究仍有待补充（段峰、罗金 2021：65）；在博士论文的选题方面，已有研究多基于历史分期论述翻译活动的发展历程、译著的传播和影响，在理论视角和研究方法上存在明显的局限（段峰、罗金 2021：119）；在史学素养方面，史料鉴别和利用能力上的不足是翻译史学者最应改善之处。面对纷繁复杂的史料，不管是直接史料还是间接史料，只要能深化研究，都应当在细致甄别后为我所用（段峰、罗金 2021：241-242）。该书对史料的再三强调其实并不为过，因为从历史研究的范式出发，史料一直都是史学的基础，而对史料的掌握其实还需要研究者具备良好的文献学和目录学知识（邹振环 2011）；在研究视野方面，翻译史学者应该坚持史论结合，特别要着力提升“论”的能力（段峰、罗金 2021：245）；在对翻译史学理论研究成果的梳理中，作者指出了已有理论框架和术语在使用上的混乱，认为“若要推动翻译史学理论的创新和发展，理论话语的表达和统一是一件重要的基础性工作（段峰、罗金 2021：164）”。此外，相对于对翻译实践史的考察，尽管翻译史研究在史学理论和方法论方面已经取得了较大的进步，但仍是该学科中的薄弱环节，后续研究应将完善翻译史学理论作为重要课题（段峰、罗金 2021：236-238）。

3. 不足之处

在全面总结翻译史各领域研究成果的过程中，面对浩繁的文献，该书在成书时间仅有一年的前提下，难免存有不足之处，主要有以下五点：

一是条目的设置和编写欠周全。在条目的设置方面，第 2 章概述了 2010—2019 年中国翻译史研究的重要学术团体和学术会议，但对于发表翻译史研究成果的学术刊物却没有专门介绍，是一个明显的缺漏。过去 10 年，港澳台及内地的一些刊物有着明显的翻译史印记，如香港的《翻译学报》《翻译季刊》，澳门的《南国学术》，台湾的《编译论丛》和内地的《翻译史研究》《东方翻译》《翻译史论丛》《汉学研究》。国外的刊物，如 *Meta*, *Perspectives* 和 *Babel* 也发表了不少关于中国翻译史的论文。虽然书中对某些刊物偶有提及，但为了更好地呈现翻译史的发表渠道，似仍有归纳总结的必要。在条目的编写方面，也存在不够翔实的问题，如在以译者为中心的翻译史研究中，林语堂便未见有专门介绍。作为民国时期在海外影响力最大的华人文学家，林语堂近 10 年备受关注，仅博士论文就有数篇，而书中仅在第 1 章的概述部分列举了冯志强和褚东伟的著作。此外，对翻译教学史这一至关重要的议题，也仅列举黎难秋所著《同文三馆——晚清翻译家外交家的摇篮》（2016）一书，篇幅不过两百字，与其他部分相比，论述比例明显失调。据笔者所知，尽管目前中国翻译教学史的研究没有完全展开，但针对四夷馆、京师同文馆、上海广方言馆等机构的翻译教学活动还是产生了不少颇有深度的成果，专著方面主要有任萍的《明代四夷馆研究》（2015）和张美平的《京师同文馆外语教育研究》（2017），而论文方面则有傅宏星的《吴宓“翻译术”课程教学初探》（2015）和《民国时期大学翻译学学科的回顾与反思》(2016)，以及刁洪的《教会大学的翻译教学》(2018)。

二是对口译史研究认识不足。口译是翻译的重要形式，历史悠久，是不同地域政治、经济、文化交流的必要媒介。口译史研究在20世纪末起步，在21世纪逐渐丰富起来，仅2010—2019年关涉中国口译史的论文即不下百篇。然而，该书除了回溯黎难秋的《中国口译史》(2002)及介绍香港学者龙慧珠的*Interpreters in Early Imperial China*(2011)外，对其他以论文形式发表的成果基本失察。事实上，中国口译史研究的时间范围上达商周、下至明清；在地域上不仅有沿海通商口岸，还有内陆边疆；研究对象则不仅有官方培养的译语人，更有民间通事和外国译员；所涉活动也异常广泛，举凡外交朝拜、通商往来、边疆治理无所不包。龙慧珠的研究主要聚焦于隋唐及之前的译员，而内地学者叶霭云则主要以清代活跃于广州的通事为研究对象，她的*Canton Linguistics: Interpreters and beyond in the Canton Thirteen Hongs History (1757—1842)*(2016)是国内第一篇以口译史为主题的博士论文。此后，她还发表了《广东通事"老汤姆"及其宽和通事馆考》(2017)等史学基础扎实的专题论文。该书之所以对口译史研究不够重视，是因为口译史研究"难以像其他类型的翻译史研究，能够了解到口译语言转换的真实过程和特征"(段峰、罗金 2021: 190)，但其实不管是在史料挖掘还是研究方法上，口译史研究都为偏重笔译的翻译史研究提供了新的可能性，例如在史料应用上，对图像的挖掘和解读便是其特色之一(Fernández-Ocampo & Wolf 2014)。

三是在文献的搜集整理上存在较大的疏漏。除了已提及的未尽之处外，主要是对中国学者用外文发表的论著和外国学者发表的针对中国翻译史的研究缺少考察。事实上，中国学者的研究时见于*Journal of the Royal Asiatic Society*等颇有影响力的刊物。由于翻译与中国思想史、文化史和现代化等议题千丝万缕的联系，外国学者在研究中国历史时也难免会从翻译这一视角切入，将其视为理解中国社会和文化的钥匙，其中的代表作有Gabriele Tola在*John Fryer and The Translator's Vade-mecum*(2018)中对傅兰雅的研究，Michael Gibbs Hill在*Lin Shu, Inc.: Translation and the Making of Modern Chinese Culture*(2013)中对林纾的研究，以及Paul A. Van Dyke在*The Canton Linguists in the 1730s: Managers of the Margins of Trade*(2017)中对广东通事的研究。除此之外，汉语与英语之外的其他语言之间的翻译史也没有得到透彻的梳理，如针对晚清以来数量众多的汉译日文书籍，田雁汇编了《汉译日文图书总书目(1719—2011)》(2016)并出版了专著《日文图书汉译出版史》(2017)，这两部著作虽问世较晚，但实乃日文汉译研究领域的必备参考书。可惜的是，以上颇有见地且凸显中国翻译史研究独特面向的成果并未得到相当的关注和分析。

四是对港澳台地区的翻译史研究关注不够。在该书开篇对 20 世纪中国翻译史研究的回顾中，作者在邹振环前行研究的基础上考察了港澳台地区的译史成果，并将其视为中国翻译史不可分割的一部分，然而在近 10 年的文献梳理中，港澳台地区的成果虽偶有涉及，但存有较大的缺漏，如香港学者关诗珮和黎子鹏、台湾学者赖慈芸等人的研究就基本未被纳入考量。港澳台地区的研究具有明显的地域特色，如关诗珮的研究主要集中于鸦片战争时期的英方译员，除了一系列论文，其专著《译者与学者：香港与大英帝国中文知识建构》（2017）更是将口译员与英国汉学的学术传统联系在一起，具有广阔的学术视野；黎子鹏则专研汉译基督教文学，其论著极大地完善了宗教翻译史的研究，代表作有《经典的转生——晚清〈天路历程〉汉译研究》（2012）和 *Negotiating Religious Gaps: The Enterprise of Translating Christian Tracts by Protestant Missionaries in Nineteenth-century China*（2012）；赖慈芸是台湾翻译史研究的代表人物，其在《台湾翻译文学作品中的伪译本问题初探》（2012）一文中对伪译问题的考察堪称经典。在论文集方面，港澳台地区也催生了不少重量级的成果，如香港学者王宏志主编的"亚洲翻译传统系列丛书"，包括 *Translation and Global Asia*（2014），*Sinologists as Translators in the Seventeenth to Nineteenth Centuries*（2015）和 *Translation and Modernization in East Asia in the Nineteenth and Early Twentieth Centuries*（2017），以及台湾学者彭小妍主编的《文化翻译与文本脉络：晚明以降的中国、日本与西方》（2013）。此外，香港学者白立平、张佩瑶、王宏志、关诗珮等人在外语期刊上也发表了为数不少的研究成果，发文刊物主要有 *Meta, Babel* 和 *Target* 等译学期刊（孙艳、张旭 2022）。可以毫不讳言，港澳台地区的翻译史研究虽然数量不及大陆地区，但其学科视野和研究方法都大有可观，对其失察不仅会使任何冠以中国翻译史之名的论著名不副实，也不利于翻译史学科的深入全面发展。

五是存在审校和学术规范上的问题。审校上的问题包括参考文献的重复，如第 257 页中高玉霞和任东升发表于《翻译界》的论文、第 282 页郑锦怀和岳峰发表于《外语教学与研究》的论文；书名的误写，如第 190 页中将 Interpreters in Early Imperial China 写作 The Ancient Interpreters in Imperial China；错字，如第 122 页中将"是"写作"史"。学术规范上的问题主要有文献来源标注不清，如第 2 页中《译书略论》的出处写作"佚名，2003：12"且文末未列出详细参考文献。据笔者所知，此段文字引自张静庐编著的《中国近现代出版史料》2003 年版第六册"补编"第 60-65 页，因而此条引文来源标注错误。

4. 结语

作为透视中国翻译史研究学术史的最新力作，虽然《中国翻译史新发展研究》在文献搜集和归纳总结上仍有不足之处，但由于其在编制体例和内容评述上的优点，目前仍是了解中国翻译史研究历史沿革和各项议题，特别是 2010—2019 年翻译史最新成果的不二选择。该书的出版，不仅有利于增强翻译史研究者的学科意识，也有利于中国翻译史研究在选题和研究视角上的优化，从而产生更高质量的成果，推进翻译史学科的纵向发展。

参考文献：

[1] 段峰，罗金 . 中国翻译史新发展研究 [M]. 北京：清华大学出版社，2021.

[2] 孙艳，张旭 . 中国翻译史的海外发声——基于九大国际译学期刊的考察（1955—2020）[J]. 上海翻译，2022（1）：53-59.

[3] 邹振环 . 西学汉译文献与中国翻译史研究 [J]. 东方翻译，2011（4）：9-19.

[4] 邹振环 . 20 世纪中国翻译史学史 [M]. 上海：中西书局，2017.

[5] Fernández-Ocampo, A. & M. Wolf. Framing the Interpreter: Towards a Visual Perspective [C]. London: Routledge, 2014.

作者简介

杨华波，复旦大学历史学系博士后。研究方向：翻译史、出版史、外语教学史。